JN121369

家計消費状況調査年報

令和４年

ANNUAL REPORT ON THE
SURVEY OF HOUSEHOLD ECONOMY
2022

STATISTICS BUREAU
MINISTRY OF INTERNAL AFFAIRS AND COMMUNICATIONS
JAPAN

まえがき

家計消費状況調査は、家計調査を補完し、購入頻度が少ない高額商品・サービスの消費等の実態を安定的に捉えるとともに、ICT関連の消費やインターネットを利用した購入状況を把握することを目的として実施している統計調査です。

本書は、2022年（令和４年）の家計消費状況調査の結果の概況、統計表及び家計消費状況調査の概要等の参考資料で構成されています。2022年の特徴としては、二人以上の世帯におけるネットショッピングの支出金額が、新型コロナウイルス感染症の影響もあり、過去最多となっています。

本書が関係各方面に広く利用され、大いに活用されることを期待しています。

本書を刊行するに当たり、調査に御回答いただいた世帯及び調査関係者の方々に深く感謝いたします。

2023年６月

総務省統計局長

井上　卓

PREFACE

The Survey of Household Economy, a statistical survey which aims to complement the Family Income and Expenditure Survey, and to grasp conditions surrounding consumption of expensive products and services with low frequency of consumption, and in terms of products related to information and communication technology, and goods and services ordered over the Internet.

This annual report consists of “Summary Results” of 2022, “Statistical Tables”, “Outline of the Survey” and so on. In 2022, partly due to the influence of COVID-19, monthly expenditure on goods and services ordered over the internet per two-or-more-person household was the highest ever.

I hope that this report will be useful for various users.

Taking this opportunity, I would also like to express my sincere gratitude to those who offered their enduring cooperation for the successful implementation of this survey.

June 2023

INOUE Takashi
Director-General
Statistics Bureau
Ministry of Internal Affairs and Communications
Japan

目　次

統計表

家計消費状況調査の概要

（注）ページ番号が（web）となっている統計表及び単身世帯結果については、本報告書への掲載はなく、インターネットでのみ掲載している。
https://www.stat.go.jp/data/joukyou/12.html

CONTENTS

[Monthly Expenditure per Household]

[Purchase Situation Using the Internet]*

Outline of the Survey of Household Economy

Notes:
For the tables whose page numbers are "web", please refer to the following URL.
https://www.stat.go.jp/english/data/joukyou/12.html

2022年　家計消費状況調査　結果の概況

目　　次

＜参考１＞ 2022年の家計をめぐる主な動き

所得・消費関係

- ガソリンや灯油などの燃料価格の上昇を抑えるため、初の燃料油価格激変緩和対策事業を発動（１月）
- 「原油価格・物価高騰等総合緊急対策」を決定。ガソリン等価格抑制の補助金を拡充し、期限を延長（４月）
- ３年ぶりに行動制限のないゴールデンウィークとなったことで、各地で人出が前年超（４月及び５月）
- 経団連がまとめた、大企業が支給するボーナスの平均妥結額は、89万9163円（夏）、89万4179円（冬）と、それぞれ8.8%の増加、8.9%の増加。増加幅は、共に、現行の集計方法となった1981年以降最高（８月及び12月）
- 政府・日本銀行は、急激な円安の進行を防ぐため、ドル売り・円買いの市場介入を24年３か月ぶりに実施（９月）
- 東京外国為替市場で、円相場が一時１ドル＝151円台後半に下落。約32年ぶりの円安ドル高（10月）
- 消費者物価指数（総務省）の、生鮮食品を除く総合指数は、10月の前年同月比が3.6%上昇と、40年８か月ぶりの上昇幅となり、12月には4.0%の上昇に
- 日経平均株価は、ロシアのウクライナ侵攻や、原油価格の高騰などを背景に、３月８日に２万4717円の終値となり、2022年内最安値に
- 2022年の国内新車販売台数（軽自動車含む。）は、半導体不足などの影響により、45年ぶりの低水準
- 日本フードサービス協会による外食産業の年間売上げは、前年比13.3%の増加、2019年比で5.8%の減少

直接税・社会保険料関係

- 介護保険第２号保険料率の引下げ（４月）
- 国民年金保険料の引下げ（４月）

新型コロナウイルス感染症関係（「〈参考２〉新型コロナウイルス感染症に伴う主な動き」参照）

その他

- 北京冬季オリンピック・パラリンピックが開催。日本は、冬季オリンピックで過去最多となる18個のメダルを獲得。パラリンピックでは７個のメダルを獲得（２月及び３月）
- 将棋の藤井聡太棋士が、最年少で史上４人目の五冠（２月）
- 福島県沖を震源とする地震が発生。宮城県及び福島県で震度６強の揺れを観測（３月）
- 経済産業省が、福島県沖地震による一部発電所停止などの影響により、東京電力管内で「需給ひっ迫警報」を初めて発令。次いで、東北電力管内でも発令（３月）
- 国際連合安全保障理事会の非常任理事国に日本が選出。12回目で、国連加盟国中最多の選出回数（６月）
- 群馬県伊勢崎市で観測史上初めて、６月の気温が40度を超えるなど、全国で記録的な高温に（６月）
- 経済産業省が、高温による電力需要増大などの影響により、東京電力管内で「電力需給ひっ迫注意報」を初めて発令（６月）
- 参議院議員選挙。女性当選者数は35人で過去最多（７月）
- テニスの国枝慎吾選手が車いすの部男子シングルスで初めて四大大会、パラリンピックを全制覇（７月）
- 第２次岸田改造内閣が発足（８月）
- 第104回全国高等学校野球選手権大会（夏の甲子園）が３年ぶりに一般の観客を入れて開催。宮城県代表の仙台育英高校が東北勢として初優勝（８月）
- 台風14号及び15号の影響により九州を中心とした西日本や、東日本の太平洋側などで記録的な大雨（９月）
- 西九州新幹線（武雄温泉～長崎間）が部分開業（９月）
- プロ野球東京ヤクルトスワローズの村上宗隆選手が、58年ぶりに日本人選手最多本塁打の記録を更新し、最年少で三冠王（10月）
- 東日本の平均気温が、11月として観測史上最も高くなるなど、全国的な高温に（11月）
- Nintendo Switch（ニンテンドースイッチ）向けソフト「ポケットモンスター」シリーズの「スカーレット・バイオレット」の国内販売本数が、発売から３日間で405万本を記録（11月）
- FIFAワールドカップカタール大会が開催。日本は、１次リーグでドイツ、スペインに勝利し、ベスト16に進出（11月及び12月）

＜参考２＞ 新型コロナウイルス感染症に伴う主な動き[注]

1月

・まん延防止等重点措置を適用（９日３県に発出。21日に13都県を、27日に18道府県を追加）

・濃厚接触者に求める待機期間について、感染者に接触した日から14日間を10日間に短縮（14日。28日に７日間に短縮）

2月

・国内の新規陽性者数が初めて10万人超となり、第６波のピークに（１日）

・同居家族に求める自宅待機期間を、感染者の発症から７日間に見直し（２日）

・まん延防止等重点措置を継続（５日に１県を、12日に１県を追加）

・５歳から11歳までの小児用ワクチンを予防接種法上の特例臨時接種に位置付け（21日）

・まん延防止等重点措置を順次解除（21日５県）

3月

・まん延防止等重点措置を解除（７日13県。22日に全面解除）

4月

・３回目のワクチン接種率が全人口の50%超に（16日）

5月

・60歳以上の方又は18歳以上で重症化リスクが高い方への４回目のワクチン接種を開始（25日）

7月

・濃厚接触者に求める待機期間を７日間から５日間に短縮（22日）

8月

・国内の新規陽性者数が26万人超に（2022年内最多）（19日）

9月

・感染者の自宅などでの療養期間を、症状がある人は10日間から７日間に、無症状の人は７日間から５日間に短縮（７日）

・オミクロン株に対応したワクチン接種が開始（20日）

・感染者の全数把握を簡略化し、詳しい報告の対象を限定する運用が全国一律で開始（26日。２日４県で先行開始）

10月

・入国者数の上限を撤廃したほか、個人の外国人旅行客の入国も解禁（11日）

・観光需要の喚起策「全国旅行支援」が、東京都を除く全国46道府県で開始（11日。20日に東京都でも開始）

・外務省は、全ての国・地域について感染症危険情報のレベルを「レベル１（十分注意してください）」に引き下げ、渡航自粛要請を解除（19日）

・従来株とオミクロン株に対応したワクチンの接種間隔を５か月から３か月に短縮（21日）

・生後６か月から４歳までの乳幼児用ワクチンを予防接種法上の特例臨時接種に位置付け（24日）

11月

・厚生労働省は、新型コロナウイルス感染症の感染症法上の位置付けの見直しについて、専門家会合「新型コロナウイルス感染症対策アドバイザリーボード」において議論を開始（30日）

12月

・今後の感染症の発生及びまん延に備えた「感染症法等の一部を改正する法律」が成立（２日）

・国内の新規陽性者数が約４か月ぶりに20万人超に（21日）

（注）各種報道等の公開されている情報に基づき、総務省統計局にて作成

2022 年　家計消費状況調査　結果の概況

Ⅰ　ネットショッピング※1の状況

1　ネットショッピング利用世帯の割合は過去最高水準

2022年の二人以上の世帯におけるネットショッピングを利用した世帯の割合は52.7%と、2002 年の調査開始以来、過去最高だった前年と同率となった（図Ⅰ－1）。

図Ⅰ－1　ネットショッピング利用世帯の割合の推移（二人以上の世帯）

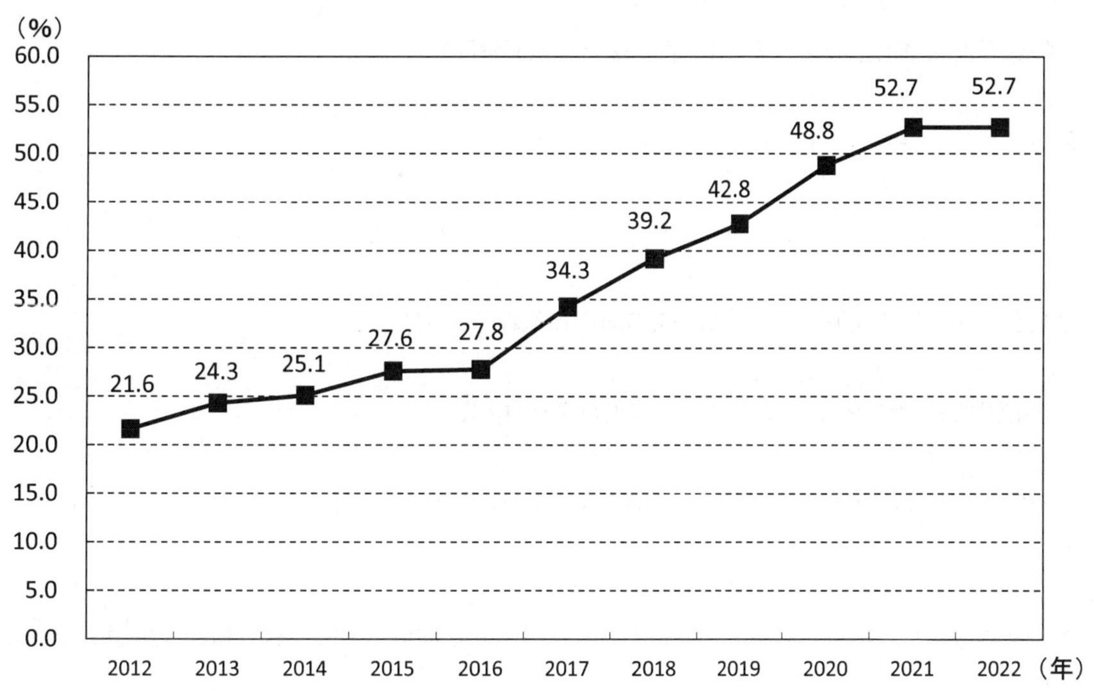

※1　ネットショッピングとは、世帯におけるインターネットを通じた財（商品）やサービスの購入をいう。

2　ネットショッピング支出金額は過去最多

2022 年の二人以上の世帯におけるネットショッピングの支出金額は、１か月平均 20,810 円と、2002 年の調査開始以来、過去最多となった。ネットショッピング利用世帯当たりの支出金額についても、１か月平均 39,443 円と、過去最多となった。

また、前年と比べると、ネットショッピングの支出金額は 11.1%の増加となった。これを項目別にみると、「旅行関係費」が 95.1%の増加、「チケット」が 73.0%の増加などとなった。一方、「家電・家具」が 13.0%の減少などとなった（表Ｉ－２－１）。

世帯主の年齢階級別に前年と比べてみると、全ての年齢階級で増加となり、特に 60～69 歳は 16.4%の増加と最も増加率が高くなった（表Ｉ－２－２、図Ｉ－２－１）。

表Ｉ－２－１　ネットショッピング支出金額

（二人以上の世帯）

年次	合計	旅行関係費 注1	チケット	保険	食料	衣類・履物	保健・医療 注2	贈答品	チケット以外の教養関係費 注3	家電・家具	その他 注4	〈参考〉教養関係費 注5	利用世帯当たりの支出金額
月平均額(円)													
2021年	18,727	1,542	455	891	4,223	2,218	971	951	1,300	1,924	4,253	1,755	35,470
2022年	20,810	3,008	787	988	4,643	2,247	982	942	1,265	1,674	4,275	2,052	39,443
対前年名目増減率(%)													
2021年	14.6	−6.4	45.4	13.9	36.4	14.1	13.4	18.9	12.3	−1.3	12.1	19.3	6.3
2022年	11.1	95.1	73.0	10.9	9.9	1.3	1.1	−0.9	−2.7	−13.0	0.5	16.9	11.2
対前年名目増減率に対する寄与度(%)													
2022年	−	7.83	1.77	0.52	2.24	0.15	0.06	−0.05	−0.19	−1.33	0.12	1.59	−

表Ｉ－２－２　世帯主の年齢階級別ネットショッピング支出金額

（二人以上の世帯）

年次	平均	40歳未満	40～49歳	50～59歳	60～69歳	70歳以上
月平均額(円)						
2021年	18,727	27,471	25,793	24,369	17,401	9,674
2022年	20,810	30,741	29,007	26,962	20,260	10,867
対前年名目増減率(%)						
2022年	11.1	11.9	12.5	10.6	16.4	12.3

図Ｉ－２－１　世帯主の年齢階級別ネットショッピング支出金額の対前年名目増減率

（二人以上の世帯）－2022 年

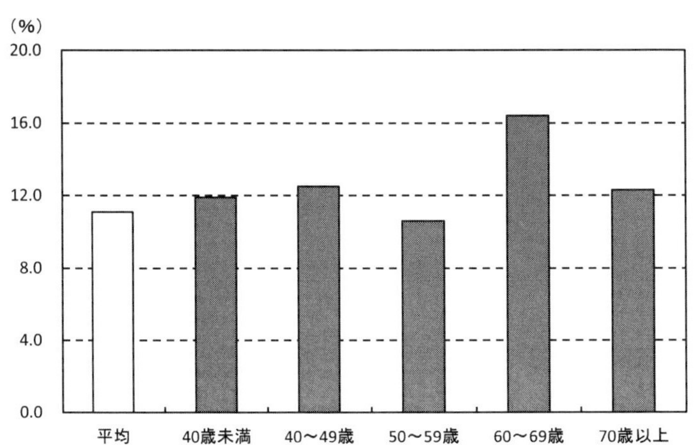

また、新型コロナウイルス感染症の影響がない2019年と項目別に比べてみると、2022年は「食料」が133.8%の増加と最も増加率が高く、次いで「保険」が70.1%の増加などとなった。「チケット」は2020年が54.2%の減少、2021年が33.5%の減少となっていたが、2022年は15.1%の増加となった。「旅行関係費」は、2020年及び2021年に引き続き減少となったが、減少幅は、前年の54.7%から11.7%に縮小した（図Ⅰ－２－２）。

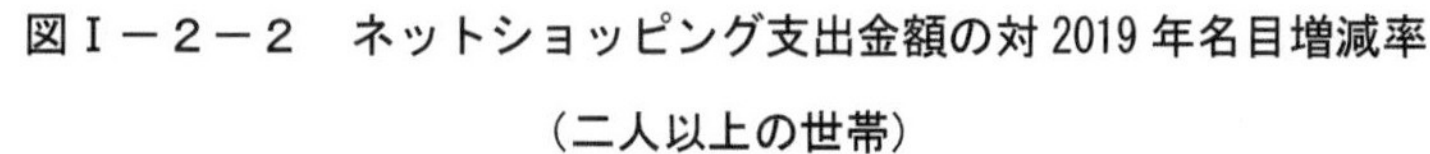

図Ⅰ－２－２　ネットショッピング支出金額の対2019年名目増減率

（二人以上の世帯）

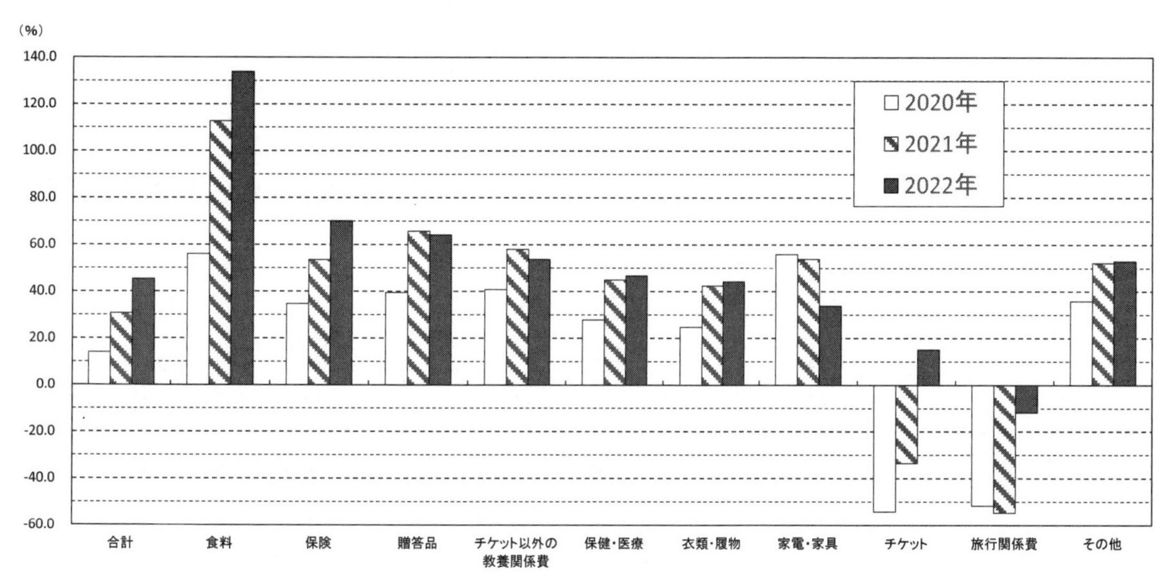

注１　旅行関係費：「宿泊料」、「運賃」及び「パック旅行費」の合計

注２　保健・医療：「医薬品」及び「健康食品」の合計

注３　チケット以外の教養関係費：「書籍」、「音楽・映像ソフト、パソコン用ソフト、ゲームソフト」及び「デジタルコンテンツ（「電子書籍」及び「ダウンロード版の音楽・映像、アプリなど」を含む）」の合計

注４　その他：「化粧品」、「自動車等関係用品」及び「上記に当てはまらない商品・サービス」の合計

注５　教養関係費：「チケット以外の教養関係費」及び「チケット」の合計

3　「旅行関係費」の支出金額は、全ての年齢階級で増加

2022 年の二人以上の世帯におけるネットショッピングによる支出のうち、最も増加率が高かった「旅行関係費」について、内訳ごとに前年と比べてみると、「宿泊料、運賃、パック旅行費（インターネット上での決済)」が 107.6%の増加、「宿泊料、運賃、パック旅行費（インターネット以外での決済)」は 69.5%の増加となった（表Ⅰ－３－１)。

また、世帯主の年齢階級別に前年と比べてみると、70 歳以上が 122.7%の増加と最も増加率が高く、次いで 40～49 歳が 112.1%の増加となるなど、全ての年齢階級で増加となった（表Ⅰ－３－２、図Ⅰ－３－１)。

さらに、「旅行関係費」の支出金額について、月別に前年と比べてみると、2022 年は全ての月において前年同月を上回った。これは、新型コロナウイルス感染症に伴う行動制限及び外出自粛などが緩和されたことや、全国旅行支援の実施などにより、外出機会が増加したことなどが要因と考えられる（図Ⅰ－３－２)。

表Ⅰ－３－１　ネットショッピング支出金額 －旅行関係費－

（二人以上の世帯）

年次	合計	宿泊料、運賃、パック旅行費（インターネット上での決済）	宿泊料、運賃、パック旅行費（インターネット以外での決済）
月平均額(円)			
2021年	1,542	1,040	501
2022年	3,008	2,159	849
対前年名目増減率(%)			
2021年	-6.4	-7.3	-4.6
2022年	95.1	107.6	69.5
対前年名目増減率に対する寄与度(%)注			
2022年	7.83	5.98	1.86

注　寄与度はネットショッピング支出金額合計の名目増減率に対するもの

表Ⅰ－３－２　世帯主の年齢階級別ネットショッピング支出金額 －旅行関係費－

（二人以上の世帯）

年次	平均	40歳未満	40～49歳	50～59歳	60～69歳	70歳以上
月平均額(円)						
2021年	1,542	2,186	1,916	2,320	1,628	572
2022年	3,008	3,827	4,064	4,240	3,323	1,274
対前年名目増減率(%)						
2022年	95.1	75.1	112.1	82.8	104.1	122.7

図Ⅰ－３－１　世帯主の年齢階級別ネットショッピング支出金額の対前年名目増減率 －旅行関係費－
（二人以上の世帯）－2022 年

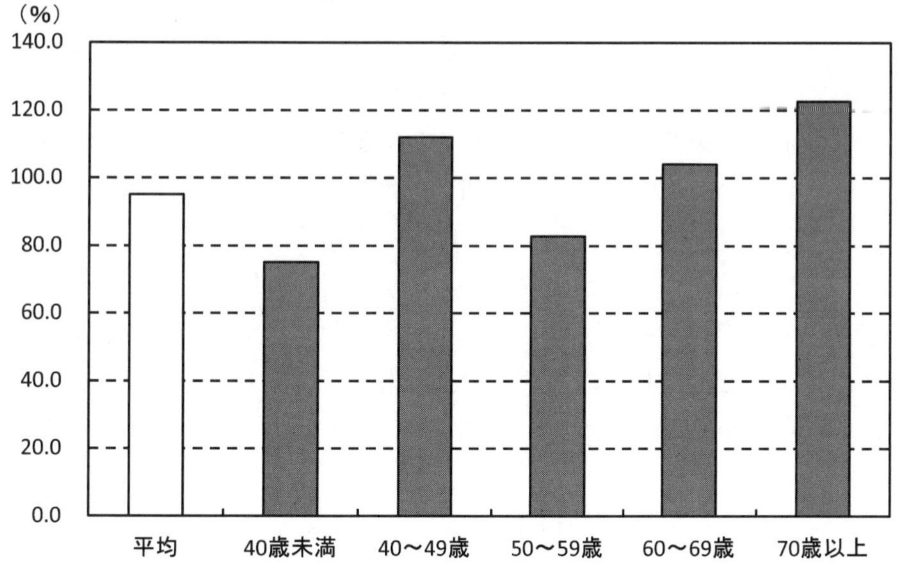

図Ⅰ－３－２　旅行関係費の月別支出金額の推移（二人以上の世帯）

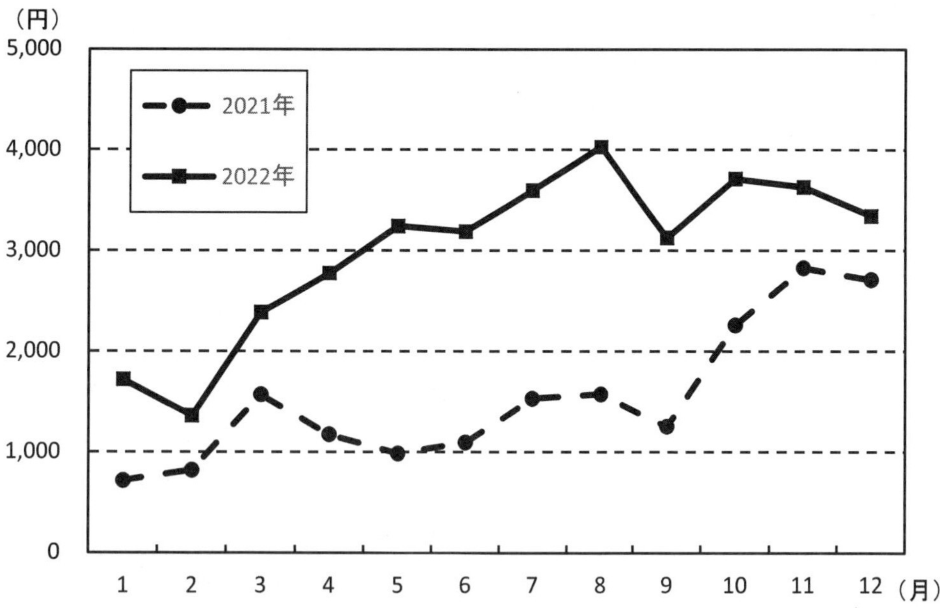

4　「教養関係費」の支出金額は、「チケット」及び「電子書籍」で増加

2022 年の二人以上の世帯におけるネットショッピングによる支出のうち、「教養関係費」について、内訳ごとに前年と比べてみると、「チケット」が 73.0％の増加、次いで「電子書籍」が 8.2％の増加となった。一方、「書籍」が 6.8％の減少、「音楽・映像ソフト、パソコン用ソフト、ゲーム用ソフト」が 4.3％の減少となった（表Ⅰ－４－１）。

また、世帯主の年齢階級別に前年と比べてみると、60～69 歳が 29.9％の増加、次いで 40 歳未満が 19.3％の増加となるなど、全ての年齢階級で増加となった（表Ⅰ－４－２、図Ⅰ－４－１）。

さらに、「教養関係費」の中で増加率が最も高かった「チケット」の支出金額について、月別に前年と比べてみると、2022 年は全ての月について前年同月を上回った（図Ⅰ－４－２）。

表Ⅰ－４－１　ネットショッピング支出金額 －教養関係費－

（二人以上の世帯）

年次	合計	チケット	電子書籍	ダウンロード版の音楽・映像、アプリなど	音楽・映像ソフト、パソコン用ソフト、ゲームソフト	書籍
月平均額(円)						
2021年	1,755	455	184	239	439	438
2022年	2,052	787	199	239	420	408
対前年名目増減率(%)						
2021年	19.3	45.4	28.7	32.8	2.3	7.9
2022年	16.9	73.0	8.2	0.0	−4.3	−6.8
対前年名目増減率に対する寄与度(%)注						
2022年	1.59	1.77	0.08	0.00	−0.10	−0.16

注　寄与度はネットショッピング支出金額合計の名目増減率に対するもの

表Ⅰ－４－２　世帯主の年齢階級別ネットショッピング支出金額 －教養関係費－

（二人以上の世帯）

年次	平均	40歳未満	40～49歳	50～59歳	60～69歳	70歳以上
月平均額(円)						
2021年	1,755	2,532	2,537	2,559	1,487	785
2022年	2,052	3,020	2,986	2,996	1,931	856
対前年名目増減率(%)						
2022年	16.9	19.3	17.7	17.1	29.9	9.0

図Ⅰ－４－１　世帯主の年齢階級別ネットショッピング支出金額の対前年名目増減率 －教養関係費－
（二人以上の世帯）－2022 年

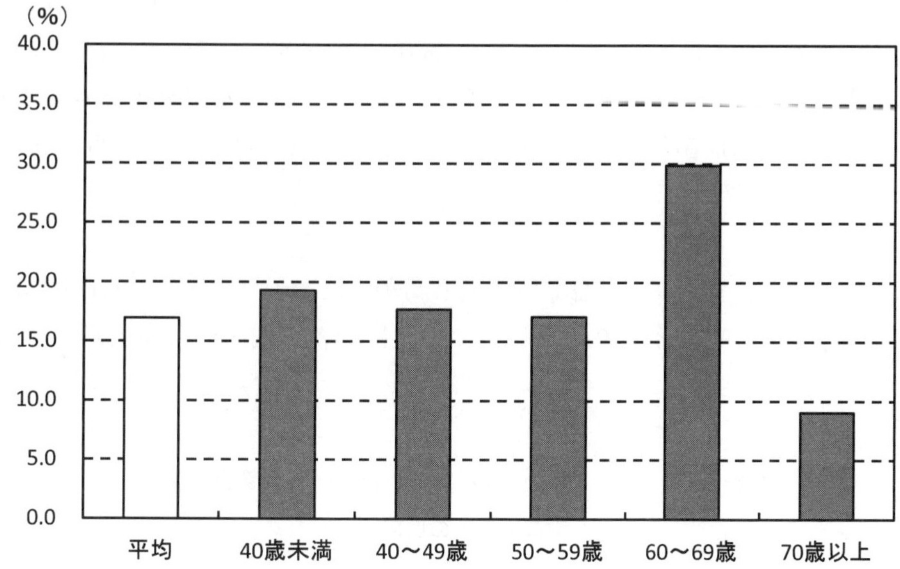

図Ⅰ－４－２　チケットの月別支出金額の推移（二人以上の世帯）

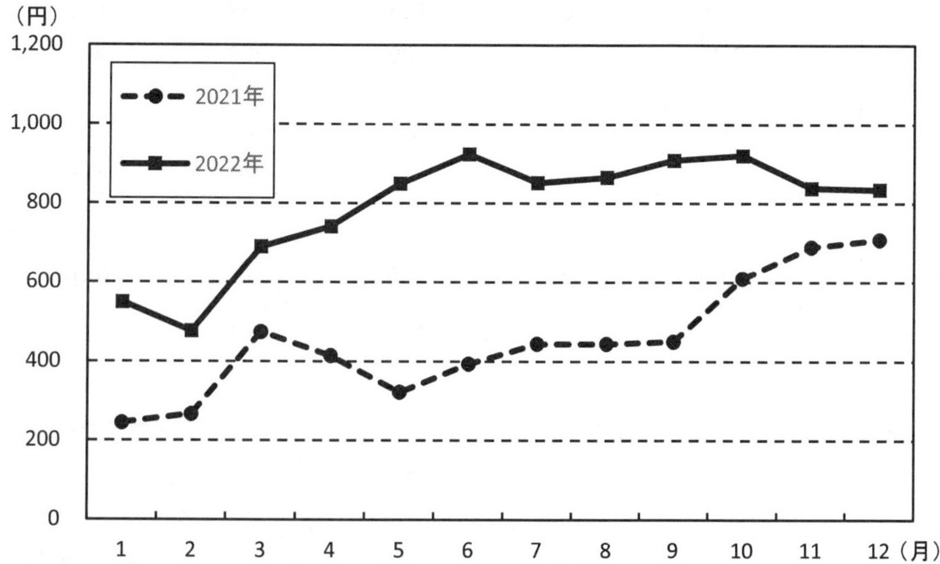

5　ネットショッピング支出割合が最も高いのは「食料」

2022 年の二人以上の世帯におけるネットショッピングによる支出金額について、その内訳の構成比をみると、「食料」の支出が 22.3％と最も高く、次いで「旅行関係費」が 14.5％、「衣類・履物」が 10.8％、「家電・家具」が 8.0％、「チケット以外の教養関係費」が 6.1％などとなっている（図Ｉ－５）。

図Ｉ－５　ネットショッピング支出割合

（二人以上の世帯）－2022 年

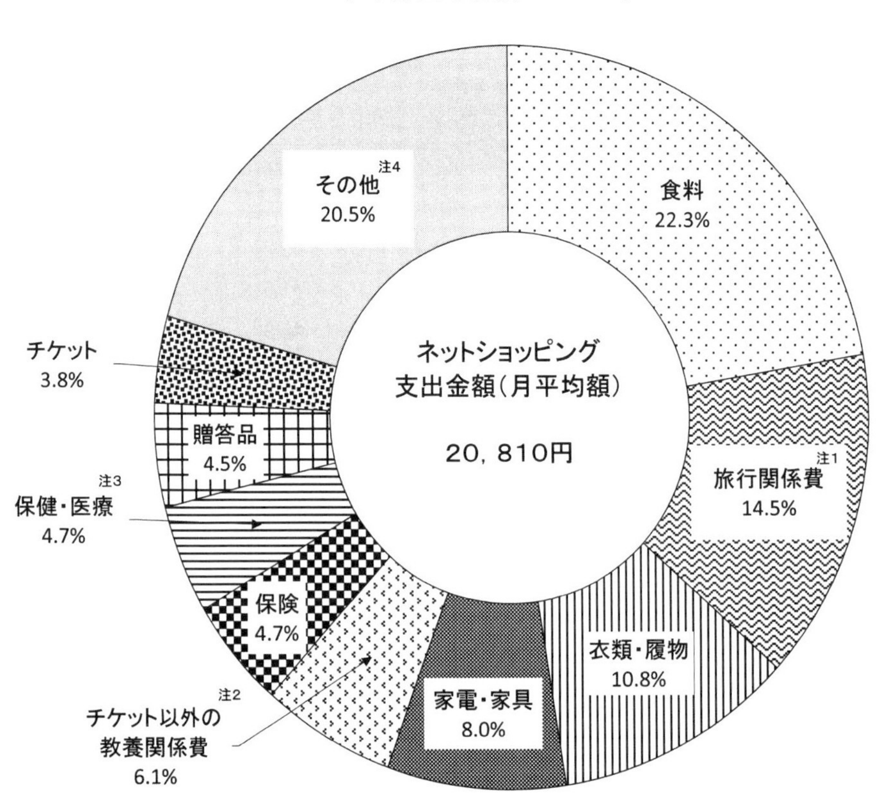

注１　旅行関係費：「宿泊料」、「運賃」及び「パック旅行費」の合計

注２　チケット以外の教養関係費：「書籍」、「音楽・映像ソフト、パソコン用ソフト、ゲームソフト」及び「デジタルコンテンツ（「電子書籍」及び「ダウンロード版の音楽・映像、アプリなど」を含む）」の合計

注３　保健・医療：「医薬品」及び「健康食品」の合計

注４　その他：「化粧品」、「自動車等関係用品」及び「上記に当てはまらない商品・サービス」の合計

Ⅱ　電子マネーの保有・利用状況

1　電子マネー[※2]利用世帯の割合は過去最高

2022 年の二人以上の世帯における電子マネーを保有している世帯員がいる世帯（以下「電子マネー保有世帯」という。）の割合は 68.8％と、前年に比べ 0.3 ポイントの低下となった。

また、電子マネーを利用した世帯員がいる世帯（以下「電子マネー利用世帯」という。）の割合は 59.0％と、前年に比べ 1.0 ポイントの上昇となり、過去最高となった（表Ⅱ－１、図Ⅱ－１）。

表Ⅱ－１　電子マネー保有・利用世帯の割合の推移（二人以上の世帯）

年次	電子マネー保有世帯（%）	電子マネー利用世帯（%）
2012年	41.1	34.4
2013	45.8	39.1
2014	49.9	43.2
2015	49.6	41.5
2016	51.9	43.9
2017	54.3	45.5
2018	59.2	50.4
2019	62.4	53.2
2020	69.2	57.5
2021	69.1	58.0
2022	68.8	59.0

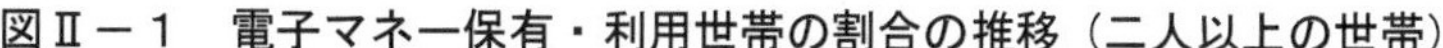
図Ⅱ－１　電子マネー保有・利用世帯の割合の推移（二人以上の世帯）

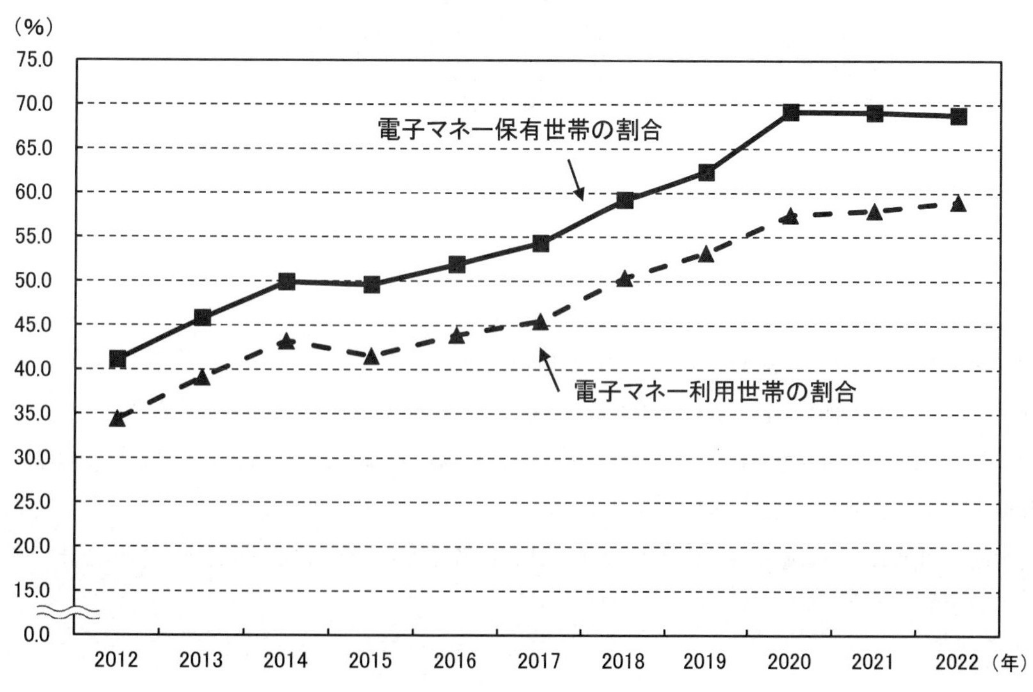

※２　この調査での「電子マネー」とは、事前に現金と引換えに金銭的価値が発行されたＩＣカードやプリペイドカード等（次の例を参照）をいう。
例）Suica、ICOCA、PASMO、nanaco、WAON、楽天 Edy、WebMoney、BitCash、クオカードなど
なお、デビットカードや、クレジットカードのような後払い方式の決済サービスは含まない。
また、図書カードなどのように特定の商品・サービスしか購入できないプリペイドカード等も含まない。

2　電子マネー利用世帯の割合は、世帯主が40歳代の世帯で最も高い

2022年の二人以上の世帯における電子マネー利用世帯の割合を世帯主の年齢階級別にみると、40～49歳が72.8％と最も高く、次いで50～59歳（71.0％）、40歳未満（68.2％）などとなった。

前年と比べてみると、60～69歳が2.7ポイントの上昇、次いで40～49歳が1.9ポイントの上昇となるなど、40歳未満を除く各年齢階級で上昇となった（表Ⅱ－2、図Ⅱ－2）。

表Ⅱ－2　世帯主の年齢階級別電子マネー利用世帯の割合（二人以上の世帯）

年次	平均	40歳未満	40～49歳	50～59歳	60～69歳	70歳以上
割合（%）						
2021年	58.0	68.2	70.9	69.6	58.8	38.8
2022年	59.0	68.2	72.8	71.0	61.5	40.6
対前年増減（ポイント）						
2022年	1.0	0.0	1.9	1.4	2.7	1.8

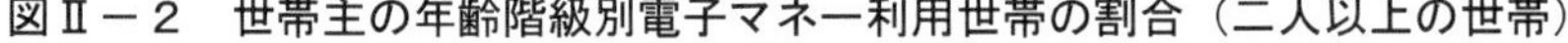

図Ⅱ－2　世帯主の年齢階級別電子マネー利用世帯の割合（二人以上の世帯）

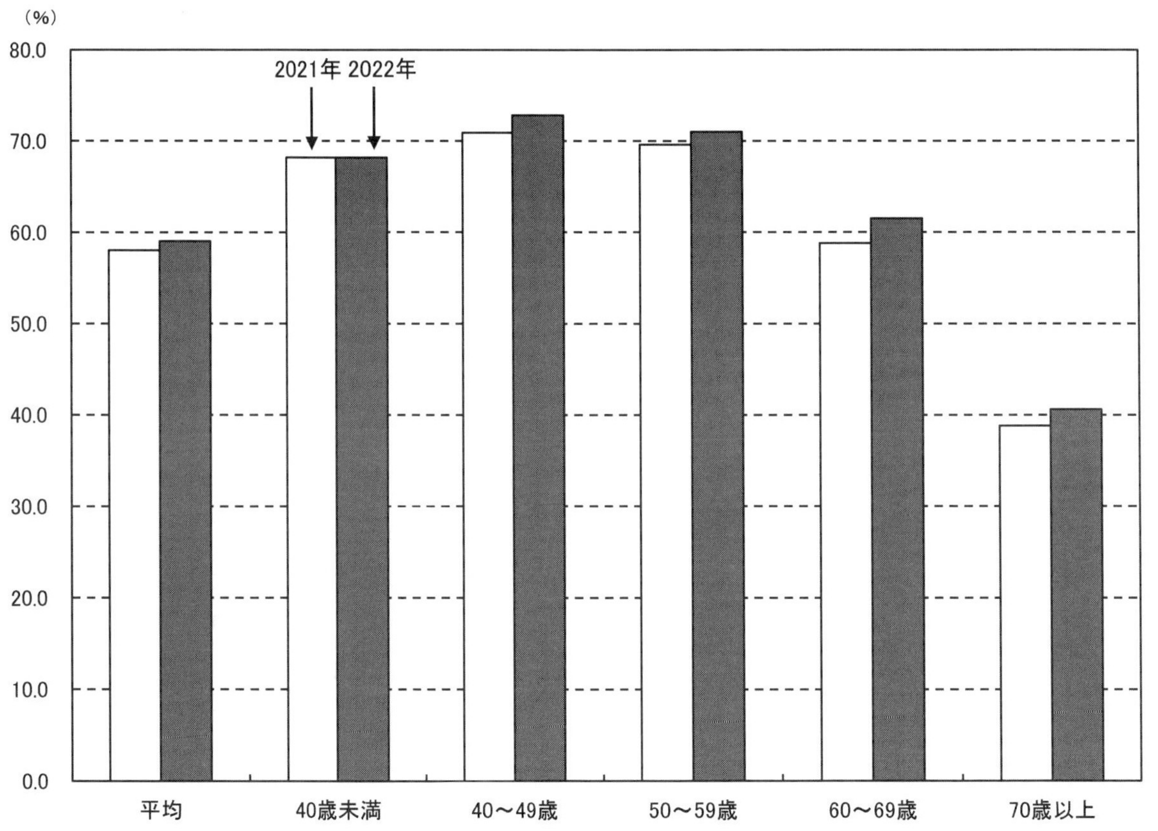

3　電子マネー利用金額は増加

2022 年の電子マネー利用世帯（二人以上の世帯）における電子マネーの利用金額は、１か月平均 28,295 円で、前年に比べ 6.5％の増加となった。

内訳をみると、鉄道及びバスの利用金額は１か月平均 3,627 円で、前年に比べ 17.5％の増加となった。新型コロナウイルス感染症による外出自粛の影響を受けて 2021 年の利用金額が少なかった一方で、2022 年は外出自粛などの緩和により外出機会が増加したことが要因と考えられる。

また、鉄道及びバス以外の利用金額は１か月平均 24,668 円で、前年に比べ 5.1％の増加となった。電子マネーを利用する機会が年々増えている状況がうかがえる（表Ⅱ－３、図Ⅱ－３）。

表Ⅱ－３　電子マネー利用世帯の１か月間の平均利用金額の推移（二人以上の世帯）

年次	平均利用金額(円)	鉄道及びバスの利用金額(円)	鉄道及びバス以外の利用金額(円)	平均利用金額に占める鉄道及びバスの利用金額割合(%)
2015年	16,382	4,468	11,914	27.3
2016	17,318	4,553	12,765	26.3
2017	17,644	4,603	13,041	26.1
2018	18,256	4,746	13,510	26.0
2019	20,567	4,487	16,080	21.8
2020	24,790	3,098	21,692	12.5
2021	26,568	3,088	23,480	11.6
2022	28,295	3,627	24,668	12.8
2022年の対前年名目増減率(%)及び対前年増減(ポイント)	6.5	17.5	5.1	1.2

図Ⅱ－３　電子マネー利用世帯の１か月間の平均利用金額の推移（二人以上の世帯）

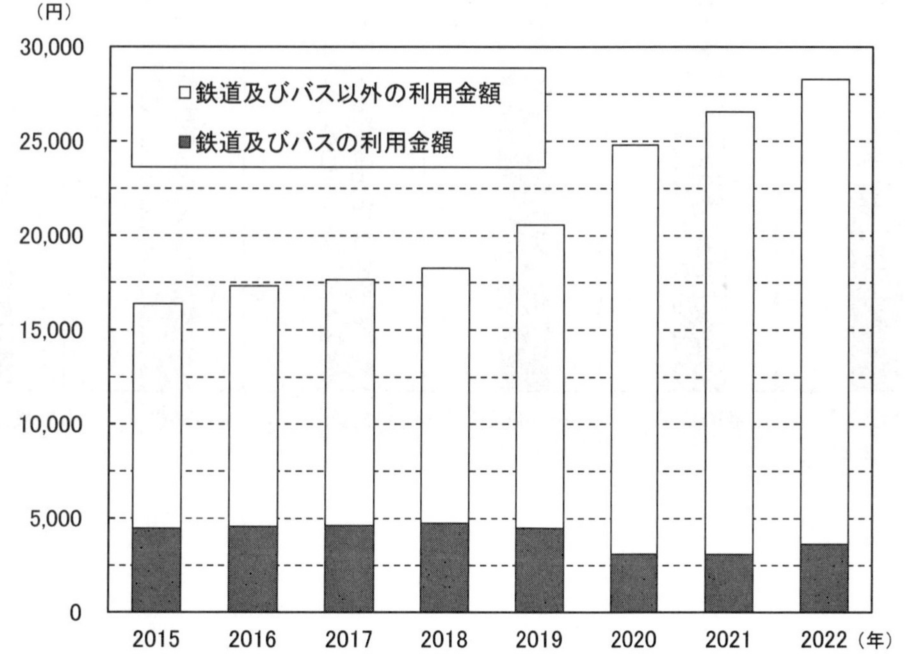

4　電子マネー利用金額は、世帯主が 40 歳未満の世帯で最も増加率が高い

2022 年の電子マネー利用世帯（二人以上の世帯）における電子マネーの利用金額を世帯主の年齢階級別にみると、50～59 歳が 1 か月平均 29, 667 円で最も多く、次いで 60～69 歳（29, 393 円）、40 歳未満（28, 186 円）などとなった。

前年と比べてみると、40 歳未満が 16. 5%の増加、次いで 50～59 歳が 7. 8%の増加となるなど、全ての年齢階級で増加となった（表Ⅱ－４、図Ⅱ－４）。

表Ⅱ－４　世帯主の年齢階級別電子マネー利用世帯の平均利用金額（二人以上の世帯）

年次	平均	40歳未満	40～49歳	50～59歳	60～69歳	70歳以上
月平均額(円)						
2021年	26,568	24,192	26,737	27,522	27,873	25,328
2022年	28,295	28,186	27,810	29,667	29,393	26,191
対前年名目増減率(%)						
2022年	6.5	16.5	4.0	7.8	5.5	3.4

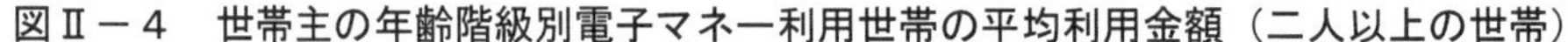

図Ⅱ－４　世帯主の年齢階級別電子マネー利用世帯の平均利用金額（二人以上の世帯）

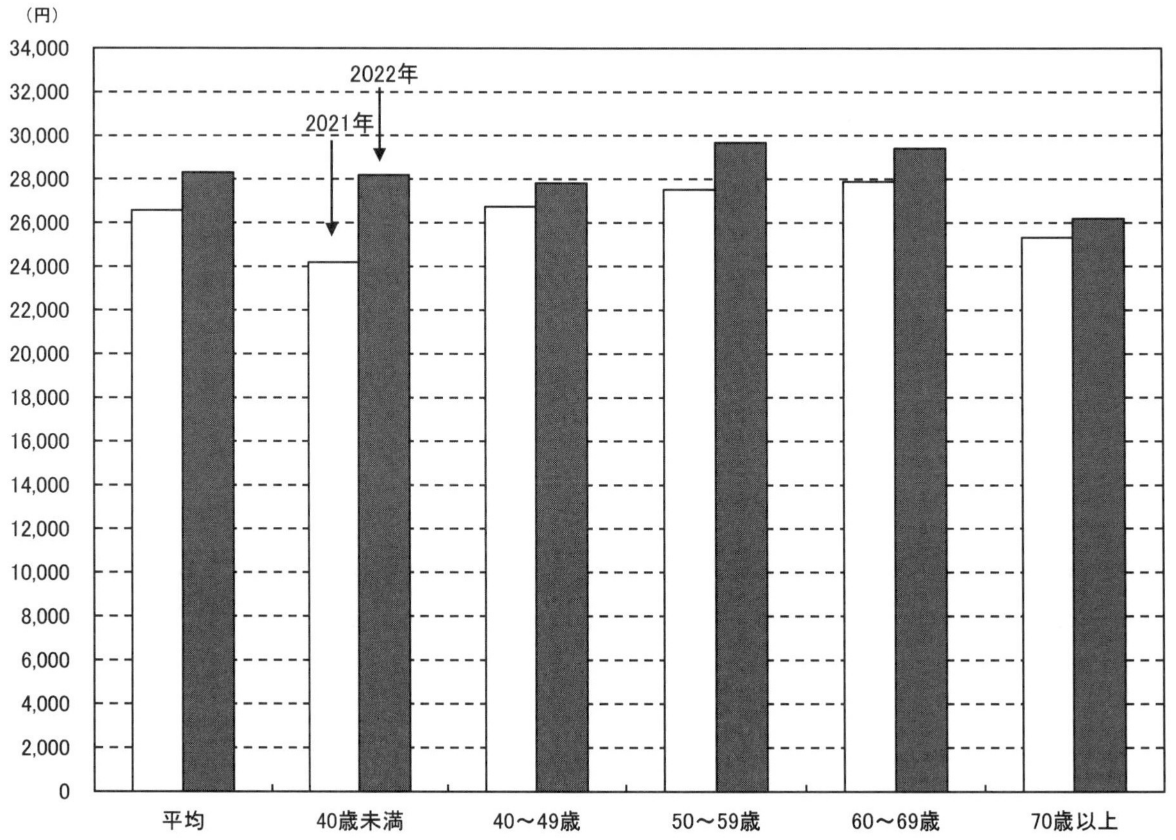

Summary Results of the 2022 Survey of Household Economy

I Expenditure on Goods and Services Ordered over the Internet (Two-or-more-person households)

1 The proportion of households that ordered goods or services on the internet to all two-or-more-person households was 52.7% in 2022, the same rate as the previous year. It had increased 31.1 percentage points for 10 years from 2012 (21.6%).

2 Average expenditure on goods and services ordered over the internet per household was 20,810 yen a month in 2022. It increased by 11.1% in 2022 in nominal terms from the previous year.

Looking at this by item, Travel-related costs increased by 95.1% and Tickets increased by 73.0% in 2022 from the previous year. On the other hand, Home electronics and furniture decreased by 13.0% in 2022 from the previous year.

Looking at this by age group of the head of household, 60-69 years old group increased by 16.4% in 2022 from the previous year. All of the age groups showed increases.

Average expenditure on goods and services ordered over the internet per household who paid such expenditure was 39,443 yen a month in 2022. It increased by 11.2% in 2022 in nominal terms from the previous year.

3 Looking at Travel-related costs by item, Accommodation services, fares, package tours (payment on the Internet) increased by 107.6%, Accommodation services, fares, package tours (payment on-site) increased by 69.5% in 2022 from the previous year.

Looking at this by age group of the head of household, the 70 years old and over group increased by 122.7% and the 40-49 years old group increased by 112.1% in 2022 from the previous year. All of the age groups showed increases.

Looking at Travel-related costs, every monthly expenditure during 2022 increased from the same month of the previous year.

4 Looking at Culture-related*[1] by item, Tickets increased by 73.0% and Digital books increased by 8.2% in 2022 from the previous year. On the other hand, Books and other reading materials decreased by 6.8% and Software (music, video, personal computer, TV game) decreased by 4.3% in 2022 from the previous year.

*[1] Total expenditure on "Books and other reading materials", "Software (music, video, personal computer, TV game)", "Digital books", "Downloaded music, video, applications" and "Tickets".

5 With regard to the breakdown of annual expenditure on goods and services ordered over the internet per household, Food was the highest at 22.3% of the total, followed by Travel-related costs at 14.5%, Clothing and footwear at 10.8%, Home electronics and furniture at 8.0% in 2022.

II Ownership and Utilization of Electronic Money (Two-or-more-person households)

1 The proportion of households with members who owned electronic money was 68.8% in 2022. It decreased by 0.3 percentage points in 2022 from the previous year.

The proportion of households with members who used electronic money was 59.0% in 2022. It increased by 1.0 percentage points in 2022 from the previous year.

2 Looking at the proportion of households with members who used electronic money by age group of the head of household, it was the highest in the 40-49 years old group at 72.8%, followed by the 50-59 years old group at 71.0% and the under-40 group at 68.2% in 2022.

The 60-69 years old group increased by 2.7 percentage points in 2022 and the 40-49 years old group increased by 1.9 percentage points in 2022. All of the age groups showed increases except for the under-40 years old group.

3 Average expenditure per household using electronic money was 28,295 yen a month in 2022. It increased by 6.5% in 2022 in nominal terms from the previous year.

The proportion of expenditure on railway and bus in the average amount of money per household using electronic money was 12.8% in 2022. It increased by 1.2 percentage points in 2022 from the previous year.

4 Looking at average expenditure per household using electronic money by age group of the head of household, it was the highest in the 50-59 years old group at 29,667 yen, followed by the 60-69 years old group at 29,393 yen and the under-40 years old group at 28,186 yen a month in 2022.

The under-40 group increased by 16.5% and the 50-59 years old group increased by 7.8% in 2022 from the previous year. All of the age groups showed increases.

統　　計　　表

Statistical Tables

統計表利用上の注意

(1)　本資料の数値は、農林漁家世帯を含む結果である。
(2)　各項目の内容に不詳があるため、内訳の合算は必ずしも総数に一致しない。
(3)　統計表中の「－」は、該当数字がないものである。
(4)　統計表中の「…」は、調査又は集計していないものである。

Notes on the statistical tables

(1) The data of this report includes agricultural, forestry and fisheries households.
(2) Because there are unknowns in some items, figures given in the tables may not necessarily add up to total.
(3) "－" : not applicable
(4) "…" : data not available

時系列表　インターネットを利用した1世帯当たり

Time Series Table　Monthly Expenditure on Goods and Services Ordered over

2020年

項　目	年平均 2020 Average	1月 Jan.	2月 Feb.	3月 Mar.	4月 Apr.	5月 May	6月 Jun.
世帯数分布（抽出率調整）	10, 000	10, 000	10, 000	10, 000	10, 000	10, 000	10, 000
集計世帯数	19, 457	19, 410	19, 668	19, 398	18, 904	18, 342	19, 043
世帯人員（人）	2. 96	2. 97	2. 96	2. 97	2. 97	2. 96	2. 96
有業人員（人）	1. 51	1. 50	1. 50	1. 50	1. 50	1. 50	1. 51
世帯主の年齢（歳）	60. 4	60. 8	60. 8	60. 8	60. 8	60. 5	60. 2
インターネットを利用した支出総額（２２品目計）	16, 339	14, 336	12, 847	13, 412	14, 622	15, 873	17, 252
贈答用							
５１　贈答品	800	444	349	419	548	704	1, 003
自宅用							
自宅用計	15, 539	13, 892	12, 498	12, 992	14, 074	15, 169	16, 249
５２～５４計（食料）	3, 097	2, 154	2, 113	2, 359	3, 163	3, 486	3, 334
５２　食料品	2, 181	1, 543	1, 503	1, 694	2, 248	2, 453	2, 339
５３　飲料	560	394	407	432	556	591	631
５４　出前	356	217	203	233	359	443	365
５５　家電	1, 453	1, 112	955	1, 260	1, 454	1, 629	1, 807
５６　家具	497	293	254	516	425	579	589
５７～５９計（衣類・履物）	1, 944	1, 706	1, 422	1, 534	1, 653	2, 050	2, 271
５７　紳士用衣類	477	429	335	346	343	475	587
５８　婦人用衣類	954	844	686	767	835	1, 032	1, 074
５９　履物・その他の衣類	513	434	401	421	475	544	610
６０～６１計（保健・医療）	856	706	729	732	932	939	918
６０　医薬品	209	154	189	186	319	258	234
６１　健康食品	647	552	540	545	613	682	684
６２　化粧品	687	542	554	600	657	731	728
６３　自動車等関係用品	402	282	234	393	334	372	419
６４　書籍	406	306	288	327	461	509	424
６５　音楽・映像ソフト、パソコン用ソフト、ゲームソフト	429	353	318	403	434	408	401
６６～６７計（デジタルコンテンツ）	323	237	229	254	284	328	309
６６　電子書籍	143	103	110	113	125	150	138
６７　ダウンロード版の音楽・映像、アプリなど	180	134	120	141	160	178	171
６８　保険	782	601	705	837	960	920	835
６９～７０計（旅行関係費）	1, 647	2, 947	2, 338	1, 181	381	289	1, 078
６９　宿泊料、運賃、パック旅行費（インターネット上での決済）	1, 122	2, 142	1, 782	834	276	216	789
７０　宿泊料、運賃、パック旅行費（上記以外の決済）	525	806	556	347	105	74	289
７１　チケット	313	515	467	245	105	47	91
７２　上記に当てはまらない商品・サービス	2, 704	2, 137	1, 893	2, 351	2, 831	2, 880	3, 044
(参考)							
インターネットを通じて注文をした世帯数	9, 192	7, 989	8, 059	8, 171	8, 612	8, 941	9, 405
インターネットを通じて注文をした世帯（１万分比）	4, 879	4, 275	4, 246	4, 381	4, 730	5, 045	5, 083
インターネットを通じて注文をした世帯当たりの支出総額	33, 353	33, 536	30, 255	30, 611	30, 914	31, 465	33, 937

1か月間の支出（二人以上の世帯）

the Internet per Household (Two-or-more-person Households)

単位　円　In Yen

7月 Jul.	8月 Aug.	9月 Sep.	10月 Oct.	11月 Nov.	12月 Dec.	Item
10,000	10,000	10,000	10,000	10,000	10,000	Distribution of households
19,418	19,732	19,937	19,965	19,928	19,735	Number of tabulated households
2.96	2.96	2.96	2.96	2.95	2.95	Number of persons per household (persons)
1.51	1.51	1.51	1.51	1.51	1.50	Number of earners per household (persons)
60.3	60.2	60.1	60.2	60.2	60.2	Age of household head (years old)
16,722	16,483	15,981	17,876	19,090	21,579	Total expenditure on goods and services ordered over the Internet(22 items)
						For gift
1,174	757	510	474	1,065	2,153	51 gift items
						For home
15,548	15,726	15,471	17,402	18,025	19,426	Total expenditure for home
3,156	3,107	3,103	3,153	3,494	4,544	52-54 Total (Food)
2,215	2,102	2,158	2,223	2,456	3,238	52 Foods
583	626	611	551	612	727	53 Beverages
359	379	334	379	426	579	54 Deliveries
1,566	1,408	1,380	1,350	1,645	1,867	55 Home electronics
576	497	506	557	593	577	56 Furniture
1,967	1,663	1,789	2,195	2,452	2,622	57-59 Total (Clothing, footwear)
492	406	409	540	635	730	57 Men's clothing
984	814	859	1,088	1,221	1,245	58 Women's clothing
491	444	521	566	596	647	59 Footwear and other clothing
904	899	850	886	856	925	60-61 Total (Medical care)
208	200	179	193	187	202	60 Medicines
696	700	670	693	669	723	61 Health foods
710	695	713	713	786	809	62 Cosmetics
367	394	350	633	578	464	63 Private transportation
398	408	423	408	421	498	64 Books and other reading materials
422	482	441	441	454	590	65 Software (music, video, personal computer, TV game)
334	338	359	373	391	442	66-67 Total (Digital contents)
135	150	156	163	185	192	66 Digital books
199	188	204	210	205	250	67 Download music, video, applications
749	784	615	738	769	872	68 Insurance
1,439	1,901	1,848	2,780	2,178	1,404	69-70 Total (Travel-related costs)
872	1,027	1,239	1,885	1,478	924	69 Accommodation services, fares, package tours(payment on the Internet)
567	874	608	895	700	480	70 Accommodation services, fares, package tours(payment on-site)
210	273	329	521	455	496	71 Tickets
2,750	2,878	2,764	2,654	2,952	3,315	72 Other goods and services
						(Reference)
9,539	9,552	9,644	9,877	10,038	10,474	Number of households ordering over the Internet
5,064	4,997	4,990	5,094	5,184	5,455	(a)
33,023	32,988	32,029	35,092	36,823	39,558	(b)

(a) Distribution of households ordering over the Internet(rate to the Whole = 10,000)

(b) Total expenditure per household by on goods and services ordered over the Internet

時系列表　インターネットを利用した1世帯当たり
Time Series Table　　Monthly Expenditure on Goods and Services Ordered over

2021年

項　　目	年平均 2021 Average	1月 Jan.	2月 Feb.	3月 Mar.	4月 Apr.	5月 May	6月 Jun.
世帯数分布（抽出率調整）	10,000	10,000	10,000	10,000	10,000	10,000	10,000
集計世帯数	19,770	19,761	10,632	19,895	19,975	20,017	19,860
世帯人員（人）	2.94	2.95	2.95	2.95	2.94	2.94	2.94
有業人員（人）	1.51	1.50	1.51	1.51	1.51	1.51	1.51
世帯主の年齢（歳）	60.2	60.1	60.0	60.1	60.1	60.2	60.3
インターネットを利用した支出総額（２２品目計）	18,727	16,914	15,781	18,651	17,876	17,275	18,121
贈答用							
５１　贈答品	951	702	538	657	688	705	1,094
自宅用							
自宅用計	17,776	16,213	15,244	17,994	17,188	16,570	17,026
５２～５４計（食料）	4,223	3,748	3,617	3,719	3,740	3,963	4,222
５２　食料品	2,929	2,646	2,537	2,545	2,574	2,697	2,908
５３　飲料	767	642	642	729	695	757	825
５４　出前	526	460	438	445	472	508	489
５５　家電	1,413	1,613	1,330	1,683	1,443	1,391	1,403
５６　家具	511	518	486	559	549	508	446
５７～５９計（衣類・履物）	2,218	2,273	1,891	2,150	2,257	2,143	2,212
５７　紳士用衣類	541	581	415	511	520	496	506
５８　婦人用衣類	1,104	1,147	969	1,054	1,129	1,070	1,108
５９　履物・その他の衣類	573	545	507	585	607	576	599
６０～６１計（保健・医療）	971	941	926	983	955	957	980
６０　医薬品	234	228	217	244	221	227	217
６１　健康食品	738	714	710	740	734	730	764
６２　化粧品	768	752	770	811	752	737	775
６３　自動車等関係用品	456	359	358	510	461	454	376
６４　書籍	438	458	421	435	478	421	412
６５　音楽・映像ソフト、パソコン用ソフト、ゲームソフト	439	442	427	450	465	404	446
６６～６７計（デジタルコンテンツ）	423	422	418	412	450	408	390
６６　電子書籍	184	179	196	191	222	177	165
６７　ダウンロード版の音楽・映像、アプリなど	239	243	222	221	228	231	225
６８　保険	891	810	831	1,016	1,005	911	852
６９～７０計（旅行関係費）	1,542	717	820	1,569	1,171	984	1,091
６９　宿泊料、運賃、パック旅行費（インターネット上での決済）	1,040	419	528	1,097	747	599	755
７０　宿泊料、運賃、パック旅行費（上記以外の決済）	501	298	292	472	424	385	336
７１　チケット	455	244	266	474	414	322	393
７２　上記に当てはまらない商品・サービス	3,029	2,916	2,683	3,223	3,049	2,967	3,027
(参考)							
インターネットを通じて注文をした世帯数	10,129	9,990	9,823	10,161	10,167	10,156	10,183
インターネットを通じて注文をした世帯（１万分比）	5,267	5,190	5,147	5,246	5,235	5,212	5,268
インターネットを通じて注文をした世帯当たりの支出総額	35,470	32,588	30,662	35,551	34,146	33,144	34,396

1か月間の支出（二人以上の世帯）（続き）
the Internet per Household (Two-or-more-person Households) — Continued

単位 円 In Yen

7月 Jul.	8月 Aug.	9月 Sep.	10月 Oct.	11月 Nov.	12月 Dec.	Item
10,000	10,000	10,000	10,000	10,000	10,000	Distribution of households
19,840	19,853	19,705	19,693	19,537	19,474	Number of tabulated households
2.94	2.94	2.94	2.93	2.93	2.93	Number of persons per household (persons)
1.51	1.52	1.52	1.51	1.51	1.51	Number of earners per household (persons)
60.3	60.4	60.3	60.2	60.2	60.2	Age of household head (years old)
18,223	17,353	17,919	19,247	21,858	25,507	Total expenditure on goods and services ordered over the Internet(22 items)
						For gift
1,347	907	637	592	1,241	2,301	51 gift items
						For home
16,876	16,446	17,282	18,655	20,617	23,205	Total expenditure for home
4,120	4,188	4,426	4,309	4,730	5,888	52-54 Total (Food)
2,787	2,861	3,096	3,013	3,290	4,199	52 Foods
822	776	809	757	830	922	53 Beverages
511	552	521	538	610	766	54 Deliveries
1,275	1,222	1,284	1,249	1,350	1,714	55 Home electronics
493	395	501	541	560	570	56 Furniture
2,031	1,761	1,896	2,274	2,698	3,028	57-59 Total (Clothing, footwear)
455	417	413	553	736	890	57 Men's clothing
1,060	867	947	1,115	1,316	1,463	58 Women's clothing
516	477	536	605	646	675	59 Footwear and other clothing
961	976	1,019	955	999	1,004	60-61 Total (Medical care)
224	227	253	246	250	248	60 Medicines
736	750	766	709	749	755	61 Health foods
699	704	786	745	829	857	62 Cosmetics
425	341	469	611	506	604	63 Private transportation
380	417	457	433	436	510	64 Books and other reading materials
427	443	415	383	439	530	65 Software (music, video, personal computer, TV game)
399	404	412	443	419	496	66-67 Total (Digital contents)
165	176	169	184	175	211	66 Digital books
234	228	244	259	244	285	67 Download music, video, applications
782	855	916	875	887	950	68 Insurance
1,530	1,574	1,251	2,255	2,826	2,710	69-70 Total (Travel-related costs)
1,013	982	922	1,533	1,945	1,944	69 Accommodation services, fares, package tours(payment on the Internet)
517	593	329	722	881	767	70 Accommodation services, fares, package tours(payment on-site)
444	444	450	609	689	708	71 Tickets
2,910	2,720	2,999	2,972	3,248	3,636	72 Other goods and services
						(Reference)
9,968	9,945	10,056	10,141	10,345	10,609	Number of households ordering over the Internet
5,176	5,148	5,245	5,291	5,444	5,600	(a)
35,206	33,707	34,165	36,378	40,151	45,550	(b)

(a) Distribution of households ordering over the Internet(rate to the Whole = 10,000)
(b) Total expenditure per household by on goods and services ordered over the Internet

時系列表　インターネットを利用した1世帯当たり

Time Series Table　　Monthly Expenditure on Goods and Services Ordered over

2022年

項　　目	年平均 2022 Average	1月 Jan.	2月 Feb.	3月 Mar.	4月 Apr.	5月 May	6月 Jun.
世帯数分布（抽出率調整）	10,000	10,000	10,000	10,000	10,000	10,000	10,000
集計世帯数	19,797	19,662	19,603	19,696	19,775	19,829	19,686
世帯人員（人）	2.92	2.93	2.93	2.93	2.92	2.92	2.92
有業人員（人）	1.49	1.50	1.50	1.49	1.49	1.50	1.49
世帯主の年齢（歳）	60.8	60.4	60.5	60.6	60.5	60.6	60.7
インターネットを利用した支出総額（２２品目計）	20,810	19,509	17,199	20,166	19,841	20,612	20,510
贈答用							
５１　贈答品	942	726	540	749	727	745	1,088
自宅用							
自宅用計	19,868	18,783	16,659	19,417	19,114	19,867	19,423
５２～５４計（食料）	4,643	4,653	4,345	4,545	4,269	4,546	4,348
５２　食料品	3,246	3,249	3,078	3,185	2,983	3,150	2,998
５３　飲料	812	759	715	788	777	812	843
５４　出前	586	645	551	572	509	583	507
５５　家電	1,237	1,405	1,142	1,505	1,314	1,105	1,140
５６　家具	437	445	380	528	405	410	405
５７～５９計（衣類・履物）	2,247	2,446	1,871	2,134	2,249	2,181	2,183
５７　紳士用衣類	556	646	458	520	567	504	503
５８　婦人用衣類	1,131	1,224	971	1,060	1,108	1,083	1,117
５９　履物・その他の衣類	560	576	442	554	574	594	563
６０～６１計（保健・医療）	982	963	947	998	921	981	979
６０　医薬品	252	266	228	273	234	244	240
６１　健康食品	730	696	719	725	687	737	739
６２　化粧品	771	756	767	792	709	756	766
６３　自動車等関係用品	456	386	410	609	516	527	369
６４　書籍	408	453	388	421	446	386	392
６５　音楽・映像ソフト、パソコン用ソフト、ゲームソフト	420	435	380	419	416	397	394
６６～６７計（デジタルコンテンツ）	437	451	424	438	443	457	438
６６　電子書籍	199	193	201	197	204	224	199
６７　ダウンロード版の音楽・映像、アプリなど	239	258	223	241	240	233	239
６８　保険	988	862	1,039	991	1,025	1,090	928
６９～７０計（旅行関係費）	3,008	1,719	1,358	2,383	2,773	3,241	3,188
６９　宿泊料、運賃、パック旅行費（インターネット上での決済）	2,159	1,198	976	1,688	2,010	2,288	2,337
７０　宿泊料、運賃、パック旅行費（上記以外の決済）	849	521	382	696	764	953	850
７１　チケット	787	549	476	690	741	849	923
７２　上記に当てはまらない商品・サービス	3,048	3,260	2,734	2,965	2,887	2,941	2,969
(参考)							
インターネットを通じて注文をした世帯数	10,115	10,058	9,907	9,988	10,036	10,144	10,105
インターネットを通じて注文をした世帯（１万分比）	5,271	5,270	5,186	5,227	5,237	5,278	5,297
インターネットを通じて注文をした世帯当たりの支出総額	39,443	37,015	33,166	38,584	37,890	39,052	38,722

1か月間の支出（二人以上の世帯）（続き）

the Internet per Household (Two-or-more-person Households) — Continued

単位 円 In Yen

7月 Jul.	8月 Aug.	9月 Sep.	10月 Oct.	11月 Nov.	12月 Dec.	Item
10,000	10,000	10,000	10,000	10,000	10,000	Distribution of households
19,767	19,920	20,035	19,930	19,845	19,731	Number of tabulated households
2.91	2.91	2.91	2.91	2.91	2.91	Number of persons per household (persons)
1.49	1.49	1.49	1.49	1.49	1.49	Number of earners per household (persons)
60.8	60.8	60.9	61.2	61.4	61.3	Age of household head (years old)
21,940	20,950	20,058	20,397	22,668	25,866	Total expenditure on goods and services ordered over the Internet(22 items)
						For gift
1,382	865	585	522	1,221	2,156	51 gift items
						For home
20,557	20,085	19,473	19,875	21,447	23,710	Total expenditure for home
4,623	4,535	4,555	4,349	4,792	6,159	52-54 Total (Food)
3,194	3,078	3,126	3,040	3,393	4,474	52 Foods
839	808	874	766	830	932	53 Beverages
591	649	555	544	569	753	54 Deliveries
1,275	1,090	978	1,010	1,352	1,524	55 Home electronics
420	350	453	396	473	579	56 Furniture
2,135	1,848	1,983	2,415	2,631	2,884	57-59 Total (Clothing, footwear)
523	436	399	592	686	837	57 Men's clothing
1,068	949	1,029	1,226	1,341	1,393	58 Women's clothing
544	463	555	597	604	654	59 Footwear and other clothing
985	986	1,001	967	1,010	1,044	60-61 Total (Medical care)
259	254	247	221	267	293	60 Medicines
726	732	754	746	744	752	61 Health foods
754	737	777	739	821	876	62 Cosmetics
431	422	426	356	455	563	63 Private transportation
384	375	406	388	404	447	64 Books and other reading materials
421	393	448	387	453	499	65 Software (music, video, personal computer, TV game)
440	432	439	412	414	460	66-67 Total (Digital contents)
213	212	184	176	180	203	66 Digital books
227	221	254	236	234	257	67 Download music, video, applications
1,032	1,032	953	976	932	1,001	68 Insurance
3,595	4,028	3,127	3,710	3,629	3,341	69-70 Total (Travel-related costs)
2,641	2,790	2,275	2,684	2,555	2,461	69 Accommodation services, fares, package tours(payment on the Internet)
953	1,238	852	1,026	1,073	880	70 Accommodation services, fares, package tours(payment on-site)
851	865	908	920	838	834	71 Tickets
3,212	2,992	3,019	2,851	3,243	3,498	72 Other goods and services
						(Reference)
10,168	10,258	10,097	9,996	10,163	10,463	Number of households ordering over the Internet
5,304	5,307	5,203	5,183	5,296	5,464	(a)
41,364	39,474	38,553	39,350	42,803	47,339	(b)

(a) Distribution of households ordering over the Internet(rate to the Whole = 10,000)

(b) Total expenditure per household by on goods and services ordered over the Internet

時系列表　電子マネーの
Time Series Table　Use State Related to Electronic

項　目	2020年 1～3月期 Jan. ～Mar.	4～6月期 Apr. ～Jun.	7～9月期 Jul. ～Sep.	10～12月期 Oct. ～Dec.	2021年 1～3月期 Jan. ～Mar.	4～6月期 Apr. ～Jun.	7～9月期 Jul. ～Sep.	10～12月期 Oct. ～Dec.
世帯数分布（抽出率調整）	10,000	10,000	10,000	10,000	10,000	10,000	10,000	10,000
集計世帯数	1,824	1,689	1,919	1,843	1,726	1,831	1,772	1,842
世帯人員（人）	3.02	2.07	2.97	3.02	3.00	2.99	2.96	2.96
有業人員（人）	1.54	1.55	1.53	1.53	1.55	1.54	1.54	1.50
世帯主の年齢（歳）	59.8	58.7	60.0	59.8	59.2	59.7	60.0	59.9
（電子マネーについて）								
電子マネーを持っている世帯員がいる	67.1	73.1	68.2	68.4	70.7	69.9	67.5	68.4
１人	15.9	17.1	16.6	16.3	16.9	17.1	16.4	15.6
２人	32.5	38.1	34.0	34.3	37.3	34.8	35.2	36.6
３人以上	18.5	17.7	17.4	17.8	16.5	17.8	15.8	16.1
電子マネーを持っている世帯員がいない	32.9	26.7	31.8	31.6	29.3	30.1	32.5	31.6
電子マネーを利用した世帯員がいる	57.7	59.4	55.9	57.1	59.3	58.3	56.6	57.9
電子マネーを利用した1世帯当たり平均利用金額（円）	23,678	24,166	24,933	26,384	25,389	27,329	26,276	27,278
1,000円未満	1.8	2.1	1.7	1.2	2.0	1.2	1.7	1.3
1,000円以上 3,000円未満	5.9	6.6	5.4	5.2	6.2	5.7	5.6	5.2
3,000 ～ 5,000	4.8	4.9	4.4	4.5	3.9	4.6	4.6	4.1
5,000 ～ 10,000	8.8	8.1	7.6	8.6	8.3	7.9	8.0	7.6
10,000 ～ 30,000	19.2	18.8	18.2	18.2	19.9	18.7	18.2	19.3
30,000 ～ 50,000	8.4	9.3	9.2	9.4	8.9	9.6	8.6	9.6
50,000円以上	8.7	9.5	9.4	10.1	10.2	10.6	9.8	10.7
電子マネーを利用した世帯員がいない	9.2	13.5	12.2	11.2	11.4	11.6	10.8	10.3
電子マネーの利用金額のうち鉄道及びバスでの1世帯当たり平均利用金額（円）	3,805	2,246	3,021	3,319	2,782	3,058	2,961	3,549
1,000円未満	3.9	4.9	3.8	3.6	4.5	3.9	3.7	3.6
1,000円以上 3,000円未満	9.6	8.3	9.1	9.0	8.3	8.1	8.5	8.4
3,000 ～ 5,000	6.4	3.9	4.7	5.7	4.9	4.6	5.2	5.0
5,000 ～ 10,000	7.8	4.9	5.7	6.3	5.8	5.5	5.0	7.8
10,000円以上	7.4	4.5	5.8	6.6	5.9	6.2	5.8	7.1

利用状況（二人以上の世帯）
Money (Two-or-more-person Households)

(%)

2022年 1～3月期 Jan.～Mar.	2022年 4～6月期 Apr.～Jun.	2022年 7～9月期 Jul.～Sep.	2022年 10～12月期 Oct.～Dec.	2020年	2021年	2022年	Item
10,000	10,000	10,000	10,000	10,000	10,000	10,000	Distribution of households
1,857	1,881	1,889	1,878	1,819	1,793	1,876	Number of tabulated households
2.97	2.95	2.92	2.93	2.99	2.98	2.94	Number of persons per household (persons)
1.50	1.52	1.51	1.50	1.54	1.53	1.51	Number of earners per household (persons)
60.2	60.2	60.9	61.5	59.6	59.7	60.7	Age of household head (years old)
							(Electronic money)
68.7	68.9	68.4	69.2	69.2	69.1	68.8	Households some members of which own electronic money
16.0	15.6	15.1	14.8	16.5	16.5	15.4	One-person
35.7	35.8	34.9	35.2	34.7	36.0	35.4	Two-persons
16.8	17.3	18.3	19.0	17.9	16.6	17.9	Three-or-more-persons
31.3	31.1	31.6	30.8	30.8	30.9	31.2	Households any members of which don't own electronic money
58.1	59.1	59.4	59.4	57.5	58.0	59.0	Households some members of which used electronic money
27,463	27,249	28,008	30,461	24,790	26,568	28,295	Average amount of money per household using electronic money (yen)
1.4	1.3	1.1	0.9	1.7	1.6	1.2	- 999 yen
5.5	5.4	5.6	4.7	5.8	5.7	5.3	1,000- 2,999
3.9	4.4	3.7	4.1	4.7	4.3	4.0	3,000- 4,999
8.4	8.1	7.8	7.4	8.3	8.0	7.9	5,000- 9,999
18.3	19.4	19.8	20.0	18.6	19.0	19.4	10,000- 29,999
9.3	9.5	9.4	9.7	9.1	9.2	9.5	30,000- 49,999
11.2	11.0	12.0	12.5	9.4	10.3	11.7	50,000-
10.4	9.7	8.9	9.6	11.5	11.0	9.7	Households any members of which didn't use electronic money
3,388	3,725	3,454	3,944	3,098	3,088	3,627	Average amount of money per household using electronic money by railway and bus (yen)
3.9	4.0	3.3	3.0	4.1	3.9	3.6	- 999 yen
8.1	9.1	9.5	9.8	9.0	8.3	9.1	1,000- 2,999
5.0	5.7	5.6	5.6	5.2	4.9	5.5	3,000- 4,999
6.3	6.8	7.0	7.3	6.2	6.1	6.9	5,000- 9,999
6.9	8.0	7.0	8.5	6.1	6.2	7.6	10,000-

時系列表　特定の財（商品）・サービスの1世帯当たり

Time Series Table　Monthly Expenditure per Household

2020年

項　目	年平均 2020 Average	1月 Jan.	2月 Feb.	3月 Mar.	4月 Apr.	5月 May	6月 Jun.
世帯数分布（抽出率調整）	10,000	10,000	10,000	10,000	10,000	10,000	10,000
集計世帯数	19,457	19,410	19,668	19,398	18,904	18,342	19,043
世帯人員（人）	2.96	2.97	2.96	2.97	2.97	2.96	2.96
有業人員（人）	1.51	1.50	1.50	1.50	1.50	1.50	1.51
世帯主の年齢（歳）	60.4	60.8	60.8	60.8	60.8	60.5	60.2
通信							
０１　ｽﾏｰﾄﾌｫﾝなどの通信・通話使用料（携帯電話・PHSなどを含む）	13,134	13,243	13,124	13,032	12,828	12,775	13,012
０２　インターネット接続料	4,189	4,054	4,018	4,047	4,070	4,145	4,163
０３　ｽﾏｰﾄﾌｫﾝ・携帯電話・PHSの本体価格	1,453	1,347	1,486	1,599	1,158	1,051	1,357
旅行関係							
０４　航空運賃	353	1,058	879	297	125	66	306
０５　宿泊料	1,493	2,198	1,706	1,075	274	159	726
０６　パック旅行費（国内）	926	1,794	1,195	559	121	83	331
０７　パック旅行費（外国）	270	1,557	1,070	366	78	11	1
教育、教養娯楽							
０８　国公立授業料等（幼稚園～大学、専修学校）	1,824	991	1,136	1,820	2,800	2,248	1,473
０９　私立授業料等（幼稚園～大学、専修学校）	8,114	3,880	4,972	11,021	23,427	7,335	4,126
１０　補習教育費	3,343	3,247	2,702	3,571	3,211	2,426	2,914
１１　自動車教習料	658	820	1,037	644	222	165	758
１２　スポーツ施設使用料	830	957	1,008	864	545	432	637
衣類等							
１３　背広服	486	639	679	813	319	247	375
１４　婦人用スーツ·ワンピース	556	668	765	749	353	304	526
１５　和服（男子用·婦人用）	262	446	283	226	86	188	214
１６　腕時計	295	367	297	410	109	136	303
１７　装身具（アクセサリー類）	445	499	589	439	121	180	438
医療							
１８　出産入院料	203	106	165	180	50	112	185
１９　出産以外の入院料	1,877	1,966	1,921	1,992	1,666	1,665	1,585
家具等							
２０　たんす	120	94	109	154	131	100	120
２１　ベッド	282	210	235	354	205	270	410
２２　布団	398	389	290	360	173	297	397
２３　机·いす（事務用·学習用）	196	156	186	180	170	201	256
２４　食器戸棚	100	79	69	51	66	79	79
２５　食卓セット	172	139	137	164	72	78	242
２６　応接セット	236	144	147	176	99	172	327
２７　楽器（部品を含む）	225	187	148	152	235	248	361
家電等							
２８　冷蔵庫	918	601	725	625	598	872	1,281
２９　掃除機	391	294	265	399	304	288	403
３０　洗濯機	831	841	769	878	529	618	1,192
３１　エアコン	1,662	565	673	652	632	2,359	3,800
３２　パソコン（ﾀﾌﾞﾚｯﾄ型を含む。周辺機器・ｿﾌﾄは除く）	1,383	1,756	1,106	1,552	1,817	1,934	1,286
３３　テレビ	927	770	690	748	609	728	1,058
３４　ビデオデッキ	193	193	193	205	160	133	187
３５　ゲーム機（ソフトは除く）	218	163	60	231	199	205	184
３６　カメラ（交換ﾚﾝｽﾞのみを含む。使い捨てのｶﾒﾗは除く）	140	155	123	130	77	36	112
３７　ビデオカメラ	22	27	27	17	10	3	27
住宅関係							
３８　家屋に関する設備費·工事費·修理費	6,689	5,424	6,405	5,602	6,243	4,986	7,161
３９　給排水関係工事費	2,244	1,977	2,183	2,440	2,058	1,699	1,725
４０　庭・植木の手入れ代	498	326	332	305	320	334	436
自動車等関係							
４１　自動車（新車）	13,709	11,165	15,875	18,787	13,213	9,535	12,127
４２　自動車（中古車）	4,479	3,320	5,247	6,127	3,254	4,103	5,247
４３　自動車保険料（自賠責）	780	731	964	1,056	734	830	814
４４　自動車保険料（任意）	3,407	2,803	3,189	3,737	4,161	4,217	3,749
４５　自動車以外の原動機付輸送機器	312	106	324	338	301	233	407
４６　自動車整備費	3,568	3,113	3,716	3,936	3,390	3,375	3,426
その他							
４７　挙式·披露宴費用	474	883	424	534	279	242	13
４８　葬儀·法事費用	2,538	2,547	2,875	3,469	2,340	1,226	2,532
４９　信仰関係費	1,230	1,002	1,059	1,102	1,012	755	881
５０　仕送り金	2,174	2,286	2,333	2,408	2,263	2,047	2,132

1か月間の支出（二人以上の世帯）
(Two-or-more-person Households)

単位 円 In Yen

7月 Jul.	8月 Aug.	9月 Sep.	10月 Oct.	11月 Nov.	12月 Dec.	Item
10,000	10,000	10,000	10,000	10,000	10,000	Distribution of households
19,418	19,732	19,937	19,965	19,928	19,735	Number of tabulated households
2.96	2.96	2.96	2.96	2.95	2.95	Number of persons per household (persons)
1.51	1.51	1.51	1.51	1.51	1.50	Number of earners per household (persons)
60.3	60.2	60.1	60.2	60.2	60.2	Age of household head (years old)
						Communication
13,081	13,176	13,311	13,356	13,339	13,331	01 Smartphone (cell phone, PHS) charges
4,165	4,231	4,325	4,313	4,367	4,371	02 Internet connection charges
1,411	1,274	1,305	1,616	2,009	1,824	03 Mobile telephones unit prices (cell phone, PHS)
						Travel-related costs
312	279	246	262	247	155	04 Airplane fares
1,566	2,585	1,658	2,248	2,159	1,557	05 Accommodation services
456	664	1,135	2,215	1,802	751	06 Package tour costs (domestic)
152	-	-	-	2	5	07 Package tour costs (overseas)
						Education, Culture and recreation
1,692	1,286	1,514	3,254	2,473	1,205	08 Tuition (kindergarten-university) (public)
2,620	4,191	12,030	13,389	5,461	4,913	09 Tuition (kindergarten-university) (private)
3,685	3,604	3,462	3,559	3,513	4,216	10 Tutorial fees
791	746	498	645	608	963	11 Lesson fees, driving school
799	848	924	961	1,020	965	12 Rental fees for sports facilities
						Clothing
356	250	397	599	602	558	13 Men's suits
555	447	543	618	630	519	14 Women's one-piece dresses and suits
178	337	275	250	253	402	15 Japanese clothing (for men and women)
307	323	309	298	246	438	16 Wrist watches
390	539	469	439	664	578	17 Accessories
						Medical care
392	333	324	199	225	160	18 Delivery fees
1,959	1,791	1,654	2,173	1,959	2,197	19 Hospital charges (excluding delivery)
						Furniture, etc.
104	123	109	110	136	149	20 Chests of drawers
426	268	288	243	248	222	21 Beds
434	273	397	581	651	531	22 Quilts
217	259	140	186	200	198	23 Desks and chairs (for work or study)
113	126	129	123	131	155	24 Sideboards
211	208	175	229	182	232	25 Dining tables and chairs
335	361	260	351	215	248	26 Drawing room suites
266	271	245	250	160	175	27 Musical instruments (including parts of instruments)
						Home electric appliances, etc.
1,377	1,358	1,167	648	781	977	28 Refrigerators
478	512	361	401	418	565	29 Vacuum cleaners
1,077	940	727	767	731	905	30 Washing machines
3,538	3,280	1,669	913	829	1,032	31 Air conditioners
1,293	1,227	1,195	979	1,129	1,319	32 Personal computers (a)
1,181	1,178	929	754	894	1,584	33 TV
235	202	153	157	156	341	34 Video recorders (DVD or Blu-ray recorder, player, etc.)
226	212	200	187	303	443	35 Video game hardware (excluding software)
150	133	163	200	211	192	36 Cameras (including lenses only, excluding disposable cameras)
17	40	30	24	28	18	37 Video cameras
						Housing
6,477	6,044	7,341	8,281	7,541	8,758	38 House-related equipping/ construction/ repair costs
2,031	2,379	2,416	2,372	2,799	2,850	39 Water supply and drainage construction costs
421	560	446	713	872	907	40 Gardens, trees and plants tending costs
						Motor cars-related costs
10,104	12,063	14,210	18,041	14,952	14,440	41 Automobiles (new)
4,067	5,006	3,986	4,786	3,842	4,764	42 Automobiles (second-hand)
662	669	735	792	716	658	43 Automotive insurance premium (compulsion)
3,324	3,099	3,154	3,043	3,187	3,226	44 Automotive insurance premium (option)
441	430	317	342	314	186	45 Motorized vehicles other than automobiles
3,516	3,473	3,805	3,712	3,721	3,631	46 Automotive maintenance and repairs
						Others
375	263	483	600	767	827	47 Wedding ceremony and reception costs
2,482	1,937	2,765	2,960	2,554	2,765	48 Funeral service costs
1,263	1,361	1,217	1,518	1,597	1,997	49 Religion-related costs
2,006	1,959	1,995	2,100	2,044	2,516	50 Remittance

(a) including tablet devices, excluding peripherals and software

時系列表　特定の財（商品）・サービスの1世帯当たり

Time Series Table　Monthly Expenditure per Household

2021年

項　目	年平均 2021 Average	1月 Jan.	2月 Feb.	3月 Mar.	4月 Apr.	5月 May	6月 Jun.
世帯数分布（抽出率調整）	10,000	10,000	10,000	10,000	10,000	10,000	10,000
集計世帯数	19,770	19,761	19,632	19,895	19,975	20,017	19,860
世帯人員（人）	2.94	2.95	2.95	2.95	2.94	2.94	2.94
有業人員（人）	1.51	1.50	1.51	1.51	1.51	1.51	1.51
世帯主の年齢（歳）	60.2	60.1	60.0	60.1	60.1	60.2	60.3
通信							
０１　スマートフォン・携帯電話などの通信、通話使用料	12,748	13,252	13,127	13,080	13,157	12,998	12,771
０２　インターネット接続料	4,417	4,400	4,390	4,455	4,434	4,451	4,400
０３　スマートフォン・携帯電話の本体価格	1,609	1,728	1,586	2,131	1,728	1,418	1,334
旅行関係							
０４　航空運賃	324	110	224	381	270	213	276
０５　宿泊料	1,512	822	788	1,543	1,153	900	756
０６　パック旅行費（国内）	603	224	246	634	292	240	384
０７　パック旅行費（外国）	4	－	－	－	0	－	15
教育、教養娯楽							
０８　国公立授業料等（幼稚園～大学、専修学校）	1,895	962	955	2,337	3,325	3,639	1,543
０９　私立授業料等（幼稚園～大学、専修学校）	8,112	4,175	5,255	12,053	23,891	6,992	2,968
１０　補習教育費	3,721	3,616	3,193	4,328	3,865	3,133	3,390
１１　自動車教習料	662	794	733	832	536	661	490
１２　スポーツ施設使用料	1,021	924	909	1,021	1,087	990	1,026
衣類等							
１３　背広服	494	475	530	1,109	569	356	359
１４　婦人用スーツ･ワンピース	525	493	595	937	588	392	483
１５　和服	201	151	161	147	157	198	229
１６　腕時計	308	248	243	409	228	231	257
１７　装身具（アクセサリー類）	507	582	422	684	452	396	435
医療							
１８　出産入院料	257	182	335	232	210	267	83
１９　出産以外の入院料	1,810	1,846	1,654	1,873	1,801	1,799	1,668
家具等							
２０　たんす	116	113	123	160	151	119	87
２１　ベッド	273	260	308	337	279	269	265
２２　布団	394	382	439	299	332	302	308
２３　机･いす（事務用･学習用）	194	244	229	285	273	208	156
２４　食器戸棚	111	106	112	128	122	123	102
２５　食卓セット	168	161	197	180	132	183	149
２６　応接セット	232	199	104	240	192	193	251
２７　楽器（部品を含む）	166	124	181	226	129	235	245
家電等							
２８　冷蔵庫	819	799	597	882	566	740	1,087
２９　掃除機	386	460	388	396	327	340	319
３０　洗濯機	786	1,021	790	1,045	633	648	756
３１　エアコン	1,430	605	642	1,068	1,167	2,187	2,624
３２　パソコン（ﾀﾌﾞﾚｯﾄ型を含む。周辺機器・ｿﾌﾄは除く）	1,196	1,333	1,268	2,184	1,778	878	1,074
３３　テレビ	885	996	752	882	713	814	1,000
３４　ビデオデッキ	180	265	136	203	157	203	214
３５　ゲーム機（ソフトは除く）	155	173	151	195	209	154	111
３６　カメラ（交換ﾚﾝｽﾞのみを含む。使い捨てのｶﾒﾗは除く）	143	131	148	184	133	155	127
３７　ビデオカメラ	22	30	11	23	12	16	16
住宅関係							
３８　家屋に関する設備費･工事費･修理費	7,249	4,906	5,539	7,716	9,120	6,854	7,124
３９　給排水関係工事費	2,262	1,947	1,901	2,680	2,004	2,141	2,278
４０　庭・植木の手入れ代	537	453	385	326	345	471	562
自動車等関係							
４１　自動車（新車）	13,494	14,819	14,523	18,851	14,087	11,679	12,400
４２　自動車（中古車）	4,303	1,388	4,912	6,510	4,090	4,825	3,432
４３　自動車保険料（自賠責）	724	765	840	1,037	698	794	740
４４　自動車保険料（任意）	3,495	3,198	3,378	4,136	4,099	4,131	3,537
４５　自動車以外の原動機付輸送機器	354	114	470	428	519	471	294
４６　自動車整備費	3,691	3,775	3,970	4,678	3,540	3,620	3,738
その他							
４７　挙式･披露宴費用	699	297	310	449	442	438	505
４８　葬儀･法事費用	2,328	2,037	2,288	2,912	2,147	2,066	1,688
４９　信仰関係費	1,293	725	1,063	1,377	1,067	1,111	1,098
５０　仕送り金	2,448	2,385	2,321	2,475	2,528	2,394	2,461

（注）2021年1月調査分から調査項目を変更している。

1か月間の支出（二人以上の世帯）（続き）
(Two-or-more-person Households) — Continued

単位 円 In Yen

7月 Jul.	8月 Aug.	9月 Sep.	10月 Oct.	11月 Nov.	12月 Dec.	Item
10,000	10,000	10,000	10,000	10,000	10,000	Distribution of households
19,840	19,853	19,705	19,693	19,537	19,474	Number of tabulated households
2.94	2.94	2.94	2.93	2.93	2.93	Number of persons per household (persons)
1.51	1.52	1.52	1.51	1.51	1.51	Number of earners per household (persons)
60.3	60.4	60.3	60.2	60.2	60.2	Age of household head (years old)
						Communication
12,510	12,600	12,455	12,304	12,390	12,336	01 Mobile telephones charges
4,394	4,372	4,455	4,385	4,436	4,429	02 Internet connection charges
1,278	1,321	1,730	1,801	1,572	1,677	03 Mobile telephones unit prices
						Travel-related costs
243	320	288	437	547	583	04 Airplane fares
1,654	2,058	1,078	2,189	2,652	2,545	05 Accommodation services
678	502	501	1,104	1,341	1,089	06 Package tour costs (domestic)
-	-	15	-	-	13	07 Package tour costs (overseas)
						Education, Culture and recreation
1,240	938	1,217	2,915	2,511	1,159	08 Tuition (kindergarten-university) (public)
2,689	3,557	12,287	13,690	4,394	5,389	09 Tuition (kindergarten-university) (private)
3,990	3,925	3,445	3,586	3,804	4,378	10 Tutorial fees
621	570	600	502	593	1,017	11 Lesson fees, driving school
991	986	1,038	1,080	1,132	1,067	12 Rental fees for sports facilities
						Clothing
247	196	308	503	581	693	13 Men's suits
393	339	412	506	539	617	14 Women's one-piece dresses and suits
169	251	190	195	251	311	15 Japanese clothing
319	217	281	427	382	451	16 Wrist watches
449	385	487	500	605	691	17 Accessories
						Medical care
288	379	271	286	328	223	18 Delivery fees
1,872	1,774	1,693	1,788	2,147	1,808	19 Hospital charges (excluding delivery)
						Furniture, etc.
84	94	132	78	117	138	20 Chests of drawers
158	268	274	333	291	239	21 Beds
361	324	302	505	604	569	22 Quilts
123	140	137	197	132	198	23 Desks and chairs (for work or study)
100	85	72	135	105	145	24 Sideboards
215	162	177	166	153	142	25 Dining tables and chairs
220	182	314	193	288	409	26 Drawing room suites
210	120	116	153	94	158	27 Musical instruments (including parts of instruments)
						Home electric appliances, etc.
1,267	914	835	666	622	849	28 Refrigerators
402	387	347	378	377	510	29 Vacuum cleaners
842	768	719	662	698	855	30 Washing machines
3,173	2,297	948	692	743	1,018	31 Air conditioners
802	841	943	1,037	864	1,350	32 Personal computers (a)
1,104	889	927	745	740	1,060	33 TV
183	131	116	171	166	210	34 Video recorders (DVD or Blu-ray recorder, player, etc.)
110	86	83	147	135	300	35 Video game hardware (excluding software)
172	102	126	153	121	165	36 Cameras (including lenses only, excluding disposable cameras)
13	17	25	46	25	30	37 Video cameras
						Housing
6,833	7,226	7,314	7,506	8,501	8,348	38 House-related equipping/ construction/ repair costs
2,538	1,912	2,144	2,208	2,005	3,383	39 Water supply and drainage construction costs
585	474	497	754	751	838	40 Gardens, trees and plants tending costs
						Motor cars-related costs
13,543	11,607	14,138	11,829	11,044	13,406	41 Automobiles (new)
5,068	3,599	3,604	3,646	4,975	3,543	42 Automobiles (second-hand)
695	613	623	629	647	607	43 Automotive insurance premium (compulsion)
3,113	3,188	3,369	3,316	3,174	3,304	44 Automotive insurance premium (option)
206	313	384	503	165	377	45 Motorized vehicles other than automobiles
3,668	3,263	3,637	3,472	3,550	3,375	46 Automotive maintenance and repairs
						Others
675	536	2,037	1,392	895	406	47 Wedding ceremony and reception costs
2,214	2,140	2,457	1,966	3,195	2,826	48 Funeral service costs
1,654	1,601	1,304	1,171	1,301	2,045	49 Religion-related costs
2,542	2,430	2,418	2,451	2,339	2,631	50 Remittance

Notes: Questionnaires are modified by the change of survey items in January 2021.
(a) including tablet devices, excluding peripherals and software

時系列表　特定の財（商品）・サービスの1世帯当たり

Time Series Table　　Monthly Expenditure per Household

2022年

項　　目	年平均 2022 Average	1月 Jan.	2月 Feb.	3月 Mar.	4月 Apr.	5月 May	6月 Jun.
世帯数分布（抽出率調整）	10,000	10,000	10,000	10,000	10,000	10,000	10,000
集計世帯数	19,797	19,662	19,693	19,696	19,775	19,829	19,686
世帯人員（人）	2.92	2.93	2.93	2.93	2.92	2.92	2.92
有業人員（人）	1.49	1.50	1.50	1.49	1.49	1.50	1.49
世帯主の年齢（歳）	60.8	60.4	60.5	60.6	60.5	60.6	60.7
通信							
０１　スマートフォン・携帯電話などの通信、通話使用料	11,971	12,210	12,178	11,983	11,979	12,033	11,920
０２　インターネット接続料	4,413	4,462	4,400	4,409	4,433	4,442	4,365
０３　スマートフォン・携帯電話の本体価格	1,480	1,663	1,392	1,795	1,505	1,340	1,126
旅行関係							
０４　航空運賃	754	359	394	638	630	872	906
０５　宿泊料	2,484	1,732	1,125	2,013	2,298	2,751	2,322
０６　パック旅行費（国内）	1,472	604	521	1,185	1,136	1,580	1,799
０７　パック旅行費（外国）	120	111	18	4	54	86	12
教育、教養娯楽							
０８　国公立授業料等（幼稚園～大学、専修学校）	1,777	982	852	2,014	3,044	3,438	1,393
０９　私立授業料等（幼稚園～大学、専修学校）	7,746	4,146	6,003	10,181	23,089	6,756	2,888
１０　補習教育費	3,662	3,598	3,403	4,190	3,931	3,324	3,383
１１　自動車教習料	596	961	723	573	420	490	500
１２　スポーツ施設使用料	1,014	1,002	887	973	1,073	1,066	1,030
衣類等							
１３　背広服	484	503	516	980	477	433	399
１４　婦人用スーツ·ワンピース	549	470	602	812	611	440	515
１５　和服	255	209	244	294	235	188	300
１６　腕時計	373	317	387	370	231	364	543
１７　装身具（アクセサリー類）	475	405	327	514	483	503	443
医療							
１８　出産入院料	226	205	131	261	116	322	431
１９　出産以外の入院料	1,869	1,678	1,735	1,729	1,962	1,826	2,038
家具等							
２０　たんす	108	113	98	126	119	113	93
２１　ベッド	261	396	298	292	251	164	197
２２　布団	360	385	244	360	255	325	285
２３　机·いす（事務用·学習用）	178	224	224	266	203	181	151
２４　食器戸棚	119	114	110	111	169	162	63
２５　食卓セット	162	173	109	109	193	155	190
２６　応接セット	223	214	200	202	155	305	183
２７　楽器（部品を含む）	162	183	145	201	227	230	173
家電等							
２８　冷蔵庫	848	700	671	876	697	535	908
２９　掃除機	366	434	316	375	327	291	307
３０　洗濯機	742	790	591	922	804	795	781
３１　エアコン	1,587	943	747	1,071	1,382	2,046	3,309
３２　パソコン（ﾀﾌﾞﾚｯﾄ型を含む。周辺機器・ｿﾌﾄは除く）	1,136	1,239	1,116	2,257	1,382	809	853
３３　テレビ	791	971	601	936	607	701	702
３４　ビデオデッキ	132	204	116	146	106	132	105
３５　ゲーム機（ソフトは除く）	132	191	104	89	95	74	79
３６　カメラ（交換ﾚﾝｽﾞのみを含む。使い捨てのｶﾒﾗは除く）	130	141	117	154	159	81	132
３７　ビデオカメラ	25	31	9	36	6	23	25
住宅関係							
３８　家屋に関する設備費·工事費·修理費	7,353	4,757	4,444	5,691	7,620	7,233	8,603
３９　給排水関係工事費	2,268	1,577	1,706	2,007	2,255	2,116	2,631
４０　庭・植木の手入れ代	520	319	250	395	413	478	447
自動車等関係							
４１　自動車（新車）	12,931	14,163	13,696	17,170	10,619	8,500	11,223
４２　自動車（中古車）	3,923	4,038	4,530	5,447	2,978	4,060	3,223
４３　自動車保険料（自賠責）	673	667	728	869	587	687	639
４４　自動車保険料（任意）	3,332	3,181	3,248	3,789	4,007	4,000	3,245
４５　自動車以外の原動機付輸送機器	301	262	162	515	311	300	380
４６　自動車整備費	3,684	3,554	3,816	4,317	3,422	3,209	3,614
その他							
４７　挙式·披露宴費用	629	313	357	357	671	1,241	357
４８　葬儀·法事費用	2,476	3,136	2,188	2,546	2,240	2,700	2,218
４９　信仰関係費	1,136	1,119	1,001	814	1,322	707	1,018
５０　仕送り金	2,149	2,411	1,973	2,268	2,415	2,121	2,128

（注）2021年1月調査分から調査項目を変更している。

1か月間の支出（二人以上の世帯）（続き）
(Two-or-more-person Households) — Continued

単位 円 In Yen

7月 Jul.	8月 Aug.	9月 Sep.	10月 Oct.	11月 Nov.	12月 Dec.	Item
10,000	10,000	10,000	10,000	10,000	10,000	Distribution of households
19,767	19,920	20,035	19,930	19,845	19,731	Number of tabulated households
2.91	2.91	2.91	2.91	2.91	2.91	Number of persons per household (persons)
1.49	1.49	1.49	1.49	1.49	1.49	Number of earners per household (persons)
60.8	60.8	60.9	61.2	61.4	61.3	Age of household head (years old)
						Communication
11,839	11,917	11,876	11,980	11,921	11,816	01 Mobile telephones charges
4,418	4,392	4,434	4,406	4,412	4,382	02 Internet connection charges
1,382	908	1,583	2,110	1,421	1,538	03 Mobile telephones unit prices
						Travel-related costs
1,150	891	862	763	811	775	04 Airplane fares
2,622	4,052	2,694	2,775	2,799	2,625	05 Accommodation services
1,892	1,802	1,463	2,056	2,083	1,543	06 Package tour costs (domestic)
153	136	117	268	170	312	07 Package tour costs (overseas)
						Education, Culture and recreation
1,043	1,046	1,343	2,505	2,463	1,197	08 Tuition (kindergarten-university) (public)
2,609	3,500	12,022	11,581	4,530	5,642	09 Tuition (kindergarten-university) (private)
3,872	4,051	3,603	3,419	3,261	3,910	10 Tutorial fees
601	684	529	503	483	682	11 Lesson fees, driving school
1,031	999	1,018	1,055	984	1,049	12 Rental fees for sports facilities
						Clothing
320	299	335	544	508	497	13 Men's suits
548	486	472	550	535	542	14 Women's one-piece dresses and suits
176	334	516	148	193	217	15 Japanese clothing
480	422	300	379	281	397	16 Wrist watches
509	470	522	399	505	620	17 Accessories
						Medical care
212	141	225	148	168	349	18 Delivery fees
1,803	1,831	1,833	1,961	1,847	2,189	19 Hospital charges (excluding delivery)
						Furniture, etc.
100	104	73	115	69	170	20 Chests of drawers
187	185	291	338	262	270	21 Beds
328	242	304	565	468	564	22 Quilts
170	124	131	128	117	214	23 Desks and chairs (for work or study)
88	60	147	133	119	153	24 Sideboards
142	149	217	159	193	159	25 Dining tables and chairs
257	243	193	269	168	291	26 Drawing room suites
118	106	67	89	172	237	27 Musical instruments (including parts of instruments)
						Home electric appliances, etc.
1,367	1,177	1,103	701	588	857	28 Refrigerators
344	370	372	287	410	557	29 Vacuum cleaners
762	759	754	609	574	762	30 Washing machines
3,353	2,349	1,120	834	853	1,035	31 Air conditioners
1,055	832	969	920	953	1,251	32 Personal computers (a)
764	816	841	716	833	1,004	33 TV
125	109	100	129	144	172	34 Video recorders (DVD or Blu-ray recorder, player, etc.)
92	134	129	132	187	282	35 Video game hardware (excluding software)
142	126	113	99	102	189	36 Cameras (including lenses only, excluding disposable cameras)
29	31	49	27	27	10	37 Video cameras
						Housing
7,561	7,290	7,378	9,675	8,395	9,585	38 House-related equipping/ construction/ repair costs
2,091	2,467	2,136	2,573	2,768	2,885	39 Water supply and drainage construction costs
515	556	511	698	796	864	40 Gardens, trees and plants tending costs
						Motor cars-related costs
13,402	9,877	13,930	13,037	14,353	15,198	41 Automobiles (new)
4,112	4,096	4,657	3,619	3,290	3,025	42 Automobiles (second-hand)
696	600	700	633	651	624	43 Automotive insurance premium (compulsion)
3,249	3,103	3,179	3,153	2,805	3,029	44 Automotive insurance premium (option)
248	261	468	258	290	161	45 Motorized vehicles other than automobiles
3,695	3,335	3,980	3,468	3,812	3,990	46 Automotive maintenance and repairs
						Others
1,007	224	1,227	517	840	433	47 Wedding ceremony and reception costs
1,722	2,147	2,324	2,744	2,950	2,800	48 Funeral service costs
1,502	1,421	1,056	1,135	904	1,634	49 Religion-related costs
2,204	2,122	2,040	2,166	1,938	2,007	50 Remittance

Notes: Questionnaires are modified by the change of survey items in January 2021.
(a) including tablet devices, excluding peripherals and software

第１－１表　全国・地方・都市階級別インターネットを

Table 1-1 Monthly Expenditure on Goods and Services Ordered over the Internet

2022年平均
2022 Average

項　目	全国 All Japan	地方 北海道 Hokkaido	東北 Tohoku	関東 Kanto	北陸 Hokuriku	東海 Tokai	近畿 Kinki	中国 Chugoku
世帯数分布（抽出率調整）	10,000	440	764	3,605	406	1,237	1,540	594
集計世帯数	21,903	1,059	1,739	7,127	989	2,622	3,584	1,436
世帯人員（人）	2.23	2.05	2.14	2.24	2.29	2.25	2.29	2.20
有業人員（人）	1.17	1.05	1.16	1.20	1.26	1.20	1.11	1.14
世帯主の年齢（歳）	59.6	60.4	58.1	58.5	58.5	58.5	62.2	60.3
インターネットを利用した支出総額（２２品目計）	17,717	14,221	11,628	22,786	12,995	16,383	17,603	13,940
贈答用								
５１　贈答品	787	930	571	950	630	659	821	628
自宅用								
自宅用計	16,930	13,291	11,058	21,837	12,365	15,724	16,782	13,312
５２～５４計（食料）	3,867	3,145	1,988	5,294	2,875	3,301	3,968	2,539
５２　食料品	2,650	2,042	1,347	3,617	1,866	2,356	2,775	1,704
５３　飲料	680	646	369	926	701	533	663	508
５４　出前	537	457	272	751	308	412	531	328
５５　家電	1,061	715	845	1,362	723	866	1,062	866
５６　家具	360	259	217	402	238	332	397	588
５７～５９計（衣類・履物）	1,857	1,449	1,334	2,227	1,664	1,686	2,001	1,617
５７　紳士用衣類	508	440	378	660	503	414	520	388
５８　婦人用衣類	907	670	647	1,054	685	859	1,022	821
５９　履物・その他の衣類	441	340	309	514	475	413	459	408
６０～６１計（保健・医療）	861	603	567	1,011	548	885	933	728
６０　医薬品	213	136	135	270	136	196	245	161
６１　健康食品	648	467	432	741	413	688	688	567
６２　化粧品	632	512	427	680	443	714	633	632
６３　自動車等関係用品	396	476	408	443	372	428	351	444
６４　書籍	370	295	300	506	246	265	368	297
６５　音楽・映像ソフト、パソコン用ソフト、ゲームソフト	463	266	445	564	348	667	327	466
６６～６７計（デジタルコンテンツ）	531	380	354	741	352	530	368	321
６６　電子書籍	239	164	165	318	135	240	186	181
６７　ダウンロード版の音楽・映像、アプリなど	293	217	190	423	217	291	182	140
６８　保険	780	691	564	903	609	729	805	710
６９～７０計（旅行関係費）	2,394	2,194	1,318	3,301	1,338	1,927	2,434	1,548
６９　宿泊料、運賃、パック旅行費（インターネット上での決済）	1,758	1,717	885	2,493	890	1,317	1,709	1,056
７０　宿泊料、運賃、パック旅行費（上記以外の決済）	636	476	433	808	448	611	725	491
７１　チケット	715	294	315	1,075	439	656	758	339
７２　上記に当てはまらない商品・サービス	2,644	2,013	1,979	3,328	2,171	2,737	2,375	2,219
（参考）								
インターネットを通じて注文をした世帯数	10,724	462	685	3,994	457	1,261	1,820	645
インターネットを通じて注文をした世帯（１万分比）	4,817	181	289	2,012	186	582	736	259
インターネットを通じて注文をした世帯当たりの支出総額	36,751	34,596	30,771	40,804	28,391	34,716	36,840	31,951

（注）
1 地方
・北海道
・東北（青森県、岩手県、宮城県、秋田県、山形県、福島県）
・関東（茨城県、栃木県、群馬県、埼玉県、千葉県、東京都、神奈川県、山梨県、長野県）
・北陸（新潟県、富山県、石川県、福井県）
・東海（岐阜県、静岡県、愛知県、三重県）
・近畿（滋賀県、京都府、大阪府、兵庫県、奈良県、和歌山県）
・中国（鳥取県、島根県、岡山県、広島県、山口県）
・四国（徳島県、香川県、愛媛県、高知県）
・九州・沖縄（福岡県、佐賀県、長崎県、熊本県、大分県、宮崎県、鹿児島県、沖縄県）
2 都市階級
・大都市（政令指定都市及び東京都区部）
・中都市（大都市を除く人口15万以上の市）
・小都市Ａ（人口５万以上15万未満の市）
・小都市Ｂ（人口５万未満の市）
・町村

単位　円　In Yen

Districts		都市階級 City Groups				
四国 Shikoku	九州・沖縄 Kyushu & Okinawa	大都市 Major cities	中都市 Middle cities	小都市Ａ Small cities A	小都市Ｂ・町村 Small cities B, Towns & villages	Item
289	1,124	3,049	3,071	2,347	1,534	Distribution of households
714	2,633	5,765	6,901	5,478	3,759	Number of tabulated households
2.22	2.22	2.21	2.24	2.24	2.21	Number of persons per household (persons)
1.09	1.15	1.20	1.15	1.17	1.14	Number of earners per household (persons)
63.4	61.0	57.6	60.0	60.2	62.2	Age of household head (years old)
12,421	13,671	22,971	17,418	14,772	12,382	Total expenditure on goods and services ordered over the Internet(22 items)
						For gift
585	653	913	848	659	616	51 gift items
						For home
11,836	13,018	22,058	16,571	14,113	11,766	Total expenditure for home
2,360	2,782	5,243	3,681	3,269	2,418	52-54 Total (Food)
1,780	1,832	3,480	2,532	2,299	1,772	52 Foods
332	475	976	610	567	406	53 Beverages
249	475	788	539	403	239	54 Deliveries
633	920	1,275	1,126	914	728	55 Home electronics
262	298	418	348	317	338	56 Furniture
1,562	1,442	2,427	1,784	1,452	1,489	57-59 Total (Clothing, footwear)
302	340	689	464	366	459	57 Men's clothing
840	745	1,182	883	701	726	58 Women's clothing
420	358	557	438	385	304	59 Footwear and other clothing
805	758	1,048	891	707	666	60-61 Total (Medical care)
135	167	270	204	180	171	60 Medicines
669	591	779	687	527	495	61 Health foods
717	614	771	621	551	499	62 Cosmetics
272	249	372	430	371	418	63 Private transportation
261	241	471	359	311	280	64 Books and other reading materials
282	273	619	466	354	314	65 Software (music, video, personal computer, TV game)
262	507	745	487	472	285	66-67 Total (Digital contents)
119	235	343	217	212	117	66 Digital books
143	271	401	270	260	168	67 Download music, video, applications
669	717	961	736	685	653	68 Insurance
1,381	1,852	3,353	2,188	2,081	1,380	69-70 Total (Travel-related costs)
967	1,456	2,540	1,531	1,563	956	69 Accommodation services, fares, package tours(payment on the Internet)
414	396	812	657	518	424	70 Accommodation services, fares, package tours(payment on-site)
315	403	1,091	656	517	388	71 Tickets
2,054	1,964	3,264	2,799	2,114	1,910	72 Other goods and services
						(Reference)
306	1,094	3,284	3,455	2,509	1,476	Number of households ordering over the Internet
115	458	1,743	1,475	1,028	571	(a)
31,281	33,539	40,151	36,236	33,709	33,242	(b)

Notes:
1. Districts
- Hokkaido
- Tohoku (Aomori-ken, Iwate-ken, Miyagi-ken, Akita-ken, Yamagata-ken, Fukushima-ken)
- Kanto (Ibaraki-ken, Tochigi-ken, Gumma-ken, Saitama-ken, Chiba-ken, Tokyo-to, Kanagawa-ken, Yamanashi-ken, Nagano-ken)
- Hokuriku (Niigata-ken, Toyama-ken, Ishikawa-ken, Fukui-ken)
- Tokai (Gifu-ken, Shizuoka-ken, Aichi-ken, Mie-ken)
- Kinki (Shiga-ken, Kyoto-fu, Osaka-fu, Hyogo-ken, Nara-ken, Wakayama-ken)
- Chugoku (Tottori-ken, Shimane-ken, Okayama-ken, Hiroshima-ken, Yamaguchi-ken)
- Shikoku (Tokushima-ken, Kagawa-ken, Ehime-ken, Kochi-ken)
- Kyushu&Okinawa (Fukuoka-ken, Saga-ken, Nagasaki-ken, Kumamoto-ken, Oita-ken, Miyazaki-ken, Kagoshima-ken, Okinawa-ken)

2. City groups
- Major cities (Designated cities under article 252-19 of the Local Autonomy Law and Ku-area of Tokyo)
- Middle cities (Population of 150,000 or more, excluding Major cities)
- Small cities A (Population of 50,000 or more but less than 150,000)
- Small cities B (Population of less than 50,000)
- Towns and villages

(a) Distribution of households ordering over the Internet(rate to the Whole = 10,000)
(b) Total expenditure per household by on goods and services ordered over the Internet

第１－１表　全国・地方・都市階級別インターネットを
Table 1-1 Monthly Expenditure on Goods and Services Ordered over the Internet

2022年平均
2022 Average

項　目	全国	地方						
		北海道	東北	関東	北陸	東海	近畿	中国
	All Japan	Hokkaido	Tohoku	Kanto	Hokuriku	Tokai	Kinki	Chugoku
世帯数分布（抽出率調整）	10,000	419	667	3,689	390	1,197	1,641	579
集計世帯数	19,797	949	1,560	6,470	901	2,363	3,248	1,300
世帯人員（人）	2.92	2.72	3.04	2.89	3.10	3.01	2.89	2.93
有業人員（人）	1.49	1.38	1.59	1.49	1.65	1.55	1.42	1.47
世帯主の年齢（歳）	60.8	60.3	61.5	60.4	60.2	60.3	61.3	60.7
インターネットを利用した支出総額（２２品目計）	20,810	16,181	13,858	26,348	15,283	18,804	21,173	15,861
贈答用								
５１　贈答品	942	730	718	1,142	608	784	1,038	758
自宅用								
自宅用計	19,868	15,451	13,140	25,206	14,675	18,021	20,134	15,103
５２～５４計（食料）	4,643	3,296	2,290	6,439	3,255	3,832	4,725	3,061
５２　食料品	3,246	2,145	1,554	4,507	2,372	2,746	3,315	2,113
５３　飲料	812	691	445	1,117	576	616	798	590
５４　出前	586	460	291	816	308	471	612	358
５５　家電	1,237	1,020	972	1,522	1,010	1,091	1,226	1,093
５６　家具	437	371	304	507	326	435	464	372
５７～５９計（衣類・履物）	2,247	1,710	1,697	2,662	1,723	2,189	2,403	1,869
５７　紳士用衣類	556	448	476	679	375	504	583	431
５８　婦人用衣類	1,131	775	806	1,346	872	1,118	1,218	941
５９　履物・その他の衣類	560	488	416	637	476	566	601	497
６０～６１計（保健・医療）	982	803	798	1,131	740	895	1,019	887
６０　医薬品	252	169	181	311	188	218	284	186
６１　健康食品	730	634	617	820	552	677	735	701
６２　化粧品	771	646	568	827	562	829	800	730
６３　自動車等関係用品	456	459	467	484	449	502	453	399
６４　書籍	408	257	259	524	298	354	433	343
６５　音楽・映像ソフト、パソコン用ソフト、ゲームソフト	420	363	302	496	422	425	422	367
６６～６７計（デジタルコンテンツ）	437	291	282	603	408	352	384	301
６６　電子書籍	199	110	135	275	150	167	176	156
６７　ダウンロード版の音楽・映像、アプリなど	239	181	148	328	259	186	207	144
６８　保険	988	753	742	1,155	610	985	1,015	786
６９～７０計（旅行関係費）	3,008	2,484	1,877	3,998	1,788	2,530	3,070	1,677
６９　宿泊料、運賃、パック旅行費（インターネット上での決済）	2,159	1,799	1,306	2,908	1,238	1,786	2,119	1,046
７０　宿泊料、運賃、パック旅行費（上記以外の決済）	849	686	572	1,089	550	744	951	631
７１　チケット	787	436	429	1,083	484	749	883	410
７２　上記に当てはまらない商品・サービス	3,048	2,562	2,152	3,777	2,602	2,853	2,837	2,809
(参考)								
インターネットを通じて注文をした世帯数	10,115	434	645	3,762	430	1,191	1,731	610
インターネットを通じて注文をした世帯（１万分比）	5,271	192	282	2,188	187	611	895	280
インターネットを通じて注文をした世帯当たりの支出総額	39,443	35,367	32,775	44,390	31,880	36,799	38,770	32,826

利用した１世帯当たり１か月間の支出（二人以上の世帯）
per Household by All Japan, Districts and City Groups (Two-or-more-person Households)

単位 円 In Yen

Districts		都市階級 City Groups				
四国 Shikoku	九州・沖縄 Kyushu & Okinawa	大都市 Major cities	中都市 Middle cities	小都市Ａ Small cities A	小都市Ｂ・町村 Small cities B, Towns & villages	Item
297	1,120	3,054	3,129	2,330	1,487	Distribution of households
639	2,368	5,200	6,251	4,969	3,378	Number of tabulated households
2.86	2.92	2.89	2.90	2.96	2.95	Number of persons per household (persons)
1.44	1.49	1.50	1.46	1.51	1.52	Number of earners per household (persons)
61.5	61.5	59.7	60.7	61.1	62.8	Age of household head (years old)
14,840	16,114	26,914	20,353	17,616	14,238	Total expenditure on goods and services ordered over the Internet(22 items)
						For gift
653	813	1,162	958	783	706	51 gift items
						For home
14,187	15,301	25,751	19,395	16,834	13,532	Total expenditure for home
2,738	3,188	6,449	4,308	3,847	2,889	52-54 Total (Food)
1,967	2,173	4,397	3,035	2,759	2,090	52 Foods
422	602	1,166	724	650	524	53 Beverages
349	413	886	550	438	276	54 Deliveries
771	983	1,473	1,256	1,102	922	55 Home electronics
330	376	520	431	394	348	56 Furniture
1,774	1,743	2,941	2,127	1,888	1,634	57-59 Total (Clothing, footwear)
448	410	745	512	456	417	57 Men's clothing
883	888	1,488	1,082	939	800	58 Women's clothing
443	445	707	534	493	419	59 Footwear and other clothing
878	866	1,175	990	852	772	60-61 Total (Medical care)
157	202	326	236	210	200	60 Medicines
721	664	849	753	642	572	61 Health foods
800	733	917	764	678	631	62 Cosmetics
389	359	386	496	493	454	63 Private transportation
335	279	502	418	357	271	64 Books and other reading materials
354	301	483	440	364	339	65 Software (music, video, personal computer, TV game)
288	327	574	419	389	273	66-67 Total (Digital contents)
136	142	268	188	174	119	66 Digital books
153	186	306	231	215	154	67 Download music, video, applications
907	899	1,182	959	914	771	68 Insurance
1,925	2,435	4,400	2,827	2,337	1,576	69-70 Total (Travel-related costs)
1,327	1,905	3,311	1,945	1,633	1,064	69 Accommodation services, fares, package tours(payment on the Internet)
598	530	1,089	882	704	512	70 Accommodation services, fares, package tours(payment on-site)
435	451	1,094	759	648	435	71 Tickets
2,262	2,362	3,658	3,200	2,573	2,218	72 Other goods and services
						(Reference)
286	1,028	3,074	3,268	2,374	1,399	Number of households ordering over the Internet
135	502	1,846	1,663	1,135	626	(a)
32,827	35,848	44,480	38,253	36,121	33,768	(b)

(a) Distribution of households ordering over the Internet(rate to the Whole = 10,000)
(b) Total expenditure per household by on goods and services ordered over the Internet

第１－２表　世帯主の年齢階級別インターネット

Table 1-2 Monthly Expenditure on Goods and Services Ordered over

2022年平均
2022 Average

項　目	平均 Average	～29歳 years old	30～39歳 years old	40～49歳 years old	50～59歳 years old	60～69歳 years old
世帯数分布（抽出率調整）	10,000	434	883	1,293	1,901	2,221
集計世帯数	21,903	164	1,418	3,182	4,091	5,440
世帯人員（人）	2.23	1.21	2.40	3.14	2.44	2.14
有業人員（人）	1.17	1.01	1.35	1.65	1.64	1.28
世帯主の年齢（歳）	59.6	25.9	34.4	45.1	54.6	64.8
インターネットを利用した支出総額（２２品目計）	17,717	21,516	27,128	27,022	23,122	16,527
贈答用						
５１　贈答品	787	858	1,043	917	851	886
自宅用						
自宅用計	16,930	20,657	26,084	26,105	22,271	15,641
５２～５４計（食料）	3,867	3,247	5,541	5,427	4,541	3,721
５２　食料品	2,650	2,136	3,322	3,577	3,004	2,652
５３　飲料	680	482	920	961	905	707
５４　出前	537	629	1,298	890	632	363
５５　家電	1,061	1,088	1,646	1,708	1,456	984
５６　家具	360	652	654	536	438	332
５７～５９計（衣類・履物）	1,857	2,025	3,128	3,587	2,570	1,451
５７　紳士用衣類	508	578	930	995	725	372
５８　婦人用衣類	907	1,158	1,160	1,600	1,323	801
５９　履物・その他の衣類	441	290	1,038	992	522	279
６０～６１計（保健・医療）	861	778	604	937	1,036	1,045
６０　医薬品	213	134	239	267	273	211
６１　健康食品	648	643	366	670	762	834
６２　化粧品	632	655	787	952	899	601
６３　自動車等関係用品	396	404	619	631	678	321
６４　書籍	370	422	497	582	500	336
６５　音楽・映像ソフト、パソコン用ソフト、ゲームソフト	463	1,365	900	733	594	348
６６～６７計（デジタルコンテンツ）	531	1,473	1,666	816	608	273
６６　電子書籍	239	586	786	385	257	117
６７　ダウンロード版の音楽・映像、アプリなど	293	887	880	431	352	157
６８　保険	780	440	1,009	1,304	1,040	712
６９～７０計（旅行関係費）	2,394	2,149	3,468	3,702	3,387	2,501
６９　宿泊料、運賃、パック旅行費（インターネット上での決済）	1,758	1,655	2,920	2,854	2,480	1,722
７０　宿泊料、運賃、パック旅行費（上記以外の決済）	636	493	547	848	907	779
７１　チケット	715	1,468	1,188	1,025	1,101	615
７２　上記に当てはまらない商品・サービス	2,644	4,491	4,379	4,165	3,424	2,400
（参考）						
インターネットを通じて注文をした世帯数	10,724	112	1,042	2,279	2,637	2,606
インターネットを通じて注文をした世帯（１万分比）	4,817	306	641	912	1,177	993
インターネットを通じて注文をした世帯当たりの支出総額	36,751	30,515	37,404	38,296	37,329	36,883

を利用した１世帯当たり１か月間の支出（総世帯）
the Internet per Household by Age Group of Household Head (Total Households)

単位 円 In Yen

70～79歳 years old	80歳～ years old	Item
2,506	761	Distribution of households
5,867	1,742	Number of tabulated households
1.89	1.87	Number of persons per household (persons)
0.66	0.38	Number of earners per household (persons)
73.9	83.5	Age of household head (years old)
9,057	7,397	Total expenditure on goods and services ordered over the Internet(22 items)
		For gift
565	533	51 gift items
		For home
8,493	6,864	Total expenditure for home
2,680	2,304	52-54 Total (Food)
2,029	1,748	52 Foods
403	326	53 Beverages
248	230	54 Deliveries
513	335	55 Home electronics
158	111	56 Furniture
725	488	57-59 Total (Clothing, footwear)
175	118	57 Men's clothing
394	260	58 Women's clothing
156	111	59 Footwear and other clothing
684	681	60-61 Total (Medical care)
155	191	60 Medicines
529	490	61 Health foods
342	265	62 Cosmetics
130	109	63 Private transportation
187	217	64 Books and other reading materials
115	109	65 Software (music, video, personal computer, TV game)
111	133	66-67 Total (Digital contents)
52	75	66 Digital books
59	59	67 Download music, video, applications
474	366	68 Insurance
1,085	651	69-70 Total (Travel-related costs)
704	453	69 Accommodation services, fares, package tours(payment on the Internet)
381	198	70 Accommodation services, fares, package tours(payment on-site)
213	190	71 Tickets
1,076	903	72 Other goods and services
		(Reference)
1,676	373	Number of households ordering over the Internet
647	142	Distribution of households ordering over the Internet(rate to the Whole = 10,000)
34,997	39,790	Total expenditure per household by on goods and services ordered over the Internet

第１－２表　世帯主の年齢階級別インターネット

Table 1-2　Monthly Expenditure on Goods and Services Ordered over

2022年平均
2022 Average

項　目	平均 Average	～29歳 years old	30～39歳 years old	40～49歳 years old	50～59歳 years old	60～69歳 years old
世帯数分布（抽出率調整）	10,000	66	717	1,624	1,977	2,411
集計世帯数	19,797	126	1,350	3,078	3,817	4,863
世帯人員（人）	2.92	3.10	3.69	3.67	3.17	2.65
有業人員（人）	1.49	1.73	1.71	1.83	2.05	1.62
世帯主の年齢（歳）	60.8	27.1	35.6	45.1	54.5	64.7
インターネットを利用した支出総額（２２品目計）	20,810	24,557	31,310	29,007	26,962	20,260
贈答用						
５１　贈答品	942	1,558	1,324	1,043	1,040	1,045
自宅用						
自宅用計	19,868	22,999	29,986	27,964	25,921	19,215
５２～５４計（食料）	4,643	4,738	6,831	5,968	5,394	4,508
５２　食料品	3,246	2,908	4,559	4,009	3,695	3,193
５３　飲料	812	725	1,045	996	1,031	877
５４　出前	586	1,106	1,227	964	668	439
５５　家電	1,237	1,556	1,737	1,777	1,650	1,173
５６　家具	437	562	911	618	540	410
５７～５９計（衣類・履物）	2,247	2,124	4,025	3,880	3,078	1,803
５７　紳士用衣類	556	372	769	936	849	449
５８　婦人用衣類	1,131	903	1,670	1,821	1,631	1,012
５９　履物・その他の衣類	560	849	1,586	1,124	599	341
６０～６１計（保健・医療）	982	1,104	754	937	1,154	1,160
６０　医薬品	252	298	277	292	306	249
６１　健康食品	730	806	476	646	849	911
６２　化粧品	771	1,045	1,011	1,072	1,080	720
６３　自動車等関係用品	456	939	620	666	739	420
６４　書籍	408	178	461	575	552	378
６５　音楽・映像ソフト、パソコン用ソフト、ゲームソフト	420	570	596	630	596	422
６６～６７計（デジタルコンテンツ）	437	944	845	697	611	347
６６　電子書籍	199	328	394	343	266	145
６７　ダウンロード版の音楽・映像、アプリなど	239	617	451	355	345	202
６８　保険	988	1,244	1,446	1,474	1,236	880
６９～７０計（旅行関係費）	3,008	3,018	3,902	4,064	4,240	3,323
６９　宿泊料、運賃、パック旅行費（インターネット上での決済）	2,159	2,460	3,031	3,082	3,028	2,306
７０　宿泊料、運賃、パック旅行費（上記以外の決済）	849	558	872	982	1,211	1,016
７１　チケット	787	1,159	1,134	1,084	1,237	784
７２　上記に当てはまらない商品・サービス	3,048	3,819	5,715	4,521	3,815	2,886
（参考）						
インターネットを通じて注文をした世帯数	10,115	85	994	2,214	2,490	2,437
インターネットを通じて注文をした世帯（１万分比）	5,271	46	533	1,184	1,312	1,241
インターネットを通じて注文をした世帯当たりの支出総額	39,443	35,595	42,071	39,735	40,592	39,261

を利用した１世帯当たり１か月間の支出（二人以上の世帯）
the Internet per Household by Age Group of Household Head (Two-or-more-person Households)

単位 円 In Yen

70～79歳 years old	80歳～ years old	Item
2,464	742	Distribution of households
5,069	1,494	Number of tabulated households
2.41	2.39	Number of persons per household (persons)
0.91	0.56	Number of earners per household (persons)
73.8	83.4	Age of household head (years old)
11,201	9,765	Total expenditure on goods and services ordered over the Internet(22 items)
		For gift
658	639	51 gift items
		For home
10,543	9,126	Total expenditure for home
3,180	2,927	52-54 Total (Food)
2,373	2,214	52 Foods
498	441	53 Beverages
309	272	54 Deliveries
682	493	55 Home electronics
208	139	56 Furniture
908	651	57-59 Total (Clothing,footwear)
238	160	57 Men's clothing
477	350	58 Women's clothing
193	140	59 Footwear and other clothing
800	858	60-61 Total (Medical care)
182	238	60 Medicines
617	619	61 Health foods
420	363	62 Cosmetics
151	173	63 Private transportation
242	269	64 Books and other reading materials
163	165	65 Software (music, video, personal computer, TV game)
155	202	66-67 Total (Digital contents)
71	108	66 Digital books
84	94	67 Download music, video, applications
587	488	68 Insurance
1,387	903	69-70 Total (Travel-related costs)
904	642	69 Accommodation services, fares, package tours(payment on the Internet)
482	261	70 Accommodation services, fares, package tours(payment on-site)
280	275	71 Tickets
1,380	1,222	72 Other goods and services
		(Reference)
1,547	350	Number of households ordering over the Internet
776	180	Distribution of households ordering over the Internet(rate to the Whole = 10,000)
35,525	40,307	Total expenditure per household by on goods and services ordered over the Internet

第１－３表　世帯主の勤めか自営かの別インターネット

Table 1-3 Monthly Expenditure on Goods and Services Ordered over the Internet

2022年平均
2022 Average

項　目	平均 Average	就業 Occupation 雇用されている人 (勤労者) Employee	会社などの役員 Corporative administrators	自営業主・その他 (a)	非就業 (無職) No-occupation
世帯数分布（抽出率調整）	10,000	5,223	409	966	3,402
集計世帯数	21,903	11,139	1,045	2,368	7,351
世帯人員（人）	2.23	2.43	2.64	2.43	1.80
有業人員（人）	1.17	1.59	1.80	1.76	0.27
世帯主の年齢（歳）	59.6	50.9	57.7	62.7	72.4
インターネットを利用した支出総額（２２品目計）	17,717	22,333	29,754	17,673	9,204
贈答用					
５１　贈答品	787	887	1,450	935	514
自宅用					
自宅用計	16,930	21,446	28,304	16,738	8,690
５２～５４計（食料）	3,867	4,502	6,708	4,035	2,504
５２　食料品	2,650	3,028	4,221	2,699	1,866
５３　飲料	680	790	1,345	796	400
５４　出前	537	684	1,142	540	238
５５　家電	1,061	1,363	1,491	1,099	532
５６　家具	360	474	544	313	177
５７～５９計（衣類・履物）	1,857	2,477	3,504	1,826	716
５７　紳士用衣類	508	675	1,212	472	179
５８　婦人用衣類	907	1,189	1,509	977	383
５９　履物・その他の衣類	441	614	782	377	154
６０～６１計（保健・医療）	861	920	1,656	970	645
６０　医薬品	213	244	321	221	151
６１　健康食品	648	676	1,334	748	494
６２　化粧品	632	800	1,102	596	327
６３　自動車等関係用品	396	565	440	378	136
６４　書籍	370	451	684	370	208
６５　音楽・映像ソフト、パソコン用ソフト、ゲームソフト	463	651	583	407	175
６６～６７計（デジタルコンテンツ）	531	747	470	607	187
６６　電子書籍	239	329	263	244	97
６７　ダウンロード版の音楽・映像、アプリなど	293	418	207	363	90
６８　保険	780	960	1,292	775	443
６９～７０計（旅行関係費）	2,394	3,049	4,842	2,300	1,124
６９　宿泊料、運賃、パック旅行費（インターネット上での決済）	1,758	2,277	3,537	1,691	769
７０　宿泊料、運賃、パック旅行費（上記以外の決済）	636	772	1,306	608	355
７１　チケット	715	1,029	977	528	253
７２　上記に当てはまらない商品・サービス	2,644	3,456	4,012	2,536	1,264
(参考)					
インターネットを通じて注文をした世帯数	10,724	6,848	639	1,049	2,188
インターネットを通じて注文をした世帯（１万分比）	4,817	3,204	242	435	937
インターネットを通じて注文をした世帯当たりの支出総額	36,751	36,371	50,391	39,212	33,410

(a) Individual proprietors and others

を利用した１世帯当たり１か月間の支出（総世帯）
per Household by Occupation of Household Head (Total Households)

単位 円　In Yen

Item
Distribution of households
Number of tabulated households
Number of persons per household (persons)
Number of earners per household (persons)
Age of household head (years old)
Total expenditure on goods and services ordered over the Internet(22 items)
For gift
51 gift items
For home
Total expenditure for home
52-54 Total (Food)
52 Foods
53 Beverages
54 Deliveries
55 Home electronics
56 Furniture
57-59 Total (Clothing, footwear)
57 Men's clothing
58 Women's clothing
59 Footwear and other clothing
60-61 Total (Medical care)
60 Medicines
61 Health foods
62 Cosmetics
63 Private transportation
64 Books and other reading materials
65 Software (music, video, personal computer, TV game)
66-67 Total (Digital contents)
66 Digital books
67 Download music, video, applications
68 Insurance
69-70 Total (Travel-related costs)
69 Accommodation services, fares, package tours(payment on the Internet)
70 Accommodation services, fares, package tours(payment on-site)
71 Tickets
72 Other goods and services
(Reference)
Number of households ordering over the Internet
Distribution of households ordering over the Internet(rate to the Whole = 10,000)
Total expenditure per household by on goods and services ordered over the Internet

第１－３表　世帯主の勤めか自営かの別インターネット

Table 1-3 Monthly Expenditure on Goods and Services Ordered over the Internet

2022年平均
2022 Average

項　目	平均 Average	就業 Occupation 雇用されている人（勤労者） Employee	会社などの役員 Corporative administrators	自営業主・その他 (a)	非就業（無職） No-occupation
世帯数分布（抽出率調整）	10,000	5,362	517	1,103	3,017
集計世帯数	19,797	10,414	1,008	2,204	6,171
世帯人員（人）	2.92	3.19	3.03	2.95	2.41
有業人員（人）	1.49	1.90	1.99	2.04	0.48
世帯主の年齢（歳）	60.8	53.3	58.7	63.2	73.6
インターネットを利用した支出総額（２２品目計）	20,810	25,194	32,715	19,027	11,641
贈答用					
５１　贈答品	942	1,045	1,633	990	625
自宅用					
自宅用計	19,868	24,149	31,081	18,037	11,016
５２～５４計（食料）	4,643	5,341	7,031	4,578	3,020
５２　食料品	3,246	3,691	4,561	3,209	2,243
５３　飲料	812	911	1,522	866	495
５４　出前	586	739	948	503	282
５５　家電	1,237	1,505	1,691	1,027	759
５６　家具	437	557	613	355	224
５７～５９計（衣類・履物）	2,247	2,899	3,629	2,158	884
５７　紳士用衣類	556	688	1,031	560	238
５８　婦人用衣類	1,131	1,444	1,756	1,139	465
５９　履物・その他の衣類	560	767	843	459	182
６０～６１計（保健・医療）	982	1,003	1,756	1,049	787
６０　医薬品	252	283	359	239	184
６１　健康食品	730	720	1,397	810	603
６２　化粧品	771	940	1,263	713	407
６３　自動車等関係用品	456	603	510	437	192
６４　書籍	408	480	601	378	256
６５　音楽・映像ソフト、パソコン用ソフト、ゲームソフト	420	542	581	323	213
６６～６７計（デジタルコンテンツ）	437	578	534	376	193
６６　電子書籍	199	260	286	157	91
６７　ダウンロード版の音楽・映像、アプリなど	239	318	248	219	102
６８　保険	988	1,187	1,390	900	600
６９～７０計（旅行関係費）	3,008	3,639	5,681	2,632	1,568
６９　宿泊料、運賃、パック旅行費（インターネット上での決済）	2,159	2,638	4,132	1,861	1,080
７０　宿泊料、運賃、パック旅行費（上記以外の決済）	849	1,001	1,549	771	488
７１　チケット	787	1,053	1,136	567	336
７２　上記に当てはまらない商品・サービス	3,048	3,823	4,667	2,544	1,578
(参考)					
インターネットを通じて注文をした世帯数	10,115	6,528	624	996	1,967
インターネットを通じて注文をした世帯（１万分比）	5,271	3,439	326	515	991
インターネットを通じて注文をした世帯当たりの支出総額	39,443	39,243	51,845	40,730	35,382

(a) Individual proprietors and others

を利用した１世帯当たり１か月間の支出（二人以上の世帯）
per Household by Occupation of Household Head (Two-or-more-person Households)

単位 円 In Yen

Item
Distribution of households
Number of tabulated households
Number of persons per household (persons)
Number of earners per household (persons)
Age of household head (years old)
Total expenditure on goods and services ordered over the Internet(22 items)
For gift
51 gift items
For home
Total expenditure for home
52-54 Total (Food)
52 Foods
53 Beverages
54 Deliveries
55 Home electronics
56 Furniture
57-59 Total (Clothing, footwear)
57 Men's clothing
58 Women's clothing
59 Footwear and other clothing
60-61 Total (Medical care)
60 Medicines
61 Health foods
62 Cosmetics
63 Private transportation
64 Books and other reading materials
65 Software (music, video, personal computer, TV game)
66-67 Total (Digital contents)
66 Digital books
67 Download music, video, applications
68 Insurance
69-70 Total (Travel-related costs)
69 Accommodation services, fares, package tours(payment on the Internet)
70 Accommodation services, fares, package tours(payment on-site)
71 Tickets
72 Other goods and services
(Reference)
Number of households ordering over the Internet
Distribution of households ordering over the Internet(rate to the Whole = 10,000)
Total expenditure per household by on goods and services ordered over the Internet

第１－４表　世帯人員・就業者数別インターネット

Table 1-4 Monthly Expenditure on Goods and Services Ordered over the Internet

2022年平均
2022 Average

項　目	平均 Average	世帯人員別　by Number of household members １人 person	２人 persons	３人 persons	４人 persons	５人 persons	６人～ persons
世帯数分布（抽出率調整）	10,000	3,612	2,980	1,663	1,227	374	144
集計世帯数	21,903	2,106	9,767	4,878	3,534	1,179	439
世帯人員（人）	2.23	1.00	2.00	3.00	4.00	5.00	6.39
有業人員（人）	1.17	0.59	0.94	1.75	2.11	2.26	2.79
世帯主の年齢（歳）	59.6	57.6	67.3	59.4	50.9	49.7	55.2
インターネットを利用した支出総額（２２品目計）	17,717	12,251	15,560	22,961	28,324	27,286	23,740
贈答用							
５１　贈答品	787	515	856	1,004	1,035	1,024	1,006
自宅用							
自宅用計	16,930	11,735	14,704	21,958	27,288	26,262	22,733
５２～５４計（食料）	3,867	2,494	3,674	4,984	5,960	6,040	5,928
５２　食料品	2,650	1,595	2,613	3,439	4,101	4,250	4,206
５３　飲料	680	447	688	894	964	859	1,009
５４　出前	537	451	372	651	895	930	713
５５　家電	1,061	749	919	1,381	1,638	1,746	1,404
５６　家具	360	224	328	482	588	572	540
５７～５９計（衣類・履物）	1,857	1,167	1,301	2,470	3,681	3,683	3,294
５７　紳士用衣類	508	424	339	588	872	1,001	824
５８　婦人用衣類	907	512	708	1,297	1,763	1,564	1,455
５９　履物・その他の衣類	441	232	254	584	1,046	1,118	1,016
６０～６１計（保健・医療）	861	648	928	1,006	1,084	978	950
６０　医薬品	213	145	215	262	326	258	277
６１　健康食品	648	502	713	745	759	721	674
６２　化粧品	632	385	565	884	1,043	981	843
６３　自動車等関係用品	396	290	288	484	716	627	948
６４　書籍	370	303	297	467	556	560	343
６５　音楽・映像ソフト、パソコン用ソフト、ゲームソフト	463	538	249	511	642	642	447
６６～６７計（デジタルコンテンツ）	531	698	299	550	619	488	329
６６　電子書籍	239	310	147	248	273	181	117
６７　ダウンロード版の音楽・映像、アプリなど	293	388	152	302	346	307	212
６８　保険	780	411	704	1,082	1,405	1,365	1,287
６９～７０計（旅行関係費）	2,394	1,311	2,476	3,233	3,949	3,538	2,020
６９　宿泊料、運賃、パック旅行費（インターネット上での決済）	1,758	1,051	1,685	2,427	2,899	2,602	1,401
７０　宿泊料、運賃、パック旅行費（上記以外の決済）	636	260	791	806	1,051	936	619
７１　チケット	715	588	515	888	1,183	1,181	851
７２　上記に当てはまらない商品・サービス	2,644	1,929	2,163	3,537	4,224	3,860	3,548
(参考)							
インターネットを通じて注文をした世帯数	10,724	609	3,881	2,777	2,434	781	242
インターネットを通じて注文をした世帯（１万分比）	4,817	1,450	1,213	967	857	250	80
インターネットを通じて注文をした世帯当たりの支出総額	36,751	30,486	38,164	39,485	40,496	40,723	42,842

を利用した１世帯当たり１か月間の支出（総世帯）
per Household by Number of Household Members and Employed Persons (Total Households)

単位 円 In Yen

就業者数別 by Employed persons 0人 person	1人 person	2人 persons	3人～ persons	Item
2,676	3,984	2,552	789	Distribution of households
5,090	6,684	7,781	2,348	Number of tabulated households
1.51	1.78	3.14	3.99	Number of persons per household (persons)
...	1.00	2.00	3.27	Number of earners per household (persons)
72.5	54.4	54.3	59.4	Age of household head (years old)
7,688	17,830	25,807	25,031	Total expenditure on goods and services ordered over the Internet(22 items)
				For gift
470	747	1,108	1,040	51 gift items
				For home
7,217	17,083	24,698	23,992	Total expenditure for home
2,248	3,628	5,537	5,168	52-54 Total (Food)
1,689	2,400	3,772	3,537	52 Foods
349	649	990	961	53 Beverages
210	578	775	670	54 Deliveries
415	1,171	1,445	1,446	55 Home electronics
149	357	556	461	56 Furniture
524	1,776	3,006	3,069	57-59 Total (Clothing,footwear)
128	553	752	788	57 Men's clothing
274	818	1,464	1,707	58 Women's clothing
122	406	791	574	59 Footwear and other clothing
559	865	1,055	1,236	60-61 Total (Medical care)
130	209	277	312	60 Medicines
429	656	778	924	61 Health foods
253	594	968	1,016	62 Cosmetics
95	413	581	731	63 Private transportation
171	408	502	423	64 Books and other reading materials
126	609	538	626	65 Software (music, video, personal computer, TV game)
147	738	600	571	66-67 Total (Digital contents)
84	324	283	196	66 Digital books
64	414	317	376	67 Download music, video, applications
366	696	1,202	1,248	68 Insurance
906	2,269	3,870	3,316	69-70 Total (Travel-related costs)
602	1,718	2,842	2,385	69 Accommodation services, fares, package tours(payment on the Internet)
304	550	1,028	931	70 Accommodation services, fares, package tours(payment on-site)
174	767	1,034	1,258	71 Tickets
1,085	2,793	3,805	3,421	72 Other goods and services
				(Reference)
1,281	3,237	4,817	1,389	Number of households ordering over the Internet
638	2,090	1,616	474	Distribution of households ordering over the Internet(rate to the Whole = 10,000)
32,259	33,962	40,708	41,609	Total expenditure per household by on goods and services ordered over the Internet

第１－４表　世帯人員・就業者数別インターネット

Table 1-4 Monthly Expenditure on Goods and Services Ordered over the Internet

2022年平均
2022 Average

項　目	平均 Average	世帯人員別 by Number of household members １人 person	２人 persons	３人 persons	４人 persons	５人 persons	６人～ persons
世帯数分布（抽出率調整）	10,000	...	4,665	2,603	1,921	586	225
集計世帯数	19,797	...	9,767	4,878	3,534	1,179	439
世帯人員（人）	2.92	...	2.00	3.00	4.00	5.00	6.39
有業人員（人）	1.49	...	0.94	1.75	2.11	2.26	2.79
世帯主の年齢（歳）	60.8	...	67.3	59.4	50.9	49.7	55.2
インターネットを利用した支出総額（２２品目計）	20,810	...	15,560	22,961	28,324	27,286	23,740
贈答用							
５１　贈答品	942	...	856	1,004	1,035	1,024	1,006
自宅用							
自宅用計	19,868	...	14,704	21,958	27,288	26,262	22,733
５２～５４計（食料）	4,643	...	3,674	4,984	5,960	6,040	5,928
５２　食料品	3,246	...	2,613	3,439	4,101	4,250	4,206
５３　飲料	812	...	688	894	964	859	1,009
５４　出前	586	...	372	651	895	930	713
５５　家電	1,237	...	919	1,381	1,638	1,746	1,404
５６　家具	437	...	328	482	588	572	540
５７～５９計（衣類・履物）	2,247	...	1,301	2,470	3,681	3,683	3,294
５７　紳士用衣類	556	...	339	588	872	1,001	824
５８　婦人用衣類	1,131	...	708	1,297	1,763	1,564	1,455
５９　履物・その他の衣類	560	...	254	584	1,046	1,118	1,016
６０～６１計（保健・医療）	982	...	928	1,006	1,084	978	950
６０　医薬品	252	...	215	262	326	258	277
６１　健康食品	730	...	713	745	759	721	674
６２　化粧品	771	...	565	884	1,043	981	843
６３　自動車等関係用品	456	...	288	484	716	627	948
６４　書籍	408	...	297	467	556	560	343
６５　音楽・映像ソフト、パソコン用ソフト、ゲームソフト	420	...	249	511	642	642	447
６６～６７計（デジタルコンテンツ）	437	...	299	550	619	488	329
６６　電子書籍	199	...	147	248	273	181	117
６７　ダウンロード版の音楽・映像、アプリなど	239	...	152	302	346	307	212
６８　保険	988	...	704	1,082	1,405	1,365	1,287
６９～７０計（旅行関係費）	3,008	...	2,476	3,233	3,949	3,538	2,020
６９　宿泊料、運賃、パック旅行費（インターネット上での決済）	2,159	...	1,685	2,427	2,899	2,602	1,401
７０　宿泊料、運賃、パック旅行費（上記以外の決済）	849	...	791	806	1,051	936	619
７１　チケット	787	...	515	888	1,183	1,181	851
７２　上記に当てはまらない商品・サービス	3,048	...	2,163	3,537	4,224	3,860	3,548
(参考)							
インターネットを通じて注文をした世帯数	10,115	...	3,881	2,777	2,434	781	242
インターネットを通じて注文をした世帯（１万分比）	5,271	...	1,899	1,514	1,342	392	125
インターネットを通じて注文をした世帯当たりの支出総額	39,443	...	38,164	39,485	40,496	40,723	42,842

を利用した１世帯当たり１か月間の支出（二人以上の世帯）
per Household by Number of Household Members and Employed Persons (Two-or-more-person Households)

単位 円 In Yen

就業者数別 by Employed persons				
０人 person	１人 person	２人 persons	３人～ persons	Item
1,880	2,891	3,995	1,235	Distribution of households
3,910	5,759	7,781	2,348	Number of tabulated households
2.13	2.67	3.14	3.99	Number of persons per household (persons)
...	1.00	2.00	3.27	Number of earners per household (persons)
74.6	61.3	54.3	59.4	Age of household head (years old)
9,738	19,308	25,807	25,031	Total expenditure on goods and services ordered over the Internet(22 items)
				For gift
595	898	1,108	1,040	51 gift items
				For home
9,143	18,410	24,698	23,992	Total expenditure for home
2,761	4,410	5,537	5,168	52-54 Total (Food)
2,075	3,155	3,772	3,537	52 Foods
439	746	990	961	53 Beverages
247	508	775	670	54 Deliveries
635	1,249	1,445	1,446	55 Home electronics
189	425	556	461	56 Furniture
558	1,945	3,006	3,069	57-59 Total (Clothing,footwear)
159	444	752	788	57 Men's clothing
271	984	1,464	1,707	58 Women's clothing
128	517	791	574	59 Footwear and other clothing
684	966	1,055	1,236	60-61 Total (Medical care)
158	254	277	312	60 Medicines
527	712	778	924	61 Health foods
293	704	968	1,016	62 Cosmetics
134	375	581	731	63 Private transportation
202	404	502	423	64 Books and other reading materials
124	362	538	626	65 Software (music, video, personal computer, TV game)
110	368	600	571	66-67 Total (Digital contents)
58	175	283	196	66 Digital books
52	193	317	376	67 Download music, video, applications
522	886	1,202	1,248	68 Insurance
1,354	2,761	3,870	3,316	69-70 Total (Travel-related costs)
897	1,940	2,842	2,385	69 Accommodation services, fares, package tours(payment on the Internet)
457	821	1,028	931	70 Accommodation services, fares, package tours(payment on-site)
207	622	1,034	1,258	71 Tickets
1,368	2,934	3,805	3,421	72 Other goods and services
				(Reference)
1,060	2,850	4,817	1,389	Number of households ordering over the Internet
523	1,476	2,529	742	Distribution of households ordering over the Internet(rate to the Whole = 10,000)
34,932	37,786	40,708	41,609	Total expenditure per household by on goods and services ordered over the Internet

第１－５表　年間収入階級別インターネット

Table 1-5 Monthly Expenditure on Goods and Services Ordered over

2022年平均
2022 Average

項　　目	平均 Average	200万円 未　満 2 million yen under	200万円 以　上 300万円 未　満 2 million yen - 3 million yen	300～400 3 million yen - 4 million yen	400～500 4 million yen - 5 million yen	500～600 5 million yen - 6 million yen	600～700 6 million yen - 7 million yen	700～800 7 million yen - 8 million yen
世帯数分布（抽出率調整）	10,000	1,887	1,597	1,445	1,110	880	648	561
集計世帯数	21,903	2,505	3,206	3,236	2,578	2,100	1,760	1,480
世帯人員（人）	2.23	1.31	1.70	1.98	2.26	2.54	2.97	2.99
有業人員（人）	1.17	0.43	0.66	0.97	1.26	1.47	1.71	1.76
世帯主の年齢（歳）	59.6	66.7	64.6	59.7	56.9	54.5	55.0	54.1
インターネットを利用した支出総額（２２品目計）	17,717	6,461	9,623	12,977	16,446	21,632	22,818	26,050
贈答用								
５１　贈答品	787	404	491	603	681	971	896	1,046
自宅用								
自宅用計	16,930	6,057	9,132	12,374	15,765	20,661	21,922	25,004
５２～５４計（食料）	3,867	1,993	2,307	2,925	3,601	4,315	4,799	4,970
５２　食料品	2,650	1,461	1,633	1,949	2,440	2,977	3,248	3,455
５３　飲料	680	322	337	487	687	681	829	843
５４　出前	537	209	337	489	474	658	722	672
５５　家電	1,061	288	456	947	902	1,331	1,377	1,765
５６　家具	360	106	234	272	376	370	478	570
５７～５９計（衣類・履物）	1,857	532	829	1,096	1,756	2,287	2,479	2,737
５７　紳士用衣類	508	90	152	362	536	734	638	663
５８　婦人用衣類	907	312	519	504	784	904	1,175	1,349
５９　履物・その他の衣類	441	130	157	230	436	648	666	725
６０～６１計（保健・医療）	861	444	646	656	883	1,025	1,068	1,236
６０　医薬品	213	97	162	153	210	262	286	324
６１　健康食品	648	347	484	502	673	763	782	912
６２　化粧品	632	243	403	422	583	684	898	890
６３　自動車等関係用品	396	61	174	259	490	654	593	684
６４　書籍	370	153	238	272	342	452	427	529
６５　音楽・映像ソフト、パソコン用ソフト、ゲームソフト	463	158	233	554	369	720	559	614
６６～６７計（デジタルコンテンツ）	531	234	311	523	675	614	617	555
６６　電子書籍	239	134	163	204	269	269	255	166
６７　ダウンロード版の音楽・映像、アプリなど	293	100	149	319	405	345	362	389
６８　保険	780	321	379	669	763	893	1,100	1,215
６９～７０計（旅行関係費）	2,394	509	894	1,355	1,851	2,847	3,039	4,508
６９　宿泊料、運賃、パック旅行費（インターネット上での決済）	1,758	385	549	1,000	1,336	2,203	2,097	3,661
７０　宿泊料、運賃、パック旅行費（上記以外の決済）	636	124	344	354	516	644	942	846
７１　チケット	715	174	428	534	489	1,014	960	1,052
７２　上記に当てはまらない商品・サービス	2,644	843	1,600	1,890	2,685	3,457	3,529	3,681
(参考)								
インターネットを通じて注文をした世帯数	10,724	568	891	1,229	1,281	1,182	1,097	987
インターネットを通じて注文をした世帯（１万分比）	4,817	451	529	638	589	526	410	374
インターネットを通じて注文をした世帯当たりの支出総額	36,751	27,049	29,025	29,369	30,970	36,188	35,978	38,948

を利用した１世帯当たり１か月間の支出（総世帯）
the Internet per Household by Yearly Income Group (Total Households)

単位 円 In Yen

800～900 8 million yen - 9 million yen	900～1,000 9 million yen - 10 million yen	1,000～1,250 10 million yen - 12.5 million yen	1,250～1,500 12.5 million yen - 15 million yen	1,500～2,000 15 million yen - 20 million yen	2,000万円以上 20 million yen or more	Item
457	366	447	206	124	84	Distribution of households
1,242	979	1,242	569	344	228	Number of tabulated households
3.17	3.14	3.31	3.32	3.31	3.04	Number of persons per household (persons)
1.90	1.95	2.06	2.20	2.23	2.03	Number of earners per household (persons)
53.7	54.7	54.6	55.4	55.6	58.7	Age of household head (years old)
29,359	30,828	36,119	44,942	51,951	61,230	Total expenditure on goods and services ordered over the Internet(22 items)
						For gift
1,153	1,288	1,375	1,988	2,197	3,187	51 gift items
						For home
28,206	29,539	34,744	42,954	49,755	58,043	Total expenditure for home
5,441	6,191	7,553	8,974	11,264	13,710	52-54 Total (Food)
3,695	4,139	5,079	6,012	7,512	8,965	52 Foods
979	1,184	1,383	1,727	2,457	3,209	53 Beverages
767	869	1,091	1,234	1,296	1,537	54 Deliveries
1,973	2,112	2,330	2,205	2,991	3,202	55 Home electronics
653	498	672	830	1,002	1,441	56 Furniture
3,432	3,511	4,436	5,594	5,505	8,058	57-59 Total (Clothing, footwear)
817	991	1,184	2,115	1,551	2,241	57 Men's clothing
1,729	1,695	2,287	2,438	2,602	4,526	58 Women's clothing
886	825	965	1,041	1,352	1,290	59 Footwear and other clothing
1,332	1,182	1,321	1,720	1,664	2,864	60-61 Total (Medical care)
315	316	352	435	444	605	60 Medicines
1,018	866	970	1,285	1,220	2,259	61 Health foods
1,025	1,021	1,407	1,431	1,881	2,232	62 Cosmetics
727	665	767	861	751	635	63 Private transportation
624	544	800	906	975	1,272	64 Books and other reading materials
723	641	688	923	813	1,067	65 Software (music, video, personal computer, TV game)
773	844	821	1,240	1,346	1,281	66-67 Total (Digital contents)
308	444	400	561	798	730	66 Digital books
465	399	421	679	548	551	67 Download music, video, applications
1,295	1,193	1,576	1,756	2,008	1,920	68 Insurance
4,297	5,032	5,801	8,372	10,339	10,983	69-70 Total (Travel-related costs)
3,129	3,671	4,230	6,064	7,913	7,862	69 Accommodation services, fares, package tours(payment on the Internet)
1,168	1,361	1,571	2,307	2,426	3,121	70 Accommodation services, fares, package tours(payment on-site)
1,368	1,297	1,559	1,797	1,870	2,265	71 Tickets
4,546	4,809	5,016	6,346	7,345	7,113	72 Other goods and services
						(Reference)
864	685	912	441	273	172	Number of households ordering over the Internet
324	257	333	160	98	62	Distribution of households ordering over the Internet(rate to the Whole = 10,000)
41,447	43,839	48,400	57,744	65,527	83,613	Total expenditure per household by on goods and services ordered over the Internet

第１－５表　年間収入階級別インターネット

Table 1-5 Monthly Expenditure on Goods and Services Ordered over

2022年平均
2022 Average

項　目	平均 Average	200万円 未　満 2 million yen under	200万円 以　上 300万円 未　満 2 million yen - 3 million yen	300～400 3 million yen - 4 million yen	400～500 4 million yen - 5 million yen	500～600 5 million yen - 6 million yen	600～700 6 million yen - 7 million yen	700～800 7 million yen - 8 million yen
世帯数分布（抽出率調整）	10,000	683	1,315	1,482	1,227	1,025	886	753
集計世帯数	19,797	1,425	2,739	3,042	2,461	2,020	1,723	1,447
世帯人員（人）	2.92	2.34	2.34	2.50	2.79	3.07	3.26	3.32
有業人員（人）	1.49	0.78	0.75	1.04	1.40	1.65	1.83	1.89
世帯主の年齢（歳）	60.8	68.4	69.5	66.8	61.8	57.7	55.3	54.2
インターネットを利用した支出総額（２２品目計）	20,810	8,169	8,530	11,809	16,312	19,540	22,576	25,950
贈答用								
５１　贈答品	942	381	450	655	776	972	970	1,141
自宅用								
自宅用計	19,868	7,787	8,079	11,154	15,536	18,568	21,606	24,809
５２～５４計（食料）	4,643	2,553	2,389	3,069	3,748	4,250	4,794	5,411
５２　食料品	3,246	1,905	1,751	2,234	2,697	2,960	3,421	3,814
５３　飲料	812	447	389	461	607	706	773	890
５４　出前	586	201	249	374	444	585	600	707
５５　家電	1,237	459	518	727	938	1,130	1,334	1,633
５６　家具	437	140	158	225	426	401	515	582
５７～５９計（衣類・履物）	2,247	599	629	992	1,632	2,090	2,558	2,991
５７　紳士用衣類	556	144	148	240	382	470	621	695
５８　婦人用衣類	1,131	299	323	508	835	1,000	1,228	1,493
５９　履物・その他の衣類	560	156	158	245	415	620	710	803
６０～６１計（保健・医療）	982	526	593	733	876	995	1,063	1,209
６０　医薬品	252	121	154	173	229	265	280	303
６１　健康食品	730	405	439	560	647	730	783	906
６２　化粧品	771	255	315	431	618	738	883	991
６３　自動車等関係用品	456	142	179	230	413	477	585	665
６４　書籍	408	170	172	216	343	394	394	531
６５　音楽・映像ソフト、パソコン用ソフト、ゲームソフト	420	162	184	202	337	416	534	623
６６～６７計（デジタルコンテンツ）	437	141	126	192	303	408	496	497
６６　電子書籍	199	65	60	97	145	170	198	188
６７　ダウンロード版の音楽・映像、アプリなど	239	76	67	95	158	238	299	309
６８　保険	988	510	474	688	857	1,000	1,098	1,231
６９～７０計（旅行関係費）	3,008	920	905	1,507	1,906	2,471	3,030	3,489
６９　宿泊料、運賃、パック旅行費（インターネット上での決済）	2,159	716	616	1,033	1,317	1,729	2,031	2,570
７０　宿泊料、運賃、パック旅行費（上記以外の決済）	849	204	289	474	589	742	998	919
７１　チケット	787	176	232	369	539	713	914	1,069
７２　上記に当てはまらない商品・サービス	3,048	1,037	1,205	1,574	2,601	3,087	3,409	3,886
（参考）								
インターネットを通じて注文をした世帯数	10,115	361	760	1,149	1,221	1,137	1,076	967
インターネットを通じて注文をした世帯（１万分比）	5,271	178	374	572	622	587	561	509
インターネットを通じて注文をした世帯当たりの支出総額	39,443	31,282	29,988	30,541	32,128	34,055	35,596	38,311

を利用した１世帯当たり１か月間の支出（二人以上の世帯）
the Internet per Household by Yearly Income Group (Two-or-more-person Households)

単位 円 In Yen

800～900 8 million yen - 9 million yen	900～1,000 9 million yen - 10 million yen	1,000～1,250 10 million yen - 12.5 million yen	1,250～1,500 12.5 million yen - 15 million yen	1,500～2,000 15 million yen - 20 million yen	2,000万円以上 20 million yen or more	Item
638	508	663	308	191	124	Distribution of households
1,220	962	1,230	565	343	226	Number of tabulated households
3.43	3.42	3.44	3.43	3.35	3.16	Number of persons per household (persons)
2.02	2.08	2.12	2.27	2.25	2.10	Number of earners per household (persons)
53.7	54.9	54.5	55.4	55.5	58.8	Age of household head (years old)
29,360	31,520	36,865	45,723	52,681	65,134	Total expenditure on goods and services ordered over the Internet(22 items)
						For gift
1,167	1,400	1,399	1,904	2,225	3,416	51 gift items
						For home
28,194	30,120	35,466	43,819	50,456	61,718	Total expenditure for home
5,688	6,356	7,799	9,356	11,426	14,556	52-54 Total (Food)
3,878	4,276	5,275	6,259	7,620	9,529	52 Foods
996	1,183	1,443	1,806	2,491	3,403	53 Beverages
814	898	1,081	1,292	1,314	1,625	54 Deliveries
1,843	1,931	2,393	2,305	3,036	3,404	55 Home electronics
685	562	706	870	1,016	1,543	56 Furniture
3,389	3,839	4,454	5,213	5,585	8,554	57-59 Total (Clothing, footwear)
790	1,032	1,080	1,592	1,576	2,389	57 Men's clothing
1,709	1,899	2,382	2,539	2,638	4,803	58 Women's clothing
890	908	991	1,083	1,371	1,362	59 Footwear and other clothing
1,191	1,251	1,326	1,764	1,687	3,031	60-61 Total (Medical care)
314	346	354	454	450	643	60 Medicines
877	905	972	1,310	1,237	2,388	61 Health foods
1,077	1,120	1,426	1,489	1,909	2,366	62 Cosmetics
744	631	748	899	762	679	63 Private transportation
554	577	785	877	990	1,350	64 Books and other reading materials
612	669	679	802	826	1,142	65 Software (music, video, personal computer, TV game)
689	684	855	1,286	1,365	1,362	66-67 Total (Digital contents)
271	302	417	587	809	776	66 Digital books
419	382	438	698	556	586	67 Download music, video, applications
1,327	1,279	1,635	1,817	2,036	2,058	68 Insurance
4,474	5,230	5,877	8,710	10,476	11,692	69-70 Total (Travel-related costs)
3,270	4,000	4,237	6,303	8,020	8,379	69 Accommodation services, fares, package tours(payment on the Internet)
1,203	1,230	1,640	2,407	2,456	3,313	70 Accommodation services, fares, package tours(payment on-site)
1,135	1,396	1,641	1,867	1,894	2,419	71 Tickets
4,788	4,597	5,145	6,564	7,449	7,561	72 Other goods and services
						(Reference)
850	675	904	438	273	172	Number of households ordering over the Internet
450	362	495	242	154	96	Distribution of households ordering over the Internet(rate to the Whole = 10,000)
41,640	44,243	49,381	58,101	65,527	84,172	Total expenditure per household by on goods and services ordered over the Internet

第２－１表　全国・地方・都市階級別

Table 2-1 Use State Related to Electronic Money by All Japan,

2022年平均
2022 Average

項　目	全国 All Japan	地　方 北海道 Hokkaido	東北 Tohoku	関東 Kanto	北陸 Hokuriku	東海 Tokai	近畿 Kinki
世帯数分布（抽出率調整）	10,000	427	724	3,681	390	1,223	1,559
集計世帯数	2,074	100	158	687	92	243	341
世帯人員（人）	2.23	2.08	2.16	2.23	2.37	2.22	2.28
有業人員（人）	1.17	1.06	1.18	1.21	1.27	1.19	1.10
世帯主の年齢（歳）	59.2	61.7	57.7	58.1	59.4	57.9	61.7
電子マネーを持っている世帯員がいる	64.7	56.7	58.8	77.2	46.9	59.4	61.4
１人	30.8	29.8	33.9	33.0	24.2	31.2	27.6
２人	22.4	20.8	17.5	27.4	16.5	19.2	23.2
３人以上	11.3	6.0	7.4	16.8	6.1	8.8	10.5
電子マネーを持っている世帯員がいない	35.3	43.4	41.2	22.8	53.1	40.6	38.7
電子マネーを利用した世帯員がいる	54.9	46.9	50.3	67.7	35.4	50.5	50.8
電子マネーを利用した1世帯当たり平均利用金額（円）	25,598	27,316	31,366	22,995	29,956	25,062	26,837
1,000円未満	1.5	0.7	2.6	2.3	0.2	1.0	1.3
1,000円以上 3,000円未満	5.4	5.0	2.6	6.7	2.2	6.7	5.4
3,000 ～ 5,000	4.2	1.9	3.4	6.3	1.2	3.3	4.0
5,000 ～ 10,000	7.8	6.8	5.2	10.8	5.5	7.3	5.6
10,000 ～ 30,000	17.6	13.6	15.8	22.1	12.8	15.0	16.4
30,000 ～ 50,000	9.3	10.9	9.8	10.3	6.3	9.4	9.0
50,000円以上	9.1	8.0	10.9	9.2	7.1	7.9	9.2
電子マネーを利用した世帯員がいない	9.7	9.7	8.5	9.4	11.4	8.9	10.6
電子マネーの利用金額のうち鉄道及びバスでの1世帯当たり平均利用金額（円）	3,593	1,813	1,233	5,364	948	1,982	3,455
1,000円未満	3.7	2.2	3.3	5.5	1.2	2.6	3.7
1,000円以上 3,000円未満	8.8	5.4	3.8	12.1	3.9	9.5	10.2
3,000 ～ 5,000	5.2	2.0	2.5	9.0	0.7	2.6	6.1
5,000 ～ 10,000	6.9	3.7	1.9	12.5	1.3	4.7	5.7
10,000円以上	6.7	2.8	2.0	13.0	0.8	2.6	6.0

電子マネーの利用状況（総世帯）
Districts and City Groups (Total Households)

(%)

Districts			都市階級 City Groups				
中国 Chugoku	四国 Shikoku	九州・沖縄 Kyushu & Okinawa	大都市 Major cities	中都市 Middle cities	小都市A Small cities A	小都市B・町村 Small cities B, Towns & villages	Item
579	285	1,133	3,098	3,047	2,363	1,493	Distribution of households
132	68	255	553	647	520	355	Number of tabulated households
2.23	2.26	2.27	2.21	2.25	2.25	2.25	Number of persons per household (persons)
1.15	1.17	1.15	1.21	1.13	1.17	1.17	Number of earners per household (persons)
60.5	63.4	60.4	57.0	59.7	59.7	62.5	Age of household head (years old)
59.0	58.4	50.9	75.5	65.2	59.6	49.1	Households some members of which own electronic money
32.5	31.7	25.5	34.2	31.0	29.1	25.6	One-person
19.1	19.6	17.8	25.8	23.4	20.6	16.7	Two-persons
7.4	7.0	7.5	15.4	10.8	9.8	6.7	Three-or-more-persons
41.0	41.6	49.1	24.5	34.8	40.4	50.9	Households any members of which don't own electronic money
48.7	50.0	40.3	68.1	54.5	48.7	38.1	Households some members of which used electronic money
33,216	32,050	25,320	24,868	25,374	26,473	27,536	Average amount of money per household using electronic money (yen)
0.4	0.4	0.6	1.8	1.7	1.2	1.0	- 999 yen
2.7	1.7	5.0	6.7	5.1	5.2	3.5	1,000- 2,999
2.0	2.1	2.8	6.1	4.2	2.9	2.2	3,000- 4,999
7.2	5.1	5.4	10.5	7.5	6.9	4.4	5,000- 9,999
15.5	17.0	12.9	21.2	18.5	15.0	12.3	10,000- 29,999
8.0	12.5	6.3	10.9	8.7	8.8	8.0	30,000- 49,999
12.9	11.2	7.4	11.1	8.8	8.5	6.7	50,000-
10.2	8.4	10.2	7.2	10.6	10.9	10.8	Households any members of which didn't use electronic money
1,271	396	2,292	5,049	3,213	2,580	1,318	(a)
4.1	0.5	1.7	6.2	3.5	2.6	0.8	- 999 yen
5.4	0.9	4.6	13.4	8.6	6.7	2.8	1,000- 2,999
1.6	1.0	1.8	9.3	4.6	2.9	1.8	3,000- 4,999
1.9	1.2	2.7	11.4	6.4	4.8	1.7	5,000- 9,999
1.7	0.4	2.4	12.2	5.7	4.1	1.7	10,000-

(a) Average amount of money per household using electronic money by railway and bus (yen)

第２－１表　全国・地方・都市階級別
Table 2-1 Use State Related to Electronic Money by All Japan,

2022年平均
2022 Average

項　目	全国 All Japan	地方 北海道 Hokkaido	東北 Tohoku	関東 Kanto	北陸 Hokuriku	東海 Tokai	近畿 Kinki
世帯数分布（抽出率調整）	10,000	416	640	3,756	383	1,164	1,639
集計世帯数	1,876	90	142	624	84	218	308
世帯人員（人）	2.94	2.73	3.06	2.90	3.16	3.02	2.91
有業人員（人）	1.51	1.37	1.60	1.51	1.65	1.56	1.41
世帯主の年齢（歳）	60.7	61.0	61.3	60.4	60.4	60.3	61.4
電子マネーを持っている世帯員がいる	68.8	63.7	62.8	79.1	52.3	65.4	66.7
１人	15.4	20.7	18.6	10.9	17.0	18.9	16.3
２人	35.4	33.3	31.2	42.3	25.7	31.9	34.6
３人以上	17.9	9.6	13.0	25.8	9.4	14.5	15.7
電子マネーを持っている世帯員がいない	31.2	36.3	37.2	20.9	47.7	34.6	33.3
電子マネーを利用した世帯員がいる	59.0	52.9	55.1	69.9	39.8	55.0	56.9
電子マネーを利用した1世帯当たり平均利用金額（円）	28,295	30,153	36,207	25,266	32,554	28,713	29,160
1,000円未満	1.2	0.8	0.7	1.8	0.4	1.0	1.1
1,000円以上 3,000円未満	5.3	3.9	2.2	6.8	3.1	5.3	5.8
3,000 ～ 5,000	4.0	2.4	2.6	5.8	1.8	3.5	3.8
5,000 ～ 10,000	7.9	7.4	5.5	11.1	4.6	7.1	6.5
10,000 ～ 30,000	19.4	16.2	17.3	23.5	14.2	17.6	18.5
30,000 ～ 50,000	9.5	10.3	11.0	9.7	7.1	9.1	9.4
50,000円以上	11.7	11.8	15.8	11.4	8.7	11.4	11.9
電子マネーを利用した世帯員がいない	9.7	10.8	7.5	9.1	12.3	10.4	9.8
電子マネーの利用金額のうち鉄道及びバスでの1世帯当たり平均利用金額（円）	3,627	2,222	828	5,512	1,036	1,912	3,641
1,000円未満	3.6	2.2	1.4	5.0	1.4	3.3	4.4
1,000円以上 3,000円未満	9.1	5.3	2.9	12.6	3.4	8.1	11.2
3,000 ～ 5,000	5.5	3.1	1.5	9.1	1.1	3.3	6.0
5,000 ～ 10,000	6.9	3.8	2.2	12.5	1.5	3.5	6.1
10,000円以上	7.6	4.5	1.3	14.0	1.2	3.5	7.3

電子マネーの利用状況（二人以上の世帯）
Districts and City Groups (Two-or-more-person Households)

(%)

Districts			都市階級 City Groups				
中国 Chugoku	四国 Shikoku	九州・沖縄 Kyushu & Okinawa	大都市 Major cities	中都市 Middle cities	小都市Ａ Small cities A	小都市Ｂ・町村 Small cities B, Towns & villages	Item
560	297	1,145	3,097	3,091	2,327	1,485	Distribution of households
119	61	230	500	586	471	320	Number of tabulated households
2.98	2.90	2.97	2.90	2.93	3.00	2.98	Number of persons per household (persons)
1.51	1.52	1.51	1.51	1.46	1.54	1.55	Number of earners per household (persons)
60.4	61.3	60.8	59.6	60.6	60.8	62.9	Age of household head (years old)
61.0	62.1	57.3	77.6	69.3	65.4	54.4	Households some members of which own electronic money
18.3	21.9	17.9	12.6	16.3	16.6	17.4	One-person
30.7	29.5	27.7	40.7	36.3	32.9	26.3	Two-persons
11.9	10.5	11.6	24.2	16.7	15.7	10.6	Three-or-more-persons
39.0	37.9	42.7	22.5	30.7	34.6	45.6	Households any members of which don't own electronic money
50.9	54.0	46.3	69.6	59.1	54.6	43.8	Households some members of which used electronic money
35,949	34,997	27,491	27,548	28,675	28,430	29,345	Average amount of money per household using electronic money (yen)
0.7	0.6	0.7	1.4	1.2	1.1	0.9	- 999 yen
2.9	2.6	4.9	6.6	5.5	4.9	3.2	1,000- 2,999
1.9	2.0	3.1	5.1	4.0	3.4	2.9	3,000- 4,999
5.0	3.8	5.5	10.1	7.7	7.0	5.1	5,000- 9,999
16.2	16.7	15.1	22.7	19.6	17.9	14.4	10,000- 29,999
10.4	13.3	7.5	10.3	9.5	9.5	7.7	30,000- 49,999
13.8	15.1	9.4	13.4	11.7	10.8	9.5	50,000-
10.0	7.9	10.9	7.9	10.2	10.7	10.6	Households any members of which didn't use electronic money
1,572	414	1,546	5,249	3,216	2,621	1,380	(a)
2.1	0.7	1.9	5.3	3.7	2.7	0.9	- 999 yen
5.7	1.3	5.9	13.9	8.7	7.0	3.2	1,000- 2,999
1.9	1.5	2.5	8.9	5.2	3.6	1.9	3,000- 4,999
2.4	0.8	2.4	11.2	6.3	5.0	2.1	5,000- 9,999
2.5	0.6	2.4	13.2	6.7	4.8	2.1	10,000-

(a) Average amount of money per household using electronic money by railway and bus (yen)

第２－２表　世帯主の年齢階級別電子マネー

Table 2-2 Use State Related to Electronic Money by Age Group

2022年平均
2022 Average

項　　目	平均 Average	～29歳 years old	30～39歳 years old	40～49歳 years old	50～59歳 years old	60～69歳 years old
世帯数分布（抽出率調整）	10,000	569	882	1,338	1,827	2,100
集計世帯数	2,074	19	141	308	385	491
世帯人員（人）	2.23	1.19	2.47	3.13	2.51	2.16
有業人員（人）	1.17	0.98	1.38	1.63	1.68	1.29
世帯主の年齢（歳）	59.2	25.3	34.5	45.2	54.5	64.9
電子マネーを持っている世帯員がいる	64.7	81.2	84.7	82.2	77.0	64.8
１人	30.8	75.5	47.2	28.8	31.0	26.8
２人	22.4	5.2	33.3	31.9	23.0	25.7
３人以上	11.3	0.5	4.1	21.4	22.9	12.2
電子マネーを持っている世帯員がいない	35.3	18.8	15.3	17.9	23.0	35.2
電子マネーを利用した世帯員がいる	54.9	75.6	67.8	71.6	66.0	54.7
電子マネーを利用した1世帯当たり平均利用金額（円）	25,598	18,251	26,982	27,342	26,484	26,870
1,000円未満	1.5	4.2	2.4	1.5	1.1	1.2
1,000円以上3,000円未満	5.4	8.9	4.6	6.8	6.6	4.9
3,000 ～ 5,000	4.2	6.5	4.4	6.4	5.0	3.5
5,000 ～ 10,000	7.8	5.3	12.5	9.6	9.7	7.7
10,000 ～ 30,000	17.6	30.3	16.9	22.4	21.7	18.8
30,000 ～ 50,000	9.3	16.4	15.5	11.5	10.4	8.9
50,000円以上	9.1	4.2	11.6	13.5	11.5	9.8
電子マネーを利用した世帯員がいない	9.7	5.6	16.8	10.5	10.8	10.0
電子マネーの利用金額のうち鉄道及びバスでの1世帯当たり平均利用金額（円）	3,593	6,862	3,980	3,520	3,973	3,169
1,000円未満	3.7	4.3	5.0	4.6	4.2	3.4
1,000円以上3,000円未満	8.8	11.1	11.5	11.5	9.9	8.2
3,000 ～ 5,000	5.2	10.0	4.0	7.7	6.6	4.6
5,000 ～ 10,000	6.9	14.9	13.8	9.2	7.5	5.6
10,000円以上	6.7	20.1	7.6	8.5	9.7	6.1

の利用状況（総世帯）
of Household Head (Total Households)

(%)

70～79歳 years old	80歳～ years old	Item
2,435	849	Distribution of households
548	182	Number of tabulated households
1.91	1.84	Number of persons per household (persons)
0.68	0.39	Number of earners per household (persons)
74.0	83.7	Age of household head (years old)
46.2	33.2	Households some members of which own electronic money
23.6	17.2	One-person
18.0	13.0	Two-persons
4.5	3.0	Three-or-more-persons
53.8	66.8	Households any members of which don't own electronic money
38.0	27.1	Households some members of which used electronic money
24,486	22,084	Average amount of money per household using electronic money (yen)
1.2	1.1	- 999 yen
4.1	4.1	1,000- 2,999
3.1	2.7	3,000- 4,999
5.6	3.9	5,000- 9,999
11.8	7.4	10,000- 29,999
5.9	3.9	30,000- 49,999
6.3	4.2	50,000-
8.1	6.0	Households any members of which didn't use electronic money
2,352	2,437	Average amount of money per household using electronic money by railway and bus (yen)
3.1	2.3	- 999 yen
6.3	5.7	1,000- 2,999
3.7	3.2	3,000- 4,999
3.5	3.0	5,000- 9,999
2.6	1.5	10,000-

第２－２表　世帯主の年齢階級別電子マネー

Table 2-2 Use State Related to Electronic Money by Age Group

2022年平均
2022 Average

項　目	平均 Average	～29歳 years old	30～39歳 years old	40～49歳 years old	50～59歳 years old	60～69歳 years old
世帯数分布（抽出率調整）	10,000	81	751	1,647	1,982	2,295
集計世帯数	1,876	14	135	297	362	440
世帯人員（人）	2.94	3.04	3.65	3.72	3.19	2.67
有業人員（人）	1.51	1.74	1.72	1.84	2.07	1.64
世帯主の年齢（歳）	60.7	27.1	35.5	45.1	54.4	64.7
電子マネーを持っている世帯員がいる	68.8	77.1	83.3	83.6	81.5	70.9
１人	15.4	15.7	15.8	15.7	14.8	16.2
２人	35.4	56.9	60.2	40.6	33.3	37.0
３人以上	17.9	3.8	7.4	27.3	33.1	17.6
電子マネーを持っている世帯員がいない	31.2	22.9	16.7	16.4	18.5	29.1
電子マネーを利用した世帯員がいる	59.0	66.7	68.4	72.8	71.0	61.5
電子マネーを利用した1世帯当たり平均利用金額（円）	28,295	20,938	28,968	27,810	29,667	29,393
1,000円未満	1.2	1.4	1.7	1.6	0.9	1.0
1,000円以上3,000円未満	5.3	12.1	6.0	6.8	5.5	5.0
3,000　～　5,000	4.0	5.3	4.4	5.3	4.7	3.9
5,000　～　10,000	7.9	8.8	8.0	9.6	9.8	7.7
10,000　～　30,000	19.4	19.2	22.8	24.4	24.2	21.0
30,000　～　50,000	9.5	11.4	11.0	11.6	11.4	9.9
50,000円以上	11.7	8.5	14.5	13.6	14.6	12.9
電子マネーを利用した世帯員がいない	9.7	10.4	14.9	10.7	10.4	9.3
電子マネーの利用金額のうち鉄道及びバスでの1世帯当たり平均利用金額（円）	3,627	3,934	3,623	3,787	4,623	3,445
1,000円未満	3.6	2.0	4.2	4.0	4.0	3.4
1,000円以上3,000円未満	9.1	15.5	10.3	11.1	9.5	9.2
3,000　～　5,000	5.5	6.4	5.3	6.6	7.2	5.4
5,000　～　10,000	6.9	7.7	7.0	10.0	9.3	6.6
10,000円以上	7.6	10.1	9.4	9.8	12.2	7.6

の利用状況（二人以上の世帯）
of Household Head (Two-or-more-person Households)

(%)

70～79歳 years old	80歳～ years old	Item
2,434	810	Distribution of households
475	154	Number of tabulated households
2.43	2.38	Number of persons per household (persons)
0.94	0.59	Number of earners per household (persons)
73.9	83.7	Age of household head (years old)
51.2	39.9	Households some members of which own electronic money
15.5	13.7	One-person
28.4	21.4	Two-persons
7.2	4.9	Three-or-more-persons
48.8	60.1	Households any members of which don't own electronic money
43.1	33.3	Households some members of which used electronic money
26,829	23,731	Average amount of money per household using electronic money (yen)
1.3	1.1	- 999 yen
4.3	4.6	1,000- 2,999
2.9	3.2	3,000- 4,999
6.5	4.6	5,000- 9,999
12.9	9.4	10,000- 29,999
7.1	4.5	30,000- 49,999
8.1	5.9	50,000-
8.0	6.6	Households any members of which didn't use electronic money
2,617	2,579	Average amount of money per household using electronic money by railway and bus (yen)
3.1	3.1	- 999 yen
7.3	7.0	1,000- 2,999
4.0	3.4	3,000- 4,999
4.2	3.7	5,000- 9,999
3.5	2.3	10,000-

第２－３表　世帯主の勤めか自営かの別電子マネーの利用状況（総世帯）
Table 2-3 Use State Related to Electronic Money by Occupation of Household Head (Total Households)

2022年平均
2022 Average

(%)

項目	平均 Average	就業 Occupation 雇用されている人（勤労者） Employee	会社などの役員 Corporative administrators	自営業主・その他 (a)	非就業（無職） No-occupation	Item
世帯数分布（抽出率調整）	10,000	5,160	428	996	3,417	(A)
集計世帯数	2,074	1,051	99	233	693	(B)
世帯人員（人）	2.23	2.45	2.65	2.44	1.80	(C)
有業人員（人）	1.17	1.60	1.78	1.77	0.28	(D)
世帯主の年齢（歳）	59.2	50.3	56.3	62.4	72.4	(E)
電子マネーを持っている世帯員がいる	64.7	76.7	74.7	60.5	46.4	(F)
１人	30.8	34.5	24.7	26.9	26.6	(G)
２人	22.4	26.6	30.6	21.7	15.6	(H)
３人以上	11.3	15.5	19.1	11.8	4.1	(I)
電子マネーを持っている世帯員がいない	35.3	23.3	25.3	39.5	53.6	(J)
電子マネーを利用した世帯員がいる	54.9	66.5	62.7	49.8	38.0	(K)
電子マネーを利用した1世帯当たり平均利用金額（円）	25,598	26,032	29,925	26,085	23,614	(L)
1,000円未満	1.5	1.6	0.7	1.3	1.5	- 999 yen
1,000円以上 3,000円未満	5.4	5.9	7.9	3.9	4.7	1,000- 2,999
3,000 ～ 5,000	4.2	4.8	4.2	3.7	3.4	3,000- 4,999
5,000 ～ 10,000	7.8	9.4	8.6	7.9	5.3	5,000- 9,999
10,000 ～ 30,000	17.6	21.7	18.9	17.4	11.2	10,000- 29,999
30,000 ～ 50,000	9.3	12.0	9.5	7.3	6.0	30,000- 49,999
50,000円以上	9.1	11.0	13.0	8.5	6.0	50,000-
電子マネーを利用した世帯員がいない	9.7	10.2	11.8	10.5	8.2	(M)
電子マネーの利用金額のうち鉄道及びバスでの1世帯当たり平均利用金額（円）	3,593	4,055	3,853	3,287	2,409	(N)
1,000円未満	3.7	4.3	3.6	2.8	3.1	- 999 yen
1,000円以上 3,000円未満	8.8	10.2	10.1	7.9	6.7	1,000- 2,999
3,000 ～ 5,000	5.2	6.3	6.1	4.4	3.8	3,000- 4,999
5,000 ～ 10,000	6.9	9.3	7.7	5.1	3.7	5,000- 9,999
10,000円以上	6.7	9.6	8.5	6.1	2.4	10,000-

(a) Individual proprietors and others

(A) Distribution of households
(B) Number of tabulated households
(C) Number of persons per household (persons)
(D) Number of earners per household (persons)
(E) Age of household head (years old)
(F) Households some members of which own electronic money
(G) One-person
(H) Two-persons
(I) Three-or-more-persons
(J) Households any members of which don't own electronic money
(K) Households some members of which used electronic money
(L) Average amount of money per household using electronic money (yen)
(M) Households any members of which didn't use electronic money
(N) Average amount of money per household using electronic money by railway and bus (yen)

第２－３表　世帯主の勤めか自営かの別電子マネーの利用状況（二人以上の世帯）
Table 2-3 Use State Related to Electronic Money by Occupation of Household Head (Two-or-more-person Households)

2022年平均
2022 Average

(%)

項　目	平均 Average	就業 Occupation 雇用されている人（勤労者） Employee	会社などの役員 Corporative administrators	自営業主・その他 (a)	非就業（無職） No-occupation	Item
世帯数分布（抽出率調整）	10,000	5,345	518	1,146	2,990	(A)
集計世帯数	1,876	985	95	218	579	(B)
世帯人員（人）	2.94	3.21	3.11	2.96	2.44	(C)
有業人員（人）	1.51	1.91	1.99	2.04	0.50	(D)
世帯主の年齢（歳）	60.7	53.0	58.2	63.1	74.0	(E)
電子マネーを持っている世帯員がいる	68.8	79.3	78.1	61.3	51.1	(F)
１人	15.4	15.3	14.4	15.6	15.6	(G)
２人	35.4	40.4	38.9	29.4	28.1	(H)
３人以上	17.9	23.4	24.5	16.1	7.4	(I)
電子マネーを持っている世帯員がいない	31.2	20.7	21.9	38.7	48.9	(J)
電子マネーを利用した世帯員がいる	59.0	68.6	69.2	51.6	43.0	(K)
電子マネーを利用した1世帯当たり平均利用金額（円）	28,295	28,421	32,560	28,061	26,962	(L)
1,000円未満	1.2	1.3	0.9	1.1	1.2	- 999 yen
1,000円以上 3,000円未満	5.3	5.7	6.1	4.6	4.7	1,000- 2,999
3,000 ～ 5,000	4.0	4.5	4.6	3.5	3.3	3,000- 4,999
5,000 ～ 10,000	7.9	9.1	8.9	6.7	6.1	5,000- 9,999
10,000 ～ 30,000	19.4	23.1	22.9	17.8	12.7	10,000- 29,999
30,000 ～ 50,000	9.5	11.4	9.6	8.1	6.7	30,000- 49,999
50,000円以上	11.7	13.5	16.3	9.8	8.4	50,000-
電子マネーを利用した世帯員がいない	9.7	10.6	8.8	9.5	8.1	(M)
電子マネーの利用金額のうち鉄道及びバスでの1世帯当たり平均利用金額（円）	3,627	4,044	4,207	3,272	2,469	(N)
1,000円未満	3.6	4.1	4.2	2.6	3.0	- 999 yen
1,000円以上 3,000円未満	9.1	9.8	10.7	8.3	7.9	1,000- 2,999
3,000 ～ 5,000	5.5	6.5	7.4	4.3	3.9	3,000- 4,999
5,000 ～ 10,000	6.9	8.3	8.4	6.1	4.4	5,000- 9,999
10,000円以上	7.6	10.3	10.5	6.1	3.0	10,000-

(a) Individual proprietors and others

(A) Distribution of households
(B) Number of tabulated households
(C) Number of persons per household (persons)
(D) Number of earners per household (persons)
(E) Age of household head (years old)
(F) Households some members of which own electronic money
(G) One-person
(H) Two-persons
(I) Three-or-more-persons
(J) Households any members of which don't own electronic money
(K) Households some members of which used electronic money
(L) Average amount of money per household using electronic money (yen)
(M) Households any members of which didn't use electronic money
(N) Average amount of money per household using electronic money by railway and bus (yen)

第２－４表　世帯人員・就業者数別電子マネー

Table 2-4 Use State Related to Electronic Money by Number of Household Members

2022年平均
2022 Average

項　目	平均 Average	世帯人員別 by Number of household members 1人 person	2人 persons	3人 persons	4人 persons	5人 persons	6人～ persons
世帯数分布（抽出率調整）	10,000	3,650	2,897	1,660	1,254	393	146
集計世帯数	2,074	198	904	465	345	119	44
世帯人員（人）	2.23	1.00	2.00	3.00	4.00	5.00	6.35
有業人員（人）	1.17	0.58	0.94	1.74	2.11	2.28	2.75
世帯主の年齢（歳）	59.2	56.7	67.4	59.7	50.8	49.9	54.3
電子マネーを持っている世帯員がいる	64.7	57.6	60.2	71.9	81.0	78.5	71.2
１人	30.8	57.6	17.7	14.7	12.3	12.5	11.6
２人	22.4	...	42.4	27.7	32.3	29.9	23.3
３人以上	11.3	...	...	29.4	36.1	35.9	35.8
電子マネーを持っている世帯員がいない	35.3	42.5	39.8	28.1	19.0	21.5	28.8
電子マネーを利用した世帯員がいる	54.9	47.7	51.4	62.3	69.7	66.6	59.9
電子マネーを利用した1世帯当たり平均利用金額（円）	25,598	19,851	25,880	29,427	29,513	31,451	34,549
1,000円未満	1.5	2.0	1.3	1.2	1.1	0.9	0.7
1,000円以上 3,000円未満	5.4	5.5	5.1	5.2	5.9	6.4	3.3
3,000 ～ 5,000	4.2	4.4	3.6	4.4	4.5	4.4	2.9
5,000 ～ 10,000	7.8	7.6	7.5	7.8	9.2	7.8	7.3
10,000 ～ 30,000	17.6	14.4	16.7	20.4	23.3	22.3	19.6
30,000 ～ 50,000	9.3	9.2	8.2	10.4	10.8	10.4	11.1
50,000円以上	9.1	4.6	9.0	12.9	14.9	14.4	15.1
電子マネーを利用した世帯員がいない	9.7	9.7	8.7	9.5	11.2	11.8	11.1
電子マネーの利用金額のうち鉄道及びバスでの1世帯当たり平均利用金額（円）	3,593	3,539	3,015	4,055	4,413	3,148	2,704
1,000円未満	3.7	4.0	3.6	3.7	3.6	3.3	2.3
1,000円以上 3,000円未満	8.8	8.2	8.7	9.3	9.9	9.6	5.7
3,000 ～ 5,000	5.2	4.7	4.8	6.1	6.6	4.3	6.1
5,000 ～ 10,000	6.9	6.8	6.0	7.5	8.3	7.1	4.9
10,000円以上	6.7	5.3	5.2	9.0	11.5	8.4	4.4

の利用状況（総世帯）
and Employed Persons (Total Households)

(%)

就業者数別 by Employed Persons				
0人 person	1人 person	2人 persons	3人～ persons	Item
2,685	3,935	2,582	798	Distribution of households
476	621	751	227	Number of tabulated households
1.49	1.77	3.17	3.99	Number of persons per household (persons)
...	1.00	2.00	3.26	Number of earners per household (persons)
72.3	53.7	54.0	59.4	Age of household head (years old)
43.6	68.2	77.7	75.9	Households some members of which own electronic money
29.5	46.3	15.1	9.3	One-person
13.4	16.9	42.3	16.3	Two-persons
0.7	5.0	20.2	50.0	Three-or-more-persons
56.4	31.8	22.3	24.1	Households any members of which don't own electronic money
35.5	57.8	67.1	66.0	Households some members of which used electronic money
21,862	23,296	28,539	32,540	Average amount of money per household using electronic money (yen)
1.7	1.7	1.3	0.5	- 999 yen
4.6	5.8	5.7	4.8	1,000- 2,999
3.4	4.7	4.3	3.7	3,000- 4,999
4.9	9.2	8.7	7.8	5,000- 9,999
10.2	17.8	23.2	22.8	10,000- 29,999
5.7	11.0	10.4	10.8	30,000- 49,999
4.9	7.8	13.4	15.7	50,000-
8.0	10.3	10.5	9.7	Households any members of which didn't use electronic money
2,187	3,602	3,954	4,890	Average amount of money per household using electronic money by railway and bus (yen)
3.3	4.1	3.9	2.6	- 999 yen
6.5	9.8	10.0	7.9	1,000- 2,999
3.7	5.7	5.9	6.1	3,000- 4,999
3.3	8.2	8.0	8.8	5,000- 9,999
1.8	7.0	10.0	11.7	10,000-

第２－５表　年間収入階級別電子マネー
Table 2-5 Use State Related to Electronic Money by

2022年平均
2022 Average

項目	平均 Average	200万円未満 2 million yen under	200万円以上300万円未満 2 million yen - 3 million yen	300～400 3 million yen - 4 million yen	400～500 4 million yen - 5 million yen	500～600 5 million yen - 6 million yen	600～700 6 million yen - 7 million yen
世帯数分布（抽出率調整）	10, 000	1, 957	1, 602	1, 418	1, 085	826	662
集計世帯数	2, 074	252	307	299	238	190	166
世帯人員（人）	2. 23	1. 33	1. 73	2. 01	2. 29	2. 60	2. 93
有業人員（人）	1. 17	0. 43	0. 67	0. 98	1. 30	1. 51	1. 72
世帯主の年齢（歳）	59. 2	66. 8	63. 8	59. 8	56. 4	54. 2	54. 2
電子マネーを持っている世帯員がいる	64. 7	42. 6	51. 9	61. 9	70. 9	75. 1	79. 3
１人	30. 8	36. 8	35. 9	35. 1	34. 6	32. 1	25. 4
２人	22. 4	4. 7	13. 8	22. 4	27. 7	30. 4	34. 7
３人以上	11. 3	1. 0	2. 2	4. 3	8. 5	12. 5	19. 1
電子マネーを持っている世帯員がいない	35. 3	57. 4	48. 1	38. 2	29. 1	24. 9	20. 8
電子マネーを利用した世帯員がいる	54. 9	33. 3	42. 2	52. 3	61. 8	62. 9	69. 0
電子マネーを利用した1世帯当たり平均利用金額（円）	25, 598	19, 526	21, 005	22, 616	23, 506	27, 167	28, 773
1, 000円未満	1. 5	1. 3	1. 6	1. 8	2. 0	1. 5	0. 8
1, 000円以上 3, 000円未満	5. 4	4. 4	4. 7	5. 3	6. 5	5. 4	6. 3
3, 000 ～ 5, 000	4. 2	3. 0	3. 7	3. 8	5. 9	4. 1	4. 9
5, 000 ～ 10, 000	7. 8	4. 6	6. 5	9. 5	7. 1	7. 1	9. 8
10, 000 ～ 30, 000	17. 6	11. 6	13. 7	15. 6	19. 7	20. 6	20. 7
30, 000 ～ 50, 000	9. 3	4. 9	6. 6	9. 9	11. 1	13. 3	12. 5
50, 000円以上	9. 1	3. 4	5. 4	6. 5	9. 5	10. 9	14. 0
電子マネーを利用した世帯員がいない	9. 7	9. 1	9. 5	9. 5	9. 0	12. 2	10. 3
電子マネーの利用金額のうち鉄道及びバスでの1世帯当たり平均利用金額（円）	3, 593	2, 597	2, 667	3, 054	2, 967	3, 726	3, 486
1, 000円未満	3. 7	2. 7	3. 2	3. 3	4. 8	4. 3	4. 2
1, 000円以上 3, 000円未満	8. 8	5. 3	7. 1	7. 5	10. 2	8. 6	12. 0
3, 000 ～ 5, 000	5. 2	2. 9	3. 8	3. 3	5. 7	6. 9	7. 6
5, 000 ～ 10, 000	6. 9	3. 5	4. 4	6. 7	7. 9	6. 2	9. 6
10, 000円以上	6. 7	2. 2	3. 4	6. 1	6. 3	8. 6	7. 5

の利用状況（総世帯）
Yearly Income Group (Total Households)

(%)

700～800 7 million yen - 8 million yen	800～900 8 million yen - 9 million yen	900～1,000 9 million yen - 10 million yen	1,000～1,250 10 million yen - 12.5 million yen	1,250～1,500 12.5 million yen - 15 million yen	1,500～2,000 15 million yen - 20 million yen	2,000万円 以 上 20 million yen or more	Item
564	427	396	445	209	133	98	Distribution of households
138	114	98	119	55	36	23	Number of tabulated households
2.94	3.23	3.16	3.30	3.34	3.43	3.13	Number of persons per household (persons)
1.72	1.93	1.96	2.05	2.21	2.25	2.05	Number of earners per household (persons)
53.4	53.2	53.7	54.4	56.0	55.0	57.4	Age of household head (years old)
79.5	85.2	83.0	88.3	87.5	91.4	85.0	Households some members of which own electronic money
23.0	19.5	20.1	14.2	10.5	10.5	12.1	One-person
35.8	37.7	34.3	38.0	36.1	37.6	32.8	Two-persons
20.5	28.0	28.4	35.9	40.8	43.3	39.9	Three-or-more-persons
20.5	14.8	17.0	11.7	12.5	8.6	15.0	Households any members of which don't own electronic money
70.2	74.6	73.4	79.3	81.1	85.0	70.7	Households some members of which used electronic money
26,234	29,075	29,288	31,270	37,707	38,882	43,704	Average amount of money per household using electronic money (yen)
2.3	0.7	0.8	1.4	0.6	1.1	1.1	- 999 yen
5.8	6.4	6.5	6.6	4.6	5.6	4.0	1,000- 2,999
4.9	5.0	6.0	4.2	3.5	3.7	4.1	3,000- 4,999
11.7	11.3	11.4	9.3	10.0	10.0	8.1	5,000- 9,999
22.0	23.5	22.4	28.9	25.5	26.4	23.8	10,000- 29,999
9.9	12.9	11.3	11.3	13.5	14.8	9.7	30,000- 49,999
13.8	14.9	15.0	17.7	23.4	23.3	20.1	50,000-
9.2	10.5	9.5	8.8	6.4	6.4	14.0	Households any members of which didn't use electronic money
3,438	4,026	4,475	5,039	5,921	6,512	8,885	Average amount of money per household using electronic money by railway and bus (yen)
4.6	5.3	3.1	4.9	5.3	5.7	2.2	- 999 yen
9.8	11.2	15.3	14.7	10.5	13.1	9.0	1,000- 2,999
6.7	8.5	7.3	8.2	9.3	8.8	7.1	3,000- 4,999
10.0	9.6	10.9	10.7	10.9	16.4	12.4	5,000- 9,999
8.6	10.2	11.6	15.2	20.1	20.0	21.2	10,000-

第２－５表　年間収入階級別電子マネー
Table 2-5 Use State Related to Electronic Money by

2022年平均
2022 Average

項　　目	平均 Average	200万円未満 2 million yen under	200万円以上300万円未満 2 million yen - 3 million yen	300～400 3 million yen - 4 million yen	400～500 4 million yen - 5 million yen	500～600 5 million yen - 6 million yen	600～700 6 million yen - 7 million yen
世帯数分布（抽出率調整）	10,000	748	1,348	1,444	1,195	981	879
集計世帯数	1,876	148	265	281	227	184	162
世帯人員（人）	2.94	2.37	2.37	2.54	2.83	3.10	3.28
有業人員（人）	1.51	0.78	0.76	1.07	1.46	1.68	1.86
世帯主の年齢（歳）	60.7	68.5	69.6	66.6	61.5	57.6	55.2
電子マネーを持っている世帯員がいる	68.8	40.4	47.5	59.0	69.4	73.3	78.5
１人	15.4	16.7	17.7	18.4	18.0	16.9	14.5
２人	35.4	19.3	25.6	34.0	39.2	39.9	41.0
３人以上	17.9	4.2	4.0	6.5	12.1	16.4	22.7
電子マネーを持っている世帯員がいない	31.2	59.6	52.5	41.0	30.6	26.7	21.6
電子マネーを利用した世帯員がいる	59.0	32.0	38.1	49.6	59.1	62.0	68.0
電子マネーを利用した1世帯当たり平均利用金額（円）	28,295	24,237	24,438	25,179	23,665	27,219	28,487
1,000円未満	1.2	1.1	1.1	1.5	1.2	1.2	1.0
1,000円以上 3,000円未満	5.3	4.1	3.8	4.9	6.8	5.7	6.1
3,000　～ 5,000	4.0	1.8	2.7	3.8	4.5	4.2	5.2
5,000　～ 10,000	7.9	4.8	5.2	7.2	7.9	7.9	10.1
10,000　～ 30,000	19.4	10.8	13.0	14.9	19.8	20.8	21.1
30,000　～ 50,000	9.5	4.5	6.2	8.6	9.6	10.0	10.7
50,000円以上	11.7	5.0	6.2	8.7	9.4	12.1	13.8
電子マネーを利用した世帯員がいない	9.7	8.3	9.2	9.3	10.3	11.3	10.4
電子マネーの利用金額のうち鉄道及びバスでの1世帯当たり平均利用金額（円）	3,627	1,989	2,080	2,287	2,821	3,435	3,393
1,000円未満	3.6	2.6	2.3	2.8	3.8	3.8	4.0
1,000円以上 3,000円未満	9.1	5.0	6.4	8.2	8.6	8.4	10.2
3,000　～ 5,000	5.5	2.1	2.8	3.9	5.0	6.2	6.7
5,000　～ 10,000	6.9	3.3	3.4	4.3	6.3	6.0	8.4
10,000円以上	7.6	1.9	2.2	3.7	5.6	7.5	7.8

の利用状況（二人以上の世帯）
Yearly Income Group (Two-or-more-person Households)

(%)

700～800 7 million yen - 8 million yen	800～900 8 million yen - 9 million yen	900～1,000 9 million yen - 10 million yen	1,000～1,250 10 million yen - 12.5 million yen	1,250～1,500 12.5 million yen - 15 million yen	1,500～2,000 15 million yen - 20 million yen	2,000万円 以上 20 million yen or more	Item
733	620	540	664	315	208	132	Distribution of households
134	112	96	118	54	36	23	Number of tabulated households
3.33	3.41	3.46	3.42	3.43	3.45	3.31	Number of persons per household (persons)
1.88	2.00	2.10	2.12	2.27	2.26	2.13	Number of earners per household (persons)
53.9	53.5	54.4	54.3	55.8	54.8	58.3	Age of household head (years old)
81.9	84.3	83.9	87.8	89.0	91.3	87.2	Households some members of which own electronic money
14.0	13.2	11.9	9.8	8.8	9.8	7.7	One-person
43.0	40.8	39.4	40.1	37.8	37.9	35.4	Two-persons
24.5	30.3	32.5	37.7	42.3	43.7	43.9	Three-or-more-persons
18.1	15.7	16.1	12.2	11.1	8.7	12.8	Households any members of which don't own electronic money
71.1	73.5	75.1	78.9	82.3	84.8	77.5	Households some members of which used electronic money
27,453	29,370	31,560	32,245	38,074	39,355	43,704	Average amount of money per household using electronic money (yen)
2.0	0.8	0.9	1.5	0.6	1.1	1.1	- 999 yen
5.5	6.1	5.5	5.8	4.7	5.7	4.2	1,000- 2,999
5.5	5.4	4.3	4.5	3.6	3.7	4.8	3,000- 4,999
10.0	9.8	10.1	8.4	10.3	10.1	8.7	5,000- 9,999
22.8	24.6	24.8	29.1	25.9	25.7	26.3	10,000- 29,999
11.1	12.4	13.0	11.6	12.6	15.0	10.8	30,000- 49,999
14.3	14.4	16.5	18.1	24.6	23.6	21.7	50,000-
10.7	10.7	8.7	8.7	6.6	6.5	9.4	Households any members of which didn't use electronic money
3,389	3,999	4,849	5,114	5,946	6,606	8,885	Average amount of money per household using electronic money by railway and bus (yen)
4.7	5.1	3.6	4.4	5.4	5.7	2.2	- 999 yen
10.4	11.0	12.9	13.7	11.0	13.2	10.1	1,000- 2,999
7.0	7.0	7.5	8.6	9.6	8.9	9.0	3,000- 4,999
8.1	9.8	11.6	10.6	11.3	16.5	13.4	5,000- 9,999
9.2	10.7	13.4	15.4	20.2	20.2	22.8	10,000-

第３－１表　全国・地方・都市階級別特定の財（商品）・
Table 3-1　Monthly Expenditure per Household

2022年平均
2022 Average

項　　目	全国 All Japan	地方 北海道 Hokkaido	東北 Tohoku	関東 Kanto	北陸 Hokuriku	東海 Tokai	近畿 Kinki	中国 Chugoku
世帯数分布（抽出率調整）	10,000	440	764	3,605	406	1,237	1,540	594
集計世帯数	21,903	1,059	1,739	7,127	989	2,622	3,584	1,436
世帯人員（人）	2.23	2.05	2.14	2.24	2.29	2.25	2.29	2.20
有業人員（人）	1.17	1.05	1.16	1.20	1.26	1.20	1.11	1.14
世帯主の年齢（歳）	59.6	60.4	58.1	58.5	58.5	58.5	62.2	60.3
５０品目計	71,020	59,715	64,165	73,913	73,720	74,418	69,045	72,001
通信								
０１　スマートフォン・携帯電話などの通信、通話使用料	9,543	9,364	9,636	9,490	9,930	9,483	9,312	9,936
０２　インターネット接続料	3,721	3,247	2,824	4,069	3,574	3,804	4,056	3,446
０３　スマートフォン・携帯電話の本体価格	1,243	975	1,147	1,483	1,136	1,083	1,131	1,318
旅行関係								
０４　航空運賃	686	853	277	1,016	233	515	468	310
０５　宿泊料	2,049	1,872	1,295	2,758	1,370	1,703	2,229	1,273
０６　パック旅行費（国内）	1,165	760	540	1,569	583	942	1,358	805
０７　パック旅行費（外国）	83	13	-	133	36	75	78	23
教育、教養娯楽								
０８　国公立授業料等（幼稚園～大学、専修学校）	1,254	1,221	914	1,005	2,092	1,434	1,325	1,573
０９　私立授業料等（幼稚園～大学、専修学校）	5,012	2,589	2,533	6,769	2,816	4,611	6,132	2,982
１０　補習教育費	2,394	1,132	903	3,105	1,614	2,274	2,868	2,112
１１　自動車教習料	404	402	364	419	417	452	303	318
１２　スポーツ施設使用料	847	527	475	1,180	644	734	881	529
衣類等								
１３　背広服	381	480	300	457	286	299	352	319
１４　婦人用スーツ･ワンピース	460	260	226	523	479	567	517	331
１５　和服	203	106	81	255	171	171	232	364
１６　腕時計	290	187	237	346	322	186	395	249
１７　装身具（アクセサリー類）	409	324	244	455	346	388	457	482
医療								
１８　出産入院料	146	63	103	183	195	168	137	144
１９　出産以外の入院料	1,507	1,279	1,561	1,514	1,301	1,476	1,634	1,172
家具等								
２０　たんす	85	47	28	96	65	62	89	114
２１　ベッド	221	120	157	227	206	279	171	352
２２　布団	279	187	226	293	338	316	310	165
２３　机･いす（事務用･学習用）	134	64	79	161	109	137	161	97
２４　食器戸棚	85	35	69	104	38	45	123	47
２５　食卓セット	122	84	45	131	70	136	138	132
２６　応接セット	168	128	123	146	253	199	204	135
２７　楽器（部品を含む）	186	81	69	327	115	131	135	119
家電等								
２８　冷蔵庫	692	448	627	644	701	625	681	942
２９　掃除機	293	276	263	315	301	258	286	308
３０　洗濯機	559	447	486	608	588	576	525	428
３１　エアコン	1,203	779	655	1,236	1,465	1,237	1,421	1,251
３２　パソコン（ﾀﾌﾞﾚｯﾄ型を含む。周辺機器・ｿﾌﾄは除く）	997	619	1,082	1,184	749	1,006	939	810
３３　テレビ	650	580	697	620	824	606	623	656
３４　ビデオデッキ	120	138	120	113	95	138	101	125
３５　ゲーム機（ソフトは除く）	120	68	99	154	88	140	93	103
３６　カメラ（交換ﾚﾝｽﾞのみを含む。使い捨てのｶﾒﾗは除く）	133	69	55	245	66	92	84	62
３７　ビデオカメラ	29	4	49	41	17	31	17	17
住宅関係								
３８　家屋に関する設備費･工事費･修理費	5,960	5,205	7,584	5,939	6,470	5,094	5,758	5,612
３９　給排水関係工事費	1,827	1,110	1,795	1,645	2,540	1,865	1,738	2,602
４０　庭・植木の手入れ代	500	125	538	453	689	522	519	639
自動車等関係								
４１　自動車（新車）	9,336	7,606	9,085	8,481	10,502	13,353	7,357	11,032
４２　自動車（中古車）	3,081	4,364	3,962	2,597	3,392	3,641	2,091	4,697
４３　自動車保険料（自賠責）	537	484	604	476	702	631	413	703
４４　自動車保険料（任意）	2,725	2,970	2,890	2,271	3,195	3,343	2,379	3,216
４５　自動車以外の原動機付輸送機器	241	41	127	270	100	292	300	301
４６　自動車整備費	2,989	3,163	3,000	2,822	4,082	3,353	2,359	3,927
その他								
４７　挙式･披露宴費用	431	73	395	300	1,297	550	658	356
４８　葬儀･法事費用	2,463	1,530	2,714	2,498	3,459	2,317	2,793	1,880
４９　信仰関係費	1,183	706	1,062	1,219	1,486	1,037	1,365	1,241
５０　仕送り金	1,873	2,507	1,823	1,575	2,178	2,043	1,353	2,245

サービスの１世帯当たり１か月間の支出（総世帯）
by All Japan, Districts and City Groups (Total Households)

単位 円 In Yen

Districts		都市階級 City Groups				
四国 Shikoku	九州・沖縄 Kyushu & Okinawa	大都市 Major cities	中都市 Middle cities	小都市Ａ Small cities A	小都市Ｂ・町村 Small cities B, Towns & villages	Item
289	1,124	3,049	3,071	2,347	1,534	Distribution of households
714	2,633	5,765	6,901	5,478	3,759	Number of tabulated households
2.22	2.22	2.21	2.24	2.24	2.21	Number of persons per household (persons)
1.09	1.15	1.20	1.15	1.17	1.14	Number of earners per household (persons)
63.4	61.0	57.6	60.0	60.2	62.2	Age of household head (years old)
70,505	68,495	70,710	70,830	71,804	70,930	Total expenditure on specific goods and services (50 items)
						Communication
9,640	9,739	9,394	9,549	9,744	9,525	01 Mobile telephones charges
3,404	3,133	3,946	3,898	3,634	3,055	02 Internet connection charges
879	1,070	1,496	1,175	1,176	976	03 Mobile telephones unit prices
						Travel-related costs
310	787	911	601	698	391	04 Airplane fares
1,053	1,405	2,377	1,929	2,161	1,476	05 Accommodation services
785	935	1,567	1,096	1,021	725	06 Package tour costs (domestic)
-	96	163	50	41	52	07 Package tour costs (overseas)
						Education, Culture and recreation
1,619	1,435	1,203	1,495	1,016	1,238	08 Tuition (kindergarten-university) (public)
2,717	3,350	6,380	4,894	4,527	3,277	09 Tuition (kindergarten-university) (private)
1,997	1,646	3,395	2,360	1,934	1,175	10 Tutorial fees
424	508	433	398	395	375	11 Lesson fees, driving school
596	546	1,154	859	714	420	12 Rental fees for sports facilities
						Clothing
281	377	514	319	346	298	13 Men's suits
374	386	631	405	355	391	14 Women's one-piece dresses and suits
140	92	174	224	253	140	15 Japanese clothing
116	218	425	238	225	229	16 Wrist watches
574	310	511	348	465	247	17 Accessories
						Medical care
130	64	213	132	130	68	18 Delivery fees
1,887	1,567	1,536	1,495	1,447	1,569	19 Hospital charges (excluding delivery)
						Furniture, etc.
59	122	125	75	63	58	20 Chests of drawers
114	253	225	247	197	197	21 Beds
350	241	299	280	271	246	22 Quilts
104	107	164	121	133	101	23 Desks and chairs (for work or study)
23	106	90	83	78	94	24 Sideboards
132	131	136	123	101	123	25 Dining tables and chairs
154	186	187	165	158	151	26 Drawing room suites
190	50	169	314	106	90	27 Musical instruments (including parts of instruments)
						Home electric appliances, etc.
755	929	679	617	762	770	28 Refrigerators
313	283	300	302	285	272	29 Vacuum cleaners
627	568	571	555	542	573	30 Washing machines
1,150	1,201	1,254	1,252	1,171	1,053	31 Air conditioners
1,126	718	1,190	1,082	884	615	32 Personal computers (a)
670	759	690	620	563	764	33 TV
167	139	118	108	151	102	34 Video recorders (DVD or Blu-ray recorder, player, etc.)
99	83	136	94	157	79	35 Video game hardware (excluding software)
73	39	151	165	119	54	36 Cameras (including lenses only, excluding disposable cameras)
2	21	39	23	19	37	37 Video cameras
						Housing
7,964	5,926	5,231	6,217	5,751	7,228	38 House-related equipping/ construction/ repair costs
2,186	2,019	1,541	1,833	2,013	2,099	39 Water supply and drainage construction costs
674	538	394	515	550	607	40 Gardens, trees and plants tending costs
						Motor cars-related costs
11,657	9,334	8,066	8,785	10,638	10,999	41 Automobiles (new)
2,255	3,522	2,213	3,042	3,509	4,242	42 Automobiles (second-hand)
725	581	373	560	627	680	43 Automotive insurance premium (compulsion)
3,396	3,165	2,060	2,849	3,081	3,251	44 Automotive insurance premium (option)
211	193	281	251	203	203	45 Motorized vehicles other than automobiles
3,397	2,909	2,418	3,012	3,265	3,665	46 Automotive maintenance and repairs
						Others
144	382	417	304	426	726	47 Wedding ceremony and reception costs
1,875	2,359	1,949	2,658	2,658	2,794	48 Funeral service costs
654	1,243	1,035	1,131	1,195	1,574	49 Religion-related costs
2,333	2,727	1,793	1,985	1,845	1,859	50 Remittance

(a) including tablet devices, excluding peripherals and software

第３－１表　全国・地方・都市階級別特定の財（商品）・
Table 3-1 Monthly Expenditure per Household by All Japan,

2022年平均
2022 Average

項　目	全国 All Japan	地方 北海道 Hokkaido	東北 Tohoku	関東 Kanto	北陸 Hokuriku	東海 Tokai	近畿 Kinki	中国 Chugoku
世帯数分布（抽出率調整）	10,000	419	667	3,689	390	1,197	1,641	579
集計世帯数	19,797	949	1,560	6,470	901	2,363	3,248	1,300
世帯人員（人）	2.92	2.72	3.04	2.89	3.10	3.01	2.89	2.93
有業人員（人）	1.49	1.38	1.59	1.49	1.65	1.55	1.42	1.47
世帯主の年齢（歳）	60.8	60.3	61.5	60.4	60.2	60.3	61.3	60.7
５０品目計	90,558	76,088	90,415	93,555	97,368	97,058	85,692	87,159
通信								
０１　スマートフォン・携帯電話などの通信、通話使用料	11,971	11,496	13,038	11,800	12,835	11,919	11,368	12,219
０２　インターネット接続料	4,413	3,852	3,675	4,691	4,470	4,438	4,777	4,147
０３　スマートフォン・携帯電話の本体価格	1,480	1,292	1,271	1,672	1,477	1,406	1,448	1,344
旅行関係								
０４　航空運賃	754	1,033	273	1,055	285	526	600	352
０５　宿泊料	2,484	2,176	1,696	3,087	1,790	2,259	2,846	1,487
０６　パック旅行費（国内）	1,472	1,071	813	1,940	948	1,260	1,499	1,044
０７　パック旅行費（外国）	120	21	－	177	63	120	110	36
教育、教養娯楽								
０８　国公立授業料等（幼稚園～大学、専修学校）	1,777	1,718	1,641	1,398	3,407	2,281	1,668	2,295
０９　私立授業料等（幼稚園～大学、専修学校）	7,746	3,918	4,326	10,316	4,550	7,140	8,968	4,684
１０　補習教育費	3,662	1,863	1,608	4,695	2,628	3,525	4,124	3,118
１１　自動車教習料	596	663	643	630	671	676	444	502
１２　スポーツ施設使用料	1,014	575	527	1,433	615	834	1,047	634
衣類等								
１３　背広服	484	426	404	540	314	456	489	442
１４　婦人用スーツ･ワンピース	549	341	332	653	523	510	596	438
１５　和服	255	175	69	362	250	202	275	212
１６　腕時計	373	239	405	425	401	280	454	294
１７　装身具（アクセサリー類）	475	198	280	594	376	385	509	422
医療								
１８　出産入院料	226	105	186	280	244	273	202	232
１９　出産以外の入院料	1,869	1,723	1,788	1,909	1,529	1,899	1,923	1,602
家具等								
２０　たんす	108	52	45	126	101	93	124	93
２１　ベッド	261	194	272	271	195	271	232	340
２２　布団	360	272	313	384	359	383	381	250
２３　机･いす（事務用･学習用）	178	84	122	205	178	186	205	151
２４　食器戸棚	119	49	76	156	62	61	143	52
２５　食卓セット	162	97	78	176	97	197	179	176
２６　応接セット	223	212	179	212	220	249	258	192
２７　楽器（部品を含む）	162	122	124	193	185	186	175	148
家電等								
２８　冷蔵庫	848	596	745	834	810	802	836	960
２９　掃除機	366	403	289	396	369	301	344	376
３０　洗濯機	742	609	675	812	751	851	666	551
３１　エアコン	1,587	1,100	970	1,646	1,848	1,665	1,772	1,616
３２　パソコン（ﾀﾌﾞﾚｯﾄ型を含む。周辺機器・ｿﾌﾄは除く）	1,136	952	1,017	1,380	806	1,054	1,097	963
３３　テレビ	791	815	886	734	856	758	759	837
３４　ビデオデッキ	132	127	134	120	152	153	136	129
３５　ゲーム機（ソフトは除く）	132	111	105	137	122	135	131	151
３６　カメラ（交換ﾚﾝｽﾞのみを含む。使い捨てのｶﾒﾗは除く）	130	114	95	170	106	143	121	99
３７　ビデオカメラ	25	7	22	30	27	28	25	27
住宅関係								
３８　家屋に関する設備費･工事費･修理費	7,353	5,650	10,336	7,614	8,036	7,184	6,767	6,274
３９　給排水関係工事費	2,268	1,697	2,442	2,074	3,021	2,466	2,034	3,506
４０　庭・植木の手入れ代	520	119	695	470	834	585	473	546
自動車等関係								
４１　自動車（新車）	12,931	12,493	14,958	11,532	16,181	16,805	10,270	14,197
４２　自動車（中古車）	3,923	5,040	6,239	3,072	4,185	5,696	2,604	4,136
４３　自動車保険料（自賠責）	673	641	880	595	872	804	528	757
４４　自動車保険料（任意）	3,332	3,365	3,979	2,809	3,928	4,313	2,882	3,603
４５　自動車以外の原動機付輸送機器	301	68	214	272	160	473	342	484
４６　自動車整備費	3,684	3,618	4,238	3,546	4,850	4,136	2,981	3,985
その他								
４７　挙式･披露宴費用	629	117	427	442	2,029	892	852	571
４８　葬儀･法事費用	2,476	1,536	3,037	2,479	3,798	2,521	2,282	2,208
４９　信仰関係費	1,136	835	1,093	1,240	1,639	962	1,210	1,426
５０　仕送り金	2,149	2,111	2,758	1,771	3,218	2,316	1,536	2,855

サービスの１世帯当たり１か月間の支出（二人以上の世帯）
Districts and City Groups (Two-or-more-person Households)

単位 円 In Yen

Districts 四国 Shikoku	九州・沖縄 Kyushu & Okinawa	都市階級 City Groups 大都市 Major cities	中都市 Middle cities	小都市Ａ Small cities A	小都市Ｂ・町村 Small cities B, Towns & villages	Item
297	1, 120	3, 054	3, 129	2, 330	1, 487	Distribution of households
639	2, 368	5, 200	6, 251	4, 969	3, 378	Number of tabulated households
2. 86	2. 92	2. 89	2. 90	2. 96	2. 95	Number of persons per household (persons)
1. 44	1. 49	1. 50	1. 46	1. 51	1. 52	Number of earners per household (persons)
61. 5	61. 5	59. 7	60. 7	61. 1	62. 8	Age of household head (years old)
85, 327	87, 167	91, 169	90, 913	89, 939	89, 519	Total expenditure on specific goods and services (50 items)
						Communication
12, 429	12, 463	11, 744	11, 800	12, 279	12, 316	01 Mobile telephones charges
3, 928	3, 833	4, 574	4, 636	4, 343	3, 723	02 Internet connection charges
1, 268	1, 299	1, 645	1, 485	1, 417	1, 233	03 Mobile telephones unit prices
						Travel-related costs
387	884	1, 135	703	562	382	04 Airplane fares
1, 508	1, 810	3, 135	2, 501	2, 111	1, 696	05 Accommodation services
972	1, 200	1, 950	1, 435	1, 234	940	06 Package tour costs (domestic)
-	150	226	77	65	81	07 Package tour costs (overseas)
						Education, Culture and recreation
2, 453	1, 734	1, 738	2, 076	1, 562	1, 566	08 Tuition (kindergarten-university) (public)
4, 128	5, 259	9, 892	7, 453	7, 029	5, 081	09 Tuition (kindergarten-university) (private)
3, 035	2, 433	5, 240	3, 563	2, 921	1, 790	10 Tutorial fees
638	578	597	604	605	561	11 Lesson fees, driving school
733	639	1, 411	1, 008	835	492	12 Rental fees for sports facilities
						Clothing
375	503	632	440	429	360	13 Men's suits
477	467	765	492	431	406	14 Women's one-piece dresses and suits
91	135	234	292	269	193	15 Japanese clothing
171	297	545	291	268	352	16 Wrist watches
508	403	623	425	460	300	17 Accessories
						Medical care
196	100	333	191	205	110	18 Delivery fees
1, 890	1, 982	1, 858	1, 944	1, 823	1, 811	19 Hospital charges (excluding delivery)
						Furniture, etc.
82	113	146	109	84	64	20 Chests of drawers
175	284	254	267	294	211	21 Beds
490	314	394	349	362	314	22 Quilts
132	135	232	165	136	157	23 Desks and chairs (for work or study)
35	156	131	111	94	150	24 Sideboards
145	151	192	170	130	135	25 Dining tables and chairs
198	237	237	238	192	213	26 Drawing room suites
138	59	177	172	147	135	27 Musical instruments (including parts of instruments)
						Home electric appliances, etc.
915	1, 056	840	834	851	893	28 Refrigerators
365	394	375	386	332	356	29 Vacuum cleaners
775	683	783	749	685	730	30 Washing machines
1, 515	1, 499	1, 680	1, 647	1, 510	1, 392	31 Air conditioners
1, 120	827	1, 276	1, 206	1, 054	830	32 Personal computers (a)
609	995	749	787	757	942	33 TV
120	142	135	130	143	114	34 Video recorders (DVD or Blu-ray recorder, player, etc.)
151	130	151	124	135	108	35 Video game hardware (excluding software)
100	54	158	129	124	81	36 Cameras (including lenses only, excluding disposable cameras)
2	21	22	36	24	11	37 Video cameras
						Housing
7, 567	6, 670	6, 619	7, 686	7, 329	8, 199	38 House-related equipping/ construction/ repair costs
1, 651	2, 410	1, 886	2, 328	2, 564	2, 456	39 Water supply and drainage construction costs
666	573	408	540	602	583	40 Gardens, trees and plants tending costs
						Motor cars-related costs
14, 569	14, 029	11, 372	12, 552	13, 721	15, 681	41 Automobiles (new)
3, 456	4, 886	2, 494	4, 264	4, 590	5, 100	42 Automobiles (second-hand)
810	747	477	687	808	839	43 Automotive insurance premium (compulsion)
3, 595	3, 853	2, 559	3, 425	3, 796	3, 999	44 Automotive insurance premium (option)
231	268	271	321	316	300	45 Motorized vehicles other than automobiles
3, 978	3, 748	2, 992	3, 745	4, 079	4, 360	46 Automotive maintenance and repairs
						Others
222	603	572	458	644	1, 080	47 Wedding ceremony and reception costs
2, 631	2, 359	2, 121	2, 596	2, 452	2, 987	48 Funeral service costs
646	817	1, 199	1, 029	1, 107	1, 280	49 Religion-related costs
3, 055	2, 788	1, 992	2, 258	2, 034	2, 424	50 Remittance

(a) including tablet devices, excluding peripherals and software

第３－２表　世帯主の年齢階級別特定の財（商品）・サービスの
Table 3-2 Monthly Expenditure per Household

2022年平均
2022 Average

項　　目	平均 Average	～29歳 years old	30～39歳 years old	40～49歳 years old	50～59歳 years old	60～69歳 years old
世帯数分布（抽出率調整）	10,000	434	883	1,293	1,901	2,221
集計世帯数	21,903	164	1,418	3,182	4,091	5,440
世帯人員（人）	2.23	1.21	2.40	3.14	2.44	2.14
有業人員（人）	1.17	1.01	1.35	1.65	1.64	1.28
世帯主の年齢（歳）	59.6	25.9	34.4	45.1	54.6	64.8
５０品目計	71,020	28,968	56,446	95,150	97,087	78,265
通信						
０１　スマートフォン・携帯電話などの通信、通話使用料	9,543	5,125	8,759	13,070	12,805	9,984
０２　インターネット接続料	3,721	3,060	3,620	4,575	4,698	4,151
０３　スマートフォン・携帯電話の本体価格	1,243	1,658	1,527	1,946	1,691	1,208
旅行関係						
０４　航空運賃	686	1,328	1,244	928	962	670
０５　宿泊料	2,049	2,168	3,377	2,653	2,231	2,180
０６　パック旅行費（国内）	1,165	398	910	1,354	1,194	1,492
０７　パック旅行費（外国）	83	-	80	82	127	110
教育、教養娯楽						
０８　国公立授業料等（幼稚園～大学、専修学校）	1,254	589	1,311	3,721	2,756	383
０９　私立授業料等（幼稚園～大学、専修学校）	5,012	203	1,461	11,888	14,337	2,105
１０　補習教育費	2,394	227	2,389	9,680	4,016	406
１１　自動車教習料	404	12	81	1,045	1,019	171
１２　スポーツ施設使用料	847	128	487	882	877	1,109
衣類等						
１３　背広服	381	765	386	658	670	296
１４　婦人用スーツ･ワンピース	460	193	493	634	591	509
１５　和服	203	2	107	195	251	290
１６　腕時計	290	236	316	407	432	247
１７　装身具（アクセサリー類）	409	217	319	508	415	605
医療						
１８　出産入院料	146	541	864	169	28	53
１９　出産以外の入院料	1,507	41	279	761	1,354	1,798
家具等						
２０　たんす	85	121	88	143	112	71
２１　ベッド	221	341	255	290	171	258
２２　布団	279	105	226	299	316	353
２３　机･いす（事務用･学習用）	134	188	212	290	148	92
２４　食器戸棚	85	24	150	132	70	129
２５　食卓セット	122	45	170	166	122	152
２６　応接セット	168	1	100	196	209	217
２７　楽器（部品を含む）	186	1,215	92	235	193	161
家電等						
２８　冷蔵庫	692	828	416	851	691	707
２９　掃除機	293	178	227	323	295	314
３０　洗濯機	559	159	562	789	662	562
３１　エアコン	1,203	46	583	1,279	1,332	1,448
３２　パソコン（ﾀﾌﾞﾚｯﾄ型を含む。周辺機器・ｿﾌﾄは除く）	997	857	1,337	1,600	1,468	860
３３　テレビ	650	517	408	667	722	706
３４　ビデオデッキ	120	71	95	122	145	146
３５　ゲーム機（ソフトは除く）	120	237	429	251	113	54
３６　カメラ（交換ﾚﾝｽﾞのみを含む。使い捨てのｶﾒﾗは除く）	133	783	198	144	110	102
３７　ビデオカメラ	29	10	117	29	54	18
住宅関係						
３８　家屋に関する設備費･工事費･修理費	5,960	122	2,133	3,666	5,829	9,076
３９　給排水関係工事費	1,827	4	281	921	1,798	2,858
４０　庭・植木の手入れ代	500	32	96	204	270	712
自動車等関係						
４１　自動車（新車）	9,336	515	10,434	11,146	11,123	12,863
４２　自動車（中古車）	3,081	2,181	3,882	5,047	4,519	2,766
４３　自動車保険料（自賠責）	537	290	324	585	598	653
４４　自動車保険料（任意）	2,725	1,437	1,711	2,903	3,275	3,325
４５　自動車以外の原動機付輸送機器	241	30	188	398	456	225
４６　自動車整備費	2,989	972	2,064	3,350	3,829	3,523
その他						
４７　挙式･披露宴費用	431	503	726	127	756	570
４８　葬儀･法事費用	2,463	-	116	558	1,948	4,522
４９　信仰関係費	1,183	4	187	487	1,025	1,503
５０　仕送り金	1,873	262	629	2,791	4,274	1,552

1世帯当たり1か月間の支出（総世帯）
by Age Group of Household Head (Total Households)

単位 円 In Yen

70～79歳 years old	80歳～ years old	Item
2,506	761	Distribution of households
5,867	1,742	Number of tabulated households
1.89	1.87	Number of persons per household (persons)
0.66	0.38	Number of earners per household (persons)
73.9	83.5	Age of household head (years old)
53,228	43,101	Total expenditure on specific goods and services (50 items)
		Communication
7,150	5,395	01 Mobile telephones charges
2,855	1,902	02 Internet connection charges
647	418	03 Mobile telephones unit prices
		Travel-related costs
231	148	04 Airplane fares
1,366	868	05 Accommodation services
1,087	807	06 Package tour costs (domestic)
56	38	07 Package tour costs (overseas)
		Education, Culture and recreation
77	74	08 Tuition (kindergarten-university) (public)
468	351	09 Tuition (kindergarten-university) (private)
212	189	10 Tutorial fees
98	61	11 Lesson fees, driving school
897	615	12 Rental fees for sports facilities
		Clothing
117	85	13 Men's suits
284	374	14 Women's one-piece dresses and suits
186	115	15 Japanese clothing
195	170	16 Wrist watches
281	289	17 Accessories
		Medical care
27	13	18 Delivery fees
2,043	2,801	19 Hospital charges (excluding delivery)
		Furniture, etc.
49	53	20 Chests of drawers
148	239	21 Beds
247	194	22 Quilts
59	82	23 Desks and chairs (for work or study)
38	33	24 Sideboards
87	59	25 Dining tables and chairs
128	175	26 Drawing room suites
61	56	27 Musical instruments (including parts of instruments)
		Home electric appliances, etc.
707	576	28 Refrigerators
305	275	29 Vacuum cleaners
459	460	30 Washing machines
1,214	1,364	31 Air conditioners
566	323	32 Personal computers (including tablet devices, excluding peripherals and software)
685	524	33 TV
111	67	34 Video recorders (DVD or Blu-ray recorder, player, etc.)
20	19	35 Video game hardware (excluding software)
55	61	36 Cameras (including lenses only, excluding disposable cameras)
3	3	37 Video cameras
		Housing
6,761	6,207	38 House-related equipping/ construction/ repair costs
2,149	2,199	39 Water supply and drainage construction costs
687	1,054	40 Gardens, trees and plants tending costs
		Motor cars-related costs
7,004	2,823	41 Automobiles (new)
1,799	971	42 Automobiles (second-hand)
546	325	43 Automotive insurance premium (compulsion)
2,561	1,725	44 Automotive insurance premium (option)
101	119	45 Motorized vehicles other than automobiles
2,715	1,821	46 Automotive maintenance and repairs
		Others
190	126	47 Wedding ceremony and reception costs
3,029	3,225	48 Funeral service costs
1,617	2,206	49 Religion-related costs
849	1,024	50 Remittance

第３－２表　世帯主の年齢階級別特定の財（商品）・サービスの

Table 3-2 Monthly Expenditure per Household

2022年平均
2022 Average

項　目	平均 Average	～29歳 years old	30～39歳 years old	40～49歳 years old	50～59歳 years old	60～69歳 years old
世帯数分布（抽出率調整）	10,000	66	717	1,624	1,977	2,411
集計世帯数	19,797	126	1,350	3,078	3,817	4,863
世帯人員（人）	2.92	3.10	3.69	3.67	3.17	2.65
有業人員（人）	1.49	1.73	1.71	1.83	2.05	1.62
世帯主の年齢（歳）	60.8	27.1	35.6	45.1	54.5	64.7
５０品目計	90,558	60,565	81,526	108,317	125,127	91,378
通信						
０１　スマートフォン・携帯電話などの通信、通話使用料	11,971	10,470	11,373	14,539	15,738	12,030
０２　インターネット接続料	4,413	3,455	4,336	4,923	5,302	4,817
０３　スマートフォン・携帯電話の本体価格	1,480	1,356	1,702	2,055	2,110	1,478
旅行関係						
０４　航空運賃	754	801	964	1,000	1,198	792
０５　宿泊料	2,484	2,535	3,282	2,958	2,904	2,819
０６　パック旅行費（国内）	1,472	970	1,167	1,532	1,497	1,778
０７　パック旅行費（外国）	120	－	162	104	190	156
教育、教養娯楽						
０８　国公立授業料等（幼稚園～大学、専修学校）	1,777	293	1,852	4,451	3,794	535
０９　私立授業料等（幼稚園～大学、専修学校）	7,746	1,895	2,833	14,701	21,353	2,987
１０　補習教育費	3,662	386	4,416	11,999	5,971	474
１１　自動車教習料	596	126	127	1,298	1,447	210
１２　スポーツ施設使用料	1,014	258	649	954	959	1,204
衣類等						
１３　背広服	484	401	587	740	900	391
１４　婦人用スーツ･ワンピース	549	329	474	722	758	584
１５　和服	255	14	197	243	352	284
１６　腕時計	373	159	504	411	617	332
１７　装身具（アクセサリー類）	475	960	382	548	590	625
医療						
１８　出産入院料	226	5,214	1,670	211	43	62
１９　出産以外の入院料	1,869	399	516	805	1,576	2,031
家具等						
２０　たんす	108	43	146	173	147	90
２１　ベッド	261	164	429	333	234	272
２２　布団	360	444	311	342	404	430
２３　机･いす（事務用･学習用）	178	164	337	337	198	127
２４　食器戸棚	119	247	246	164	97	154
２５　食卓セット	162	424	294	194	176	176
２６　応接セット	223	14	162	246	278	268
２７　楽器（部品を含む）	162	40	177	280	249	116
家電等						
２８　冷蔵庫	848	349	666	1,021	863	878
２９　掃除機	366	572	405	372	371	369
３０　洗濯機	742	1,655	1,003	948	802	685
３１　エアコン	1,587	457	1,112	1,562	1,747	1,705
３２　パソコン（ﾀﾌﾞﾚｯﾄ型を含む。周辺機器・ｿﾌﾄは除く）	1,136	1,385	880	1,567	1,811	990
３３　テレビ	791	694	573	800	834	845
３４　ビデオデッキ	132	61	113	124	140	164
３５　ゲーム機（ソフトは除く）	132	379	370	299	145	72
３６　カメラ（交換ﾚﾝｽﾞのみを含む。使い捨てのｶﾒﾗは除く）	130	604	129	164	159	132
３７　ビデオカメラ	25	92	93	36	29	21
住宅関係						
３８　家屋に関する設備費･工事費･修理費	7,353	790	3,599	4,476	7,098	9,704
３９　給排水関係工事費	2,268	15	526	1,147	2,339	2,998
４０　庭・植木の手入れ代	520	330	158	207	323	710
自動車等関係						
４１　自動車（新車）	12,931	4,971	18,368	13,180	14,995	16,055
４２　自動車（中古車）	3,923	6,855	6,657	4,975	5,386	3,433
４３　自動車保険料（自賠責）	673	471	531	627	731	783
４４　自動車保険料（任意）	3,332	2,417	2,325	3,147	3,902	3,910
４５　自動車以外の原動機付輸送機器	301	421	365	304	532	303
４６　自動車整備費	3,684	1,468	2,460	3,741	4,389	4,128
その他						
４７　挙式･披露宴費用	629	4,871	1,090	159	1,137	812
４８　葬儀･法事費用	2,476	－	222	664	2,192	4,263
４９　信仰関係費	1,136	14	126	357	1,065	1,347
５０　仕送り金	2,149	131	461	2,178	5,058	1,852

1世帯当たり1か月間の支出（二人以上の世帯）
by Age Group of Household Head (Two-or-more-person Households)

単位 円　In Yen

70～79歳 years old	80歳～ years old	Item
2,464	742	Distribution of households
5,069	1,494	Number of tabulated households
2.41	2.39	Number of persons per household (persons)
0.91	0.56	Number of earners per household (persons)
73.8	83.4	Age of household head (years old)
64,533	54,141	Total expenditure on specific goods and services (50 items)
		Communication
8,921	6,964	01 Mobile telephones charges
3,558	2,619	02 Internet connection charges
816	561	03 Mobile telephones unit prices
		Travel-related costs
304	202	04 Airplane fares
1,658	1,191	05 Accommodation services
1,315	1,125	06 Package tour costs (domestic)
52	60	07 Package tour costs (overseas)
		Education, Culture and recreation
121	119	08 Tuition (kindergarten-university) (public)
651	562	09 Tuition (kindergarten-university) (private)
313	304	10 Tutorial fees
128	92	11 Lesson fees, driving school
1,106	783	12 Rental fees for sports facilities
		Clothing
151	133	13 Men's suits
312	367	14 Women's one-piece dresses and suits
222	109	15 Japanese clothing
207	219	16 Wrist watches
268	266	17 Accessories
		Medical care
43	21	18 Delivery fees
2,612	3,400	19 Hospital charges (excluding delivery)
		Furniture, etc.
47	83	20 Chests of drawers
184	222	21 Beds
311	248	22 Quilts
76	125	23 Desks and chairs (for work or study)
52	53	24 Sideboards
100	76	25 Dining tables and chairs
158	171	26 Drawing room suites
86	77	27 Musical instruments (including parts of instruments)
		Home electric appliances, etc.
826	631	28 Refrigerators
345	340	29 Vacuum cleaners
545	630	30 Washing machines
1,488	1,693	31 Air conditioners
724	444	32 Personal computers (including tablet devices, excluding peripherals and software)
808	633	33 TV
118	97	34 Video recorders (DVD or Blu-ray recorder, player, etc.)
32	30	35 Video game hardware (excluding software)
75	98	36 Cameras (including lenses only, excluding disposable cameras)
4	4	37 Video cameras
		Housing
8,067	8,450	38 House-related equipping/ construction/ repair costs
2,628	2,845	39 Water supply and drainage construction costs
648	1,031	40 Gardens, trees and plants tending costs
		Motor cars-related costs
9,409	3,741	41 Automobiles (new)
2,479	1,194	42 Automobiles (second-hand)
675	418	43 Automotive insurance premium (compulsion)
3,090	2,195	44 Automotive insurance premium (option)
141	147	45 Motorized vehicles other than automobiles
3,416	2,507	46 Automotive maintenance and repairs
		Others
215	204	47 Wedding ceremony and reception costs
2,742	2,836	48 Funeral service costs
1,396	2,516	49 Religion-related costs
890	1,310	50 Remittance

第３－３表　世帯主の勤めか自営かの別特定の財（商品）

Table 3-3 Monthly Expenditure per Household by

2022年平均
2022 Average

項　目	平均 Average	就業 Occupation 雇用されている人（勤労者） Employee	会社などの役員 Corporative administrators	自営業主・その他 (a)	非就業（無職） No-occupation
世帯数分布（抽出率調整）	10,000	5,223	409	966	3,402
集計世帯数	21,903	11,139	1,045	2,368	7,351
世帯人員（人）	2.23	2.43	2.64	2.43	1.80
有業人員（人）	1.17	1.59	1.80	1.76	0.27
世帯主の年齢（歳）	59.6	50.9	57.7	62.7	72.4
５０品目計	71,020	79,971	105,028	75,275	52,003
通信					
０１　スマートフォン・携帯電話などの通信、通話使用料	9,543	11,019	11,531	10,707	6,709
０２　インターネット接続料	3,721	4,263	4,229	3,689	2,837
０３　スマートフォン・携帯電話の本体価格	1,243	1,618	1,803	1,132	628
旅行関係					
０４　航空運賃	686	932	1,493	516	261
０５　宿泊料	2,049	2,388	4,641	1,921	1,253
０６　パック旅行費（国内）	1,165	1,157	2,185	1,241	1,034
０７　パック旅行費（外国）	83	85	271	133	45
教育、教養娯楽					
０８　国公立授業料等（幼稚園～大学、専修学校）	1,254	1,961	2,000	803	210
０９　私立授業料等（幼稚園～大学、専修学校）	5,012	7,396	10,604	5,395	571
１０　補習教育費	2,394	3,793	3,813	1,879	222
１１　自動車教習料	404	595	603	398	88
１２　スポーツ施設使用料	847	784	1,467	803	884
衣類等					
１３　背広服	381	510	1,100	353	106
１４　婦人用スーツ･ワンピース	460	497	1,121	599	285
１５　和服	203	206	755	274	112
１６　腕時計	290	333	893	357	132
１７　装身具（アクセサリー類）	409	412	1,483	435	267
医療					
１８　出産入院料	146	234	133	82	32
１９　出産以外の入院料	1,507	1,099	2,124	1,653	2,022
家具等					
２０　たんす	85	101	168	81	51
２１　ベッド	221	235	384	186	188
２２　布団	279	302	414	250	234
２３　机･いす（事務用･学習用）	134	171	201	157	61
２４　食器戸棚	85	115	49	55	53
２５　食卓セット	122	147	154	94	87
２６　応接セット	168	170	420	136	143
２７　楽器（部品を含む）	186	253	141	118	109
家電等					
２８　冷蔵庫	692	681	738	762	683
２９　掃除機	293	293	448	319	267
３０　洗濯機	559	630	690	645	409
３１　エアコン	1,203	1,163	1,859	1,292	1,160
３２　パソコン（ﾀﾌﾞﾚｯﾄ型を含む。周辺機器・ｿﾌﾄは除く）	997	1,269	1,177	1,049	544
３３　テレビ	650	660	939	643	605
３４　ビデオデッキ	120	125	139	152	102
３５　ゲーム機（ソフトは除く）	120	179	136	107	30
３６　カメラ（交換ﾚﾝｽﾞのみを含む。使い捨てのｶﾒﾗは除く）	133	165	122	179	70
３７　ビデオカメラ	29	33	40	67	11
住宅関係					
３８　家屋に関する設備費･工事費･修理費	5,960	5,070	6,744	6,485	7,078
３９　給排水関係工事費	1,827	1,527	2,342	2,193	2,124
４０　庭・植木の手入れ代	500	302	1,058	729	670
自動車等関係					
４１　自動車（新車）	9,336	10,876	12,487	9,606	6,544
４２　自動車（中古車）	3,081	4,053	4,595	2,747	1,504
４３　自動車保険料（自賠責）	537	557	501	661	475
４４　自動車保険料（任意）	2,725	2,907	3,150	3,182	2,262
４５　自動車以外の原動機付輸送機器	241	311	743	193	85
４６　自動車整備費	2,989	3,286	2,798	3,564	2,392
その他					
４７　挙式･披露宴費用	431	528	1,009	687	140
４８　葬儀･法事費用	2,463	1,539	2,653	3,208	3,642
４９　信仰関係費	1,183	694	1,408	1,577	1,796
５０　仕送り金	1,873	2,347	5,074	1,786	787

(a) Individual proprietors and others

・サービスの１世帯当たり１か月間の支出（総世帯）
Occupation of Household Head (Total Households)

単位　円　　In Yen

Item
Distribution of households
Number of tabulated households
Number of persons per household (persons)
Number of earners per household (persons)
Age of household head (years old)
Total expenditure on specific goods and services (50 items)
Communication
01 Mobile telephones charges
02 Internet connection charges
03 Mobile telephones unit prices
Travel-related costs
04 Airplane fares
05 Accommodation services
06 Package tour costs (domestic)
07 Package tour costs (overseas)
Education, Culture and recreation
08 Tuition (kindergarten-university) (public)
09 Tuition (kindergarten-university) (private)
10 Tutorial fees
11 Lesson fees, driving school
12 Rental fees for sports facilities
Clothing
13 Men's suits
14 Women's one-piece dresses and suits
15 Japanese clothing
16 Wrist watches
17 Accessories
Medical care
18 Delivery fees
19 Hospital charges (excluding delivery)
Furniture, etc.
20 Chests of drawers
21 Beds
22 Quilts
23 Desks and chairs (for work or study)
24 Sideboards
25 Dining tables and chairs
26 Drawing room suites
27 Musical instruments (including parts of instruments)
Home electric appliances, etc.
28 Refrigerators
29 Vacuum cleaners
30 Washing machines
31 Air conditioners
32 Personal computers (including tablet devices, excluding peripherals and software)
33 TV
34 Video recorders (DVD or Blu-ray recorder, player, etc.)
35 Video game hardware (excluding software)
36 Cameras (including lenses only, excluding disposable cameras)
37 Video cameras
Housing
38 House-related equipping/ construction/ repair costs
39 Water supply and drainage construction costs
40 Gardens, trees and plants tending costs
Motor cars-related costs
41 Automobiles (new)
42 Automobiles (second-hand)
43 Automotive insurance premium (compulsion)
44 Automotive insurance premium (option)
45 Motorized vehicles other than automobiles
46 Automotive maintenance and repairs
Others
47 Wedding ceremony and reception costs
48 Funeral service costs
49 Religion-related costs
50 Remittance

第３－３表　世帯主の勤めか自営かの別特定の財（商品）
Table 3-3 Monthly Expenditure per Household by

2022年平均
2022 Average

項　目	平均 Average	就業 Occupation 雇用されている人（勤労者） Employee	会社などの役員 Corporative administrators	自営業主・その他 (a)	非就業（無職） No-occupation
世帯数分布（抽出率調整）	10,000	5,362	517	1,103	3,017
集計世帯数	19,797	10,414	1,008	2,204	6,171
世帯人員（人）	2.92	3.19	3.03	2.95	2.41
有業人員（人）	1.49	1.90	1.99	2.04	0.48
世帯主の年齢（歳）	60.8	53.3	58.7	63.2	73.6
５０品目計	90,558	102,692	115,692	88,616	65,365
通信					
０１　スマートフォン・携帯電話などの通信、通話使用料	11,971	13,631	12,838	12,591	8,646
０２　インターネット接続料	4,413	4,909	4,570	4,103	3,619
０３　スマートフォン・携帯電話の本体価格	1,480	1,855	1,741	1,291	840
旅行関係					
０４　航空運賃	754	939	1,669	547	347
０５　宿泊料	2,484	2,782	5,218	2,252	1,571
０６　パック旅行費（国内）	1,472	1,466	2,554	1,454	1,304
０７　パック旅行費（外国）	120	128	338	179	49
教育、教養娯楽					
０８　国公立授業料等（幼稚園～大学、専修学校）	1,777	2,774	2,058	1,097	210
０９　私立授業料等（幼稚園～大学、専修学校）	7,746	11,217	12,880	7,216	888
１０　補習教育費	3,662	5,663	4,659	2,515	356
１１　自動車教習料	596	852	746	544	131
１２　スポーツ施設使用料	1,014	935	1,703	841	1,099
衣類等					
１３　背広服	484	636	1,171	421	118
１４　婦人用スーツ･ワンピース	549	610	980	698	312
１５　和服	255	244	926	359	120
１６　腕時計	373	427	1,096	433	131
１７　装身具（アクセサリー類）	475	501	1,513	468	254
医療					
１８　出産入院料	226	356	164	112	46
１９　出産以外の入院料	1,869	1,366	2,479	1,926	2,639
家具等					
２０　たんす	108	125	208	106	60
２１　ベッド	261	285	475	234	192
２２　布団	360	394	498	306	298
２３　机･いす（事務用･学習用）	178	229	162	153	97
２４　食器戸棚	119	160	61	66	75
２５　食卓セット	162	209	187	127	88
２６　応接セット	223	245	384	178	173
２７　楽器（部品を含む）	162	202	176	149	94
家電等					
２８　冷蔵庫	848	891	807	901	760
２９　掃除機	366	378	527	374	313
３０　洗濯機	742	837	856	741	553
３１　エアコン	1,587	1,573	2,162	1,469	1,554
３２　パソコン（ﾀﾌﾞﾚｯﾄ型を含む。周辺機器・ｿﾌﾄは除く）	1,136	1,368	1,140	1,039	757
３３　テレビ	791	788	983	827	749
３４　ビデオデッキ	132	135	171	128	121
３５　ゲーム機（ソフトは除く）	132	187	169	111	37
３６　カメラ（交換ﾚﾝｽﾞのみを含む。使い捨てのｶﾒﾗは除く）	130	153	153	81	102
３７　ビデオカメラ	25	37	49	11	5
住宅関係					
３８　家屋に関する設備費･工事費･修理費	7,353	6,599	8,221	6,439	8,873
３９　給排水関係工事費	2,268	1,993	2,705	2,400	2,632
４０　庭・植木の手入れ代	520	322	1,180	802	655
自動車等関係					
４１　自動車（新車）	12,931	14,887	13,472	12,665	9,462
４２　自動車（中古車）	3,923	4,829	4,878	3,734	2,214
４３　自動車保険料（自賠責）	673	696	525	744	633
４４　自動車保険料（任意）	3,332	3,461	3,477	3,622	2,970
４５　自動車以外の原動機付輸送機器	301	387	514	248	132
４６　自動車整備費	3,684	3,978	3,022	3,986	3,168
その他					
４７　挙式･披露宴費用	629	760	1,252	941	174
４８　葬儀･法事費用	2,476	1,849	3,091	2,999	3,282
４９　信仰関係費	1,136	730	1,525	1,744	1,564
５０　仕送り金	2,149	2,716	3,359	2,247	899

(a) Individual proprietors and others

・サービスの１世帯当たり１か月間の支出（二人以上の世帯）
Occupation of Household Head (Two-or-more-person Households)

単位 円　In Yen

Item
Distribution of households
Number of tabulated households
Number of persons per household (persons)
Number of earners per household (persons)
Age of household head (years old)
Total expenditure on specific goods and services (50 items)
Communication
01 Mobile telephones charges
02 Internet connection charges
03 Mobile telephones unit prices
Travel-related costs
04 Airplane fares
05 Accommodation services
06 Package tour costs (domestic)
07 Package tour costs (overseas)
Education, Culture and recreation
08 Tuition (kindergarten-university) (public)
09 Tuition (kindergarten-university) (private)
10 Tutorial fees
11 Lesson fees, driving school
12 Rental fees for sports facilities
Clothing
13 Men's suits
14 Women's one-piece dresses and suits
15 Japanese clothing
16 Wrist watches
17 Accessories
Medical care
18 Delivery fees
19 Hospital charges (excluding delivery)
Furniture, etc.
20 Chests of drawers
21 Beds
22 Quilts
23 Desks and chairs (for work or study)
24 Sideboards
25 Dining tables and chairs
26 Drawing room suites
27 Musical instruments (including parts of instruments)
Home electric appliances, etc.
28 Refrigerators
29 Vacuum cleaners
30 Washing machines
31 Air conditioners
32 Personal computers (including tablet devices, excluding peripherals and software)
33 TV
34 Video recorders (DVD or Blu-ray recorder, player, etc.)
35 Video game hardware (excluding software)
36 Cameras (including lenses only, excluding disposable cameras)
37 Video cameras
Housing
38 House-related equipping/ construction/ repair costs
39 Water supply and drainage construction costs
40 Gardens, trees and plants tending costs
Motor cars-related costs
41 Automobiles (new)
42 Automobiles (second-hand)
43 Automotive insurance premium (compulsion)
44 Automotive insurance premium (option)
45 Motorized vehicles other than automobiles
46 Automotive maintenance and repairs
Others
47 Wedding ceremony and reception costs
48 Funeral service costs
49 Religion-related costs
50 Remittance

第３－４表　世帯人員・就業者数別特定の財（商品）

Table 3-4 Monthly Expenditure per Household by Number

2022年平均
2022 Average

項　　目	平均 Average	世帯人員別 by Number of household members 1人 person	2人 persons	3人 persons	4人 persons	5人 persons	6人～ persons
世帯数分布（抽出率調整）	10,000	3,612	2,980	1,663	1,227	374	144
集計世帯数	21,903	2,106	9,767	4,878	3,534	1,179	439
世帯人員（人）	2.23	1.00	2.00	3.00	4.00	5.00	6.39
有業人員（人）	1.17	0.59	0.94	1.75	2.11	2.26	2.79
世帯主の年齢（歳）	59.6	57.6	67.3	59.4	50.9	49.7	55.2
５０品目計	71,020	36,464	68,030	95,145	120,850	133,004	134,768
通信							
０１　スマートフォン・携帯電話などの通信、通話使用料	9,543	5,250	8,688	13,064	15,726	17,456	21,036
０２　インターネット接続料	3,721	2,497	3,845	4,727	5,074	5,211	4,821
０３　スマートフォン・携帯電話の本体価格	1,243	823	970	1,710	2,114	2,240	2,010
旅行関係							
０４　航空運賃	686	564	620	775	1,082	777	440
０５　宿泊料	2,049	1,279	2,277	2,472	2,910	2,973	2,008
０６　パック旅行費（国内）	1,165	625	1,445	1,479	1,576	1,256	1,607
０７　パック旅行費（外国）	83	18	108	93	144	159	401
教育、教養娯楽							
０８　国公立授業料等（幼稚園～大学、専修学校）	1,254	330	276	1,519	4,227	5,404	5,531
０９　私立授業料等（幼稚園～大学、専修学校）	5,012	171	1,050	8,490	18,414	19,843	15,167
１０　補習教育費	2,394	151	231	2,769	10,204	12,165	7,136
１１　自動車教習料	404	65	116	645	1,217	1,955	1,098
１２　スポーツ施設使用料	847	553	1,172	852	925	895	664
衣類等							
１３　背広服	381	199	274	524	769	969	658
１４　婦人用スーツ･ワンピース	460	303	427	592	724	700	664
１５　和服	203	110	174	309	327	445	179
１６　腕時計	290	145	278	409	433	624	744
１７　装身具（アクセサリー類）	409	293	437	571	493	301	466
医療							
１８　出産入院料	146	6	44	286	341	749	976
１９　出産以外の入院料	1,507	869	2,110	1,978	1,252	1,541	1,729
家具等							
２０　たんす	85	44	76	120	162	123	120
２１　ベッド	221	149	209	234	354	395	477
２２　布団	279	134	354	366	374	356	325
２３　机･いす（事務用･学習用）	134	55	101	168	304	389	241
２４　食器戸棚	85	26	97	125	154	162	111
２５　食卓セット	122	50	135	156	222	166	276
２６　応接セット	168	70	205	208	259	215	478
２７　楽器（部品を含む）	186	229	120	186	236	177	96
家電等							
２８　冷蔵庫	692	416	732	914	865	1,160	1,532
２９　掃除機	293	164	331	377	394	465	459
３０　洗濯機	559	236	580	822	906	925	1,288
３１　エアコン	1,203	522	1,456	1,611	1,783	1,623	2,233
３２　パソコン（ﾀﾌﾞﾚｯﾄ型を含む。周辺機器・ｿﾌﾄは除く）	997	750	752	1,204	1,697	1,791	1,780
３３　テレビ	650	400	752	879	774	640	1,097
３４　ビデオデッキ	120	99	122	137	137	153	193
３５　ゲーム機（ソフトは除く）	120	97	49	147	244	292	336
３６　カメラ（交換ﾚﾝｽﾞのみを含む。使い捨てのｶﾒﾗは除く）	133	138	126	145	129	132	38
３７　ビデオカメラ	29	36	10	29	40	75	39
住宅関係							
３８　家屋に関する設備費･工事費･修理費	5,960	3,502	7,986	7,032	7,058	5,025	6,507
３９　給排水関係工事費	1,827	1,050	2,398	2,466	1,650	2,030	3,165
４０　庭・植木の手入れ代	500	464	603	548	318	483	316
自動車等関係							
４１　自動車（新車）	9,336	2,981	9,839	14,304	15,931	18,420	21,084
４２　自動車（中古車）	3,081	1,592	2,628	4,210	5,216	6,972	8,463
４３　自動車保険料（自賠責）	537	296	602	697	730	818	1,023
４４　自動車保険料（任意）	2,725	1,650	2,875	3,518	3,804	3,972	4,975
４５　自動車以外の原動機付輸送機器	241	135	178	369	411	512	605
４６　自動車整備費	2,989	1,759	3,236	3,810	4,277	4,398	4,615
その他							
４７　挙式･披露宴費用	431	83	749	699	303	610	151
４８　葬儀･法事費用	2,463	2,440	2,851	2,667	1,402	1,998	2,889
４９　信仰関係費	1,183	1,265	1,398	1,130	598	840	1,113
５０　仕送り金	1,873	1,381	1,040	2,606	2,167	2,023	1,410

・サービスの１世帯当たり１か月間の支出（総世帯）
of Household Members and Employed Persons (Total Households)

単位 円 In Yen

就業者数別 by Employed Persons				Item
０人 person	１人 person	２人 persons	３人～ persons	
2,676	3,984	2,552	789	Distribution of households
5,090	6,684	7,781	2,348	Number of tabulated households
1.51	1.78	3.14	3.99	Number of persons per household (persons)
...	1.00	2.00	3.27	Number of earners per household (persons)
72.5	54.4	54.3	59.4	Age of household head (years old)
45,674	56,833	103,127	124,809	Total expenditure on specific goods and services (50 items)
				Communication
5,444	8,040	13,318	18,835	01 Mobile telephones charges
2,495	3,601	4,749	5,163	02 Internet connection charges
503	1,203	1,769	2,246	03 Mobile telephones unit prices
				Travel-related costs
242	756	988	866	04 Airplane fares
1,169	1,937	3,011	2,492	05 Accommodation services
969	910	1,648	1,569	06 Package tour costs (domestic)
51	45	152	161	07 Package tour costs (overseas)
				Education, Culture and recreation
169	819	2,744	2,318	08 Tuition (kindergarten-university) (public)
304	2,601	10,983	13,821	09 Tuition (kindergarten-university) (private)
124	1,614	6,154	1,869	10 Tutorial fees
49	227	800	1,218	11 Lesson fees, driving school
870	756	984	793	12 Rental fees for sports facilities
				Clothing
88	334	651	743	13 Men's suits
240	391	691	806	14 Women's one-piece dresses and suits
111	150	285	510	15 Japanese clothing
124	242	436	627	16 Wrist watches
251	354	615	557	17 Accessories
				Medical care
24	124	300	181	18 Delivery fees
1,855	1,191	1,565	1,754	19 Hospital charges (excluding delivery)
				Furniture, etc.
46	69	138	126	20 Chests of drawers
185	165	314	315	21 Beds
207	233	392	385	22 Quilts
46	117	241	167	23 Desks and chairs (for work or study)
49	59	143	160	24 Sideboards
76	99	191	167	25 Dining tables and chairs
132	124	250	242	26 Drawing room suites
115	225	184	236	27 Musical instruments (including parts of instruments)
				Home electric appliances, etc.
630	554	831	1,145	28 Refrigerators
251	247	374	409	29 Vacuum cleaners
360	436	868	855	30 Washing machines
1,034	945	1,542	1,984	31 Air conditioners
440	1,053	1,392	1,324	32 Personal computers (including tablet devices, excluding peripherals and software)
563	586	774	867	33 TV
97	117	134	166	34 Video recorders (DVD or Blu-ray recorder, player, etc.)
20	130	195	162	35 Video game hardware (excluding software)
54	175	145	140	36 Cameras (including lenses only, excluding disposable cameras)
13	37	35	28	37 Video cameras
				Housing
6,438	4,933	6,325	8,349	38 House-related equipping/ construction/ repair costs
1,867	1,435	2,015	3,081	39 Water supply and drainage construction costs
666	417	434	564	40 Gardens, trees and plants tending costs
				Motor cars-related costs
5,566	6,233	14,454	21,285	41 Automobiles (new)
1,166	2,463	4,752	7,288	42 Automobiles (second-hand)
409	454	677	941	43 Automotive insurance premium (compulsion)
1,965	2,391	3,381	4,861	44 Automotive insurance premium (option)
62	201	364	658	45 Motorized vehicles other than automobiles
2,059	2,695	3,920	4,622	46 Automotive maintenance and repairs
				Others
99	257	834	1,141	47 Wedding ceremony and reception costs
3,508	1,935	1,983	3,131	48 Funeral service costs
1,774	976	867	1,248	49 Religion-related costs
696	1,782	3,138	2,235	50 Remittance

第３－４表　世帯人員・就業者数別特定の財（商品）
Table 3-4 Monthly Expenditure per Household by Number

2022年平均
2022 Average

項　目	平均 Average	世帯人員別 by Number of household members 1人 person	2人 persons	3人 persons	4人 persons	5人 persons	6人～ persons
世帯数分布（抽出率調整）	10,000	...	4,665	2,603	1,921	586	225
集計世帯数	19,797	...	9,767	4,878	3,534	1,179	439
世帯人員（人）	2.92	...	2.00	3.00	4.00	5.00	6.39
有業人員（人）	1.49	...	0.94	1.75	2.11	2.26	2.79
世帯主の年齢（歳）	60.8	...	67.3	59.4	50.9	49.7	55.2
５０品目計	90,558	...	68,030	95,145	120,850	133,004	134,768
通信							
０１　スマートフォン・携帯電話などの通信、通話使用料	11,971	...	8,688	13,064	15,726	17,456	21,036
０２　インターネット接続料	4,413	...	3,845	4,727	5,074	5,211	4,821
０３　スマートフォン・携帯電話の本体価格	1,480	...	970	1,710	2,114	2,240	2,010
旅行関係							
０４　航空運賃	754	...	620	775	1,082	777	440
０５　宿泊料	2,484	...	2,277	2,472	2,910	2,973	2,008
０６　パック旅行費（国内）	1,472	...	1,445	1,479	1,576	1,256	1,607
０７　パック旅行費（外国）	120	...	108	93	144	159	401
教育、教養娯楽							
０８　国公立授業料等（幼稚園～大学、専修学校）	1,777	...	276	1,519	4,227	5,404	5,531
０９　私立授業料等（幼稚園～大学、専修学校）	7,746	...	1,050	8,490	18,414	19,843	15,167
１０　補習教育費	3,662	...	231	2,769	10,204	12,165	7,136
１１　自動車教習料	596	...	116	645	1,217	1,955	1,098
１２　スポーツ施設使用料	1,014	...	1,172	852	925	895	664
衣類等							
１３　背広服	484	...	274	524	769	969	658
１４　婦人用スーツ･ワンピース	549	...	427	592	724	700	664
１５　和服	255	...	174	309	327	445	179
１６　腕時計	373	...	278	409	433	624	744
１７　装身具（アクセサリー類）	475	...	437	571	493	301	466
医療							
１８　出産入院料	226	...	44	286	341	749	976
１９　出産以外の入院料	1,869	...	2,110	1,978	1,252	1,541	1,729
家具等							
２０　たんす	108	...	76	120	162	123	120
２１　ベッド	261	...	209	234	354	395	477
２２　布団	360	...	354	366	374	356	325
２３　机･いす（事務用･学習用）	178	...	101	168	304	389	241
２４　食器戸棚	119	...	97	125	154	162	111
２５　食卓セット	162	...	135	156	222	166	276
２６　応接セット	223	...	205	208	259	215	478
２７　楽器（部品を含む）	162	...	120	186	236	177	96
家電等							
２８　冷蔵庫	848	...	732	914	865	1,160	1,532
２９　掃除機	366	...	331	377	394	465	459
３０　洗濯機	742	...	580	822	906	925	1,288
３１　エアコン	1,587	...	1,456	1,611	1,783	1,623	2,233
３２　パソコン（ﾀﾌﾞﾚｯﾄ型を含む。周辺機器・ｿﾌﾄは除く）	1,136	...	752	1,204	1,697	1,791	1,780
３３　テレビ	791	...	752	879	774	640	1,097
３４　ビデオデッキ	132	...	122	137	137	153	193
３５　ゲーム機（ソフトは除く）	132	...	49	147	244	292	336
３６　カメラ（交換ﾚﾝｽﾞのみを含む。使い捨てのｶﾒﾗは除く）	130	...	126	145	129	132	38
３７　ビデオカメラ	25	...	10	29	40	75	39
住宅関係							
３８　家屋に関する設備費･工事費･修理費	7,353	...	7,986	7,032	7,058	5,025	6,507
３９　給排水関係工事費	2,268	...	2,398	2,466	1,650	2,030	3,165
４０　庭・植木の手入れ代	520	...	603	548	318	483	316
自動車等関係							
４１　自動車（新車）	12,931	...	9,839	14,304	15,931	18,420	21,084
４２　自動車（中古車）	3,923	...	2,628	4,210	5,216	6,972	8,463
４３　自動車保険料（自賠責）	673	...	602	697	730	818	1,023
４４　自動車保険料（任意）	3,332	...	2,875	3,518	3,804	3,972	4,975
４５　自動車以外の原動機付輸送機器	301	...	178	369	411	512	605
４６　自動車整備費	3,684	...	3,236	3,810	4,277	4,398	4,615
その他							
４７　挙式･披露宴費用	629	...	749	699	303	610	151
４８　葬儀･法事費用	2,476	...	2,851	2,667	1,402	1,998	2,889
４９　信仰関係費	1,136	...	1,398	1,130	598	840	1,113
５０　仕送り金	2,149	...	1,940	2,606	2,167	2,023	1,410

・サービスの１世帯当たり１か月間の支出（二人以上の世帯）
of Household Members and Employed Persons (Two-or-more-person Households)

単位 円　In Yen

就業者数別 by Employed Persons 0人 person	1人 person	2人 persons	3人～ persons	Item
1,880	2,891	3,995	1,235	Distribution of households
3,910	5,759	7,781	2,348	Number of tabulated households
2.13	2.67	3.14	3.99	Number of persons per household (persons)
...	1.00	2.00	3.27	Number of earners per household (persons)
74.6	61.3	54.3	59.4	Age of household head (years old)
59,367	78,847	103,127	124,809	Total expenditure on specific goods and services (50 items)
				Communication
6,999	10,412	13,318	18,835	01 Mobile telephones charges
3,328	4,334	4,749	5,163	02 Internet connection charges
688	1,269	1,769	2,246	03 Mobile telephones unit prices
				Travel-related costs
358	643	988	866	04 Airplane fares
1,576	2,342	3,011	2,492	05 Accommodation services
1,323	1,286	1,648	1,569	06 Package tour costs (domestic)
66	93	152	161	07 Package tour costs (overseas)
				Education, Culture and recreation
118	1,288	2,744	2,318	08 Tuition (kindergarten-university) (public)
483	5,404	10,983	13,821	09 Tuition (kindergarten-university) (private)
220	3,223	6,154	1,869	10 Tutorial fees
73	386	800	1,218	11 Lesson fees, driving school
1,197	1,030	984	793	12 Rental fees for sports facilities
				Clothing
86	401	651	743	13 Men's suits
228	450	691	806	14 Women's one-piece dresses and suits
123	189	285	510	15 Japanese clothing
112	346	436	627	16 Wrist watches
210	419	615	557	17 Accessories
				Medical care
36	266	300	181	18 Delivery fees
2,642	1,838	1,565	1,754	19 Hospital charges (excluding delivery)
				Furniture, etc.
55	93	138	126	20 Chests of drawers
189	211	314	315	21 Beds
274	361	392	385	22 Quilts
85	155	241	167	23 Desks and chairs (for work or study)
79	95	143	160	24 Sideboards
66	183	191	167	25 Dining tables and chairs
167	214	250	242	26 Drawing room suites
102	141	184	236	27 Musical instruments (including parts of instruments)
				Home electric appliances, etc.
688	850	831	1,145	28 Refrigerators
305	376	374	409	29 Vacuum cleaners
532	655	868	855	30 Washing machines
1,513	1,528	1,542	1,984	31 Air conditioners
654	1,016	1,392	1,324	32 Personal computers (including tablet devices, excluding peripherals and software)
743	811	774	867	33 TV
122	121	134	166	34 Video recorders (DVD or Blu-ray recorder, player, etc.)
18	108	195	162	35 Video game hardware (excluding software)
87	131	145	140	36 Cameras (including lenses only, excluding disposable cameras)
5	25	35	28	37 Video cameras
				Housing
8,540	7,571	6,325	8,349	38 House-related equipping/ construction/ repair costs
2,369	2,207	2,015	3,081	39 Water supply and drainage construction costs
636	545	434	564	40 Gardens, trees and plants tending costs
				Motor cars-related costs
9,054	9,787	14,454	21,285	41 Automobiles (new)
1,890	2,658	4,752	7,288	42 Automobiles (second-hand)
580	616	677	941	43 Automotive insurance premium (compulsion)
2,736	2,999	3,381	4,861	44 Automotive insurance premium (option)
108	189	364	658	45 Motorized vehicles other than automobiles
2,891	3,476	3,920	4,622	46 Automotive maintenance and repairs
				Others
105	468	834	1,141	47 Wedding ceremony and reception costs
2,770	2,686	1,983	3,131	48 Funeral service costs
1,377	1,302	867	1,248	49 Religion-related costs
765	1,646	3,138	2,235	50 Remittance

第３－５表　年間収入階級別特定の財（商品）・サービスの
Table 3-5 Monthly Expenditure per Household by

2022年平均
2022 Average

項　目	平均 Average	200万円未満 2 million yen under	200万円以上300万円未満 2 million yen - 3 million yen	300～400 3 million yen - 4 million yen	400～500 4 million yen - 5 million yen	500～600 5 million yen - 6 million yen	600～700 6 million yen - 7 million yen	700～800 7 million yen - 8 million yen
世帯数分布（抽出率調整）	10,000	1,887	1,597	1,445	1,110	880	648	561
集計世帯数	21,903	2,505	3,206	3,236	2,578	2,100	1,760	1,480
世帯人員（人）	2.23	1.31	1.70	1.98	2.26	2.54	2.97	2.99
有業人員（人）	1.17	0.43	0.66	0.97	1.26	1.47	1.71	1.76
世帯主の年齢（歳）	59.6	66.7	64.6	59.7	56.9	54.5	55.0	54.1
５０品目計	71,020	28,748	46,298	55,442	68,555	78,966	92,485	102,592
通信								
０１　スマートフォン・携帯電話などの通信、通話使用料	9,543	5,169	6,904	8,452	9,854	10,949	12,757	13,018
０２　インターネット接続料	3,721	1,792	2,849	3,655	4,202	4,405	4,920	5,033
０３　スマートフォン・携帯電話の本体価格	1,243	479	705	1,094	1,107	1,602	1,835	1,758
旅行関係								
０４　航空運賃	686	180	377	343	458	803	543	1,717
０５　宿泊料	2,049	458	1,220	1,280	1,661	2,448	2,285	4,076
０６　パック旅行費（国内）	1,165	335	802	1,111	899	1,160	1,335	1,864
０７　パック旅行費（外国）	83	68	19	49	45	77	62	4
教育、教養娯楽								
０８　国公立授業料等（幼稚園～大学、専修学校）	1,254	277	240	376	758	1,875	1,882	2,434
０９　私立授業料等（幼稚園～大学、専修学校）	5,012	635	975	1,129	3,035	4,648	7,257	9,213
１０　補習教育費	2,394	295	307	614	1,262	2,146	3,403	4,975
１１　自動車教習料	404	38	132	123	354	435	728	890
１２　スポーツ施設使用料	847	335	525	764	875	907	1,001	965
衣類等								
１３　背広服	381	69	121	161	387	366	511	531
１４　婦人用スーツ･ワンピース	460	200	219	402	362	410	503	593
１５　和服	203	140	190	96	160	198	265	165
１６　腕時計	290	90	126	128	219	278	438	579
１７　装身具（アクセサリー類）	409	166	206	262	309	337	555	350
医療								
１８　出産入院料	146	3	43	64	178	183	346	361
１９　出産以外の入院料	1,507	826	1,700	1,437	1,478	1,858	1,403	1,720
家具等								
２０　たんす	85	38	31	53	77	118	84	149
２１　ベッド	221	97	185	205	186	204	261	299
２２　布団	279	149	216	217	255	294	331	346
２３　机･いす（事務用･学習用）	134	38	84	61	118	139	172	213
２４　食器戸棚	85	23	45	39	92	138	117	143
２５　食卓セット	122	49	63	96	117	99	167	171
２６　応接セット	168	33	123	117	189	100	209	199
２７　楽器（部品を含む）	186	55	34	542	120	135	154	143
家電等								
２８　冷蔵庫	692	355	621	682	647	668	747	913
２９　掃除機	293	205	189	246	314	293	370	372
３０　洗濯機	559	228	356	409	572	582	730	785
３１　エアコン	1,203	595	892	1,070	1,179	1,293	1,547	1,724
３２　パソコン（ﾀﾌﾞﾚｯﾄ型を含む。周辺機器・ｿﾌﾄは除く）	997	293	391	985	983	1,421	1,349	1,251
３３　テレビ	650	352	433	663	732	716	748	1,155
３４　ビデオデッキ	120	109	75	138	119	111	120	178
３５　ゲーム機（ソフトは除く）	120	35	33	55	161	300	189	166
３６　カメラ（交換ﾚﾝｽﾞのみを含む。使い捨てのｶﾒﾗは除く）	133	19	80	154	63	328	158	228
３７　ビデオカメラ	29	16	19	5	24	38	32	27
住宅関係								
３８　家屋に関する設備費･工事費･修理費	5,960	3,002	5,674	5,711	6,840	5,386	7,687	6,444
３９　給排水関係工事費	1,827	953	1,694	1,792	2,085	2,018	1,693	1,916
４０　庭・植木の手入れ代	500	439	486	439	556	428	365	354
自動車等関係								
４１　自動車（新車）	9,336	2,332	5,188	6,374	8,897	12,096	13,804	13,634
４２　自動車（中古車）	3,081	892	2,096	2,684	3,683	3,355	5,393	6,045
４３　自動車保険料（自賠責）	537	279	460	514	605	597	662	722
４４　自動車保険料（任意）	2,725	1,410	2,097	2,638	2,880	3,240	3,401	3,456
４５　自動車以外の原動機付輸送機器	241	64	84	95	176	304	436	363
４６　自動車整備費	2,989	1,361	2,218	2,569	3,775	3,145	3,433	4,516
その他								
４７　挙式･披露宴費用	431	62	175	198	279	382	685	547
４８　葬儀･法事費用	2,463	1,925	2,839	3,049	2,373	2,508	2,665	1,612
４９　信仰関係費	1,183	1,280	1,223	1,157	1,263	1,266	881	1,098
５０　仕送り金	1,873	508	538	946	1,592	2,183	1,868	3,181

1世帯当たり1か月間の支出（総世帯）
Yearly Income Group (Total Households)

単位 円 In Yen

800～900 8 million yen - 9 million yen	900～1,000 9 million yen - 10 million yen	1,000～1,250 10 million yen - 12.5 million yen	1,250～1,500 12.5 million yen - 15 million yen	1,500～2,000 15 million yen - 20 million yen	2,000万円以上 20 million yen or more	Item
457	366	447	206	124	84	Distribution of households
1,242	979	1,242	569	344	228	Number of tabulated households
3.17	3.14	3.31	3.32	3.31	3.04	Number of persons per household (persons)
1.90	1.95	2.06	2.20	2.23	2.03	Number of earners per household (persons)
53.7	54.7	54.6	55.4	55.6	58.7	Age of household head (years old)
108,580	120,227	139,355	169,570	174,629	185,778	Total expenditure on specific goods and services (50 items)
						Communication
13,690	13,904	14,961	15,752	15,690	15,272	01 Mobile telephones charges
4,975	5,356	5,311	5,680	5,666	5,050	02 Internet connection charges
2,093	1,802	2,288	2,853	3,110	2,457	03 Mobile telephones unit prices
						Travel-related costs
962	1,096	1,692	2,213	2,848	5,153	04 Airplane fares
2,926	3,790	4,382	6,651	7,764	10,455	05 Accommodation services
1,686	2,165	2,172	3,288	4,267	3,775	06 Package tour costs (domestic)
151	111	177	670	596	464	07 Package tour costs (overseas)
						Education, Culture and recreation
2,765	3,420	4,082	4,033	3,596	2,952	08 Tuition (kindergarten-university) (public)
12,169	14,027	17,274	20,389	25,611	25,310	09 Tuition (kindergarten-university) (private)
6,202	6,371	8,289	9,347	12,616	11,823	10 Tutorial fees
1,038	937	1,107	1,115	1,122	1,326	11 Lesson fees, driving school
1,015	1,518	1,509	2,257	2,823	4,106	12 Rental fees for sports facilities
						Clothing
749	681	1,100	1,289	1,685	2,974	13 Men's suits
680	757	902	1,431	1,670	3,625	14 Women's one-piece dresses and suits
153	261	634	166	168	1,976	15 Japanese clothing
626	293	805	788	1,210	1,402	16 Wrist watches
628	638	1,265	1,257	1,650	3,169	17 Accessories
						Medical care
248	275	426	374	123	26	18 Delivery fees
1,408	1,839	1,952	2,080	2,136	4,571	19 Hospital charges (excluding delivery)
						Furniture, etc.
130	188	157	229	264	382	20 Chests of drawers
337	437	356	573	207	618	21 Beds
389	522	432	622	656	957	22 Quilts
245	241	301	395	385	788	23 Desks and chairs (for work or study)
136	199	136	206	190	439	24 Sideboards
213	289	275	271	290	359	25 Dining tables and chairs
331	339	381	451	592	674	26 Drawing room suites
191	203	444	331	266	289	27 Musical instruments (including parts of instruments)
						Home electric appliances, etc.
986	1,254	1,089	925	1,235	1,410	28 Refrigerators
424	431	444	518	556	787	29 Vacuum cleaners
1,144	1,039	1,009	1,019	1,364	1,370	30 Washing machines
1,493	1,693	2,097	2,415	1,914	3,376	31 Air conditioners
1,744	1,920	1,883	2,200	2,311	2,809	32 Personal computers (including tablet devices, excluding peripherals and software)
767	888	941	1,163	685	1,040	33 TV
176	104	151	188	85	185	34 Video recorders (DVD or Blu-ray recorder, player, etc.)
148	215	209	214	192	239	35 Video game hardware (excluding software)
221	177	242	87	212	354	36 Cameras (including lenses only, excluding disposable cameras)
20	194	62	34	58	23	37 Video cameras
						Housing
6,647	7,623	9,087	11,250	12,671	11,320	38 House-related equipping/ construction/ repair costs
2,123	2,655	2,336	3,099	2,526	5,875	39 Water supply and drainage construction costs
429	620	542	1,056	636	2,974	40 Gardens, trees and plants tending costs
						Motor cars-related costs
15,509	17,988	20,992	28,368	23,545	14,439	41 Automobiles (new)
3,935	4,488	4,698	6,811	3,614	1,740	42 Automobiles (second-hand)
660	770	769	882	780	634	43 Automotive insurance premium (compulsion)
3,876	3,773	4,039	4,754	4,575	4,165	44 Automotive insurance premium (option)
693	558	450	1,219	398	72	45 Motorized vehicles other than automobiles
3,771	4,314	4,944	5,579	6,188	5,101	46 Automotive maintenance and repairs
						Others
733	1,268	1,554	924	1,624	1,941	47 Wedding ceremony and reception costs
2,564	2,075	2,477	3,048	3,183	3,067	48 Funeral service costs
960	888	960	1,416	2,124	2,414	49 Religion-related costs
3,421	3,635	5,570	7,692	6,957	10,055	50 Remittance

第３－５表　年間収入階級別特定の財（商品）・サービスの

Table 3-5 Monthly Expenditure per Household by

2022年平均
2022 Average

項　目	平均 Average	200万円 未 満 2 million yen under	200万円 以 上 300万円 未 満 2 million yen - 3 million yen	300～400 3 million yen - 4 million yen	400～500 4 million yen - 5 million yen	500～600 5 million yen - 6 million yen	600～700 6 million yen - 7 million yen	700～800 7 million yen - 8 million yen
世帯数分布（抽出率調整）	10,000	683	1,315	1,482	1,227	1,025	886	753
集計世帯数	19,797	1,425	2,739	3,042	2,461	2,020	1,723	1,447
世帯人員（人）	2.92	2.34	2.34	2.50	2.79	3.07	3.26	3.32
有業人員（人）	1.49	0.78	0.75	1.04	1.40	1.65	1.83	1.89
世帯主の年齢（歳）	60.8	68.4	69.5	66.8	61.8	57.7	55.3	54.2
５０品目計	90,558	41,025	54,224	64,674	79,491	86,097	98,733	107,306
通信								
０１　スマートフォン・携帯電話などの通信、通話使用料	11,971	7,710	8,410	9,896	11,579	12,592	13,479	13,813
０２　インターネット接続料	4,413	2,478	3,097	3,964	4,498	4,747	5,048	5,146
０３　スマートフォン・携帯電話の本体価格	1,480	853	753	962	1,176	1,552	1,545	1,838
旅行関係								
０４　航空運賃	754	256	254	395	501	465	513	790
０５　宿泊料	2,484	679	1,064	1,477	1,792	2,380	2,295	2,817
０６　パック旅行費（国内）	1,472	503	789	1,172	1,110	1,361	1,375	1,739
０７　パック旅行費（外国）	120	275	35	13	63	104	71	5
教育、教養娯楽								
０８　国公立授業料等（幼稚園～大学、専修学校）	1,777	490	356	498	984	1,862	2,158	2,809
０９　私立授業料等（幼稚園～大学、専修学校）	7,746	1,979	1,789	1,722	4,124	6,143	8,266	10,693
１０　補習教育費	3,662	891	418	846	1,736	2,861	3,891	5,766
１１　自動車教習料	596	140	195	180	446	582	836	1,013
１２　スポーツ施設使用料	1,014	249	596	821	1,006	839	1,039	1,005
衣類等								
１３　背広服	484	142	112	155	275	359	502	497
１４　婦人用スーツ･ワンピース	549	183	224	282	431	425	483	587
１５　和服	255	72	242	99	208	256	304	191
１６　腕時計	373	142	122	143	272	252	315	643
１７　装身具（アクセサリー類）	475	106	162	252	320	360	436	381
医療								
１８　出産入院料	226	13	80	75	254	244	399	422
１９　出産以外の入院料	1,869	1,560	2,207	1,865	1,785	1,886	1,512	1,779
家具等								
２０　たんす	108	67	32	61	79	108	96	172
２１　ベッド	261	147	154	177	172	248	277	348
２２　布団	360	239	237	271	302	347	380	399
２３　机･いす（事務用･学習用）	178	86	51	85	132	156	187	247
２４　食器戸棚	119	40	55	57	99	168	134	169
２５　食卓セット	162	68	70	100	158	117	191	195
２６　応接セット	223	50	111	157	238	134	212	234
２７　楽器（部品を含む）	162	33	47	98	148	178	177	158
家電等								
２８　冷蔵庫	848	492	630	738	774	849	736	1,020
２９　掃除機	366	237	262	299	340	345	426	409
３０　洗濯機	742	408	477	529	679	670	828	822
３１　エアコン	1,587	736	1,225	1,454	1,523	1,550	1,708	1,822
３２　パソコン（ﾀﾌﾞﾚｯﾄ型を含む。周辺機器・ｿﾌﾄは除く）	1,136	541	495	653	986	1,053	1,299	1,346
３３　テレビ	791	484	593	776	715	868	727	1,137
３４　ビデオデッキ	132	85	89	141	120	147	126	153
３５　ゲーム機（ソフトは除く）	132	40	44	72	95	161	204	192
３６　カメラ（交換ﾚﾝｽﾞのみを含む。使い捨てのｶﾒﾗは除く）	130	41	43	90	87	89	149	263
３７　ビデオカメラ	25	2	1	8	34	25	37	31
住宅関係								
３８　家屋に関する設備費･工事費･修理費	7,353	3,073	5,966	7,289	8,179	6,668	8,120	6,969
３９　給排水関係工事費	2,268	996	1,787	2,467	2,674	2,194	1,889	2,146
４０　庭・植木の手入れ代	520	364	392	494	552	493	380	394
自動車等関係								
４１　自動車（新車）	12,931	4,496	7,853	8,447	11,036	12,840	15,813	15,928
４２　自動車（中古車）	3,923	1,492	2,055	3,458	4,126	3,840	5,969	5,230
４３　自動車保険料（自賠責）	673	440	587	648	672	676	718	763
４４　自動車保険料（任意）	3,332	1,908	2,582	3,032	3,231	3,376	3,574	3,680
４５　自動車以外の原動機付輸送機器	301	149	113	144	250	302	361	425
４６　自動車整備費	3,684	2,167	2,849	3,050	3,628	3,531	3,560	4,491
その他								
４７　挙式･披露宴費用	629	141	233	281	396	471	576	649
４８　葬儀･法事費用	2,476	1,878	2,704	2,616	2,854	2,389	2,564	1,872
４９　信仰関係費	1,136	889	960	1,257	1,281	1,167	992	1,168
５０　仕送り金	2,149	518	627	911	1,368	1,670	1,856	2,542

1世帯当たり1か月間の支出（二人以上の世帯）
Yearly Income Group (Two-or-more-person Households)

単位 円 In Yen

800～900 8 million yen - 9 million yen	900～1,000 9 million yen - 10 million yen	1,000～1,250 10 million yen - 12.5 million yen	1,250～1,500 12.5 million yen - 15 million yen	1,500～2,000 15 million yen - 20 million yen	2,000万円以上 20 million yen or more	Item
638	508	663	308	191	124	Distribution of households
1,220	962	1,230	565	343	226	Number of tabulated households
3.43	3.42	3.44	3.43	3.35	3.16	Number of persons per household (persons)
2.02	2.08	2.12	2.27	2.25	2.10	Number of earners per household (persons)
53.7	54.9	54.5	55.4	55.5	58.8	Age of household head (years old)
115,265	125,404	143,327	166,680	176,351	196,693	Total expenditure on specific goods and services (50 items)
						Communication
14,607	14,899	15,371	16,203	15,808	15,897	01 Mobile telephones charges
5,092	5,465	5,346	5,730	5,671	5,314	02 Internet connection charges
2,258	2,010	2,361	2,952	3,087	2,579	03 Mobile telephones unit prices
						Travel-related costs
926	1,208	1,637	2,320	2,881	5,451	04 Airplane fares
3,052	3,631	4,554	6,659	7,869	11,114	05 Accommodation services
1,752	2,324	2,125	3,447	4,318	4,041	06 Package tour costs (domestic)
167	126	187	694	602	486	07 Package tour costs (overseas)
						Education, Culture and recreation
2,760	3,855	4,153	4,215	3,640	3,136	08 Tuition (kindergarten-university) (public)
13,661	15,748	18,187	21,320	26,070	26,770	09 Tuition (kindergarten-university) (private)
6,853	7,127	8,743	9,767	12,797	12,566	10 Tutorial fees
888	1,052	1,167	1,168	1,138	1,425	11 Lesson fees, driving school
1,004	1,292	1,464	2,350	2,864	4,347	12 Rental fees for sports facilities
						Clothing
796	757	1,102	1,344	1,711	3,150	13 Men's suits
697	799	929	1,468	1,679	3,823	14 Women's one-piece dresses and suits
171	295	672	175	171	2,095	15 Japanese clothing
643	332	814	820	1,224	1,486	16 Wrist watches
518	719	1,162	1,313	1,482	3,403	17 Accessories
						Medical care
277	311	451	393	124	28	18 Delivery fees
1,431	1,982	2,007	1,914	2,174	4,918	19 Hospital charges (excluding delivery)
						Furniture, etc.
146	212	140	239	267	411	20 Chests of drawers
378	462	374	526	211	649	21 Beds
403	585	453	623	666	1,018	22 Quilts
266	242	316	412	390	855	23 Desks and chairs (for work or study)
139	224	143	215	192	471	24 Sideboards
237	286	289	283	294	384	25 Dining tables and chairs
348	368	402	429	401	731	26 Drawing room suites
184	231	455	345	271	322	27 Musical instruments (including parts of instruments)
						Home electric appliances, etc.
1,108	1,316	1,081	970	1,253	1,482	28 Refrigerators
420	468	468	542	564	827	29 Vacuum cleaners
1,126	1,075	1,063	1,011	1,386	1,465	30 Washing machines
1,672	1,776	2,053	2,369	1,938	3,576	31 Air conditioners
1,638	1,845	1,880	2,145	2,350	2,999	32 Personal computers (including tablet devices, excluding peripherals and software)
860	910	991	959	695	1,116	33 TV
194	118	157	196	86	194	34 Video recorders (DVD or Blu-ray recorder, player, etc.)
166	244	220	224	195	257	35 Video game hardware (excluding software)
247	201	256	91	216	380	36 Cameras (including lenses only, excluding disposable cameras)
23	56	65	36	58	23	37 Video cameras
						Housing
7,374	8,100	9,591	10,883	12,753	11,934	38 House-related equipping/ construction/ repair costs
2,234	2,489	2,467	3,224	2,460	6,278	39 Water supply and drainage construction costs
455	665	571	747	628	3,160	40 Gardens, trees and plants tending costs
						Motor cars-related costs
17,369	16,136	22,147	26,403	23,938	15,446	41 Automobiles (new)
4,417	5,077	4,947	5,751	3,674	1,821	42 Automobiles (second-hand)
721	778	777	837	792	668	43 Automotive insurance premium (compulsion)
4,022	4,120	4,075	4,732	4,630	4,334	44 Automotive insurance premium (option)
529	633	476	589	402	75	45 Motorized vehicles other than automobiles
4,016	4,538	5,081	5,624	6,267	5,314	46 Automotive maintenance and repairs
						Others
823	1,431	1,637	978	1,629	2,064	47 Wedding ceremony and reception costs
2,292	2,324	2,330	3,182	3,232	3,203	48 Funeral service costs
989	871	959	1,490	2,149	2,574	49 Religion-related costs
2,916	3,693	5,032	6,375	7,056	10,637	50 Remittance

第４－１表　全国・地方・都市階級別インターネット
Table 4-1 Purchase Situation Using the Internet by All Japan,

2022年平均
2022 Average

項　目	全国	地　方						
		北海道	東北	関東	北陸	東海	近畿	中国
	All Japan	Hokkaido	Tohoku	Kanto	Hokuriku	Tokai	Kinki	Chugoku
世帯数分布（抽出率調整）	10,000	427	724	3,681	390	1,223	1,559	579
集計世帯数	2,074	100	158	687	92	243	341	132
世帯人員（人）	2.23	2.08	2.16	2.23	2.37	2.22	2.28	2.23
有業人員（人）	1.17	1.06	1.18	1.21	1.27	1.19	1.10	1.15
世帯主の年齢（歳）	59.2	61.7	57.7	58.1	59.4	57.9	61.7	60.5
インターネットを通じて注文をした	46.6	37.4	39.4	53.4	45.3	45.6	45.3	43.4
インターネットを通じて注文をしなかった	53.4	62.6	60.6	46.6	54.7	54.4	54.7	56.6
インターネットを利用した支出総額（円）	38,306	35,249	30,953	43,718	29,860	35,651	37,440	33,876
世帯主	22,685	21,474	20,246	26,484	17,353	21,005	20,371	19,066
世帯主の配偶者	11,807	10,663	7,296	13,172	8,649	10,826	13,147	11,065
その他の世帯員	3,813	3,113	3,411	4,062	3,858	3,820	3,922	3,745
最も多く購入に使用した機器（世帯主）								
パソコン（家族所有）	11.5	10.4	7.9	14.5	9.3	11.3	11.0	9.6
パソコン（家族所有以外）	0.3	0.6	0.4	0.4	0.2	0.4	0.3	0.2
スマートフォン・携帯電話	20.2	13.7	21.1	22.3	22.1	21.5	17.9	18.4
タブレット型端末	1.4	1.3	0.5	2.3	0.9	0.6	1.2	0.8
その他	1.3	0.3	0.3	1.9	0.8	0.4	1.5	1.8
最も多く購入に使用した機器（世帯主の配偶者）								
パソコン（家族所有）	3.5	2.9	1.9	4.4	3.0	3.3	3.8	2.6
パソコン（家族所有以外）	0.1	0.1	0.1	0.2	0.1	0.2	0.1	0.1
スマートフォン・携帯電話	14.3	11.9	9.6	16.2	12.2	13.7	15.7	13.4
タブレット型端末	0.8	0.9	0.5	0.9	0.3	0.7	1.2	0.4
その他	0.3	0.1	0.1	0.3	0.2	0.2	0.4	0.6
最も多く購入に使用した機器（その他の世帯員）								
パソコン（家族所有）	1.4	0.7	1.0	1.8	1.2	1.5	1.2	1.4
パソコン（家族所有以外）	0.1	-	0.2	0.1	0.1	0.1	0.2	0.1
スマートフォン・携帯電話	6.0	4.4	5.5	6.9	5.7	5.8	6.1	5.3
タブレット型端末	0.2	0.1	0.1	0.2	0.2	0.2	0.3	0.2
その他	0.3	0.1	0.2	0.4	0.5	0.2	0.4	0.2

を利用した購入状況（総世帯）
Districts and City Groups (Total Households)

(%)

Districts		都市階級 City Groups				
四国 Shikoku	九州・沖縄 Kyushu & Okinawa	大都市 Major cities	中都市 Middle cities	小都市A Small cities A	小都市B・町村 Small cities B, Towns & villages	Item
285	1,133	3,098	3,047	2,363	1,493	Distribution of households
68	255	553	647	520	355	Number of tabulated households
2.26	2.27	2.21	2.25	2.25	2.25	Number of persons per household (persons)
1.17	1.15	1.21	1.13	1.17	1.17	Number of earners per household (persons)
63.4	60.4	57.0	59.7	59.7	62.5	Age of household head (years old)
37.7	39.2	56.4	45.9	42.8	33.3	Households that ordered goods and services over the Internet
62.3	60.8	43.6	54.1	57.2	66.7	Households that didn't order goods and services over the Internet
32,344	33,232	44,219	35,572	34,466	34,477	Total expenditure on goods and services ordered over the Internet (yen)
18,497	17,486	27,172	20,385	20,057	19,035	Household head
9,751	12,042	13,654	11,539	10,212	10,112	Spouse of household head
4,096	3,705	3,393	3,648	4,197	5,331	Household members of others
						Equipment that was used most often to buy(Household head)
9.8	7.5	14.5	10.7	10.5	8.3	PC (household holdings)
-	0.2	0.4	0.4	0.3	0.2	PC (other than household holdings)
13.7	17.6	25.8	20.2	17.7	12.3	Smartphone and mobile phone
0.8	0.7	1.5	1.4	1.5	1.0	Tablet
0.5	0.8	1.5	1.1	1.5	0.6	Others
						Equipment that was used most often to buy(Spouse of household head)
1.7	2.9	4.6	3.4	3.0	2.3	PC (household holdings)
0.1	0.1	0.1	0.2	0.1	0.1	PC (other than household holdings)
12.6	13.0	17.4	14.7	12.9	9.6	Smartphone and mobile phone
0.4	0.6	1.3	0.8	0.4	0.5	Tablet
0.2	0.4	0.4	0.4	0.3	0.2	Others
						Equipment that was used most often to buy(Household members of others)
1.5	0.9	1.5	1.4	1.2	1.4	PC (household holdings)
0.1	0.0	0.1	0.1	0.1	0.1	PC (other than household holdings)
6.4	5.2	6.6	5.7	6.2	5.5	Smartphone and mobile phone
0.2	0.1	0.2	0.2	0.1	0.2	Tablet
0.2	0.2	0.4	0.2	0.3	0.3	Others

第４－１表　全国・地方・都市階級別インターネット

Table 4-1 Purchase Situation Using the Internet by All Japan,

2022年平均
2022 Average

項　目	全国 All Japan	地方 北海道 Hokkaido	東北 Tohoku	関東 Kanto	北陸 Hokuriku	東海 Tokai	近畿 Kinki	中国 Chugoku
世帯数分布（抽出率調整）	10,000	416	640	3,756	383	1,164	1,639	560
集計世帯数	1,876	90	142	624	84	218	308	119
世帯人員（人）	2.94	2.73	3.06	2.90	3.16	3.02	2.91	2.98
有業人員（人）	1.51	1.37	1.60	1.51	1.65	1.56	1.41	1.51
世帯主の年齢（歳）	60.7	61.0	61.3	60.4	60.4	60.3	61.4	60.4
インターネットを通じて注文をした	51.6	45.2	43.8	57.0	46.8	50.5	53.3	48.1
インターネットを通じて注文をしなかった	48.5	54.8	56.2	43.0	53.2	49.5	46.7	51.9
インターネットを利用した支出総額（円）	41,933	32,984	33,031	48,342	31,703	38,624	41,401	35,306
世帯主	19,770	15,397	16,526	23,545	13,522	16,746	19,903	14,976
世帯主の配偶者	16,754	13,623	11,132	18,958	12,525	16,234	16,568	15,115
その他の世帯員	5,409	3,964	5,374	5,840	5,657	5,644	4,930	5,215
最も多く購入に使用した機器（世帯主）								
パソコン（家族所有）	11.6	11.4	9.3	14.2	9.4	10.5	11.9	10.0
パソコン（家族所有以外）	0.4	0.3	0.6	0.5	0.3	0.4	0.3	0.3
スマートフォン・携帯電話	18.6	13.9	16.0	21.2	15.9	19.2	18.9	15.5
タブレット型端末	1.3	1.5	0.9	1.7	1.0	0.8	1.3	0.9
その他	0.9	0.5	0.4	1.0	1.3	0.7	1.2	1.2
最も多く購入に使用した機器（世帯主の配偶者）								
パソコン（家族所有）	5.5	4.6	3.4	6.8	4.7	5.4	5.6	4.1
パソコン（家族所有以外）	0.2	0.2	0.2	0.3	0.2	0.3	0.1	0.2
スマートフォン・携帯電話	22.6	19.1	17.0	25.0	19.1	22.6	23.5	21.4
タブレット型端末	1.3	1.4	0.9	1.4	0.5	1.2	1.8	0.7
その他	0.5	0.2	0.3	0.5	0.4	0.4	0.7	0.9
最も多く購入に使用した機器（その他の世帯員）								
パソコン（家族所有）	2.1	1.0	1.7	2.7	1.9	2.5	1.7	2.1
パソコン（家族所有以外）	0.2	-	0.3	0.2	0.2	0.2	0.2	0.1
スマートフォン・携帯電話	9.5	7.0	9.8	10.5	8.9	9.6	9.2	8.4
タブレット型端末	0.3	0.2	0.2	0.3	0.3	0.2	0.5	0.3
その他	0.5	0.2	0.4	0.6	0.8	0.3	0.6	0.3

を利用した購入状況（二人以上の世帯）
Districts and City Groups (Two-or-more-person Households)

(%)

Districts 四国 Shikoku	九州・沖縄 Kyushu & Okinawa	都市階級 City Groups 大都市 Major cities	中都市 Middle cities	小都市Ａ Small cities A	小都市Ｂ・町村 Small cities B, Towns & villages	Item
297	1,145	3,097	3,091	2,327	1,485	Distribution of households
61	230	500	586	471	320	Number of tabulated households
2.90	2.97	2.90	2.93	3.00	2.98	Number of persons per household (persons)
1.52	1.51	1.51	1.46	1.54	1.55	Number of earners per household (persons)
61.3	60.8	59.6	60.6	60.8	62.9	Age of household head (years old)
44.4	44.3	59.6	51.7	47.8	40.4	Households that ordered goods and services over the Internet
55.6	55.7	40.4	48.3	52.2	59.6	Households that didn't order goods and services over the Internet
33,618	37,530	47,797	39,513	39,025	35,603	Total expenditure on goods and services ordered over the Internet (yen)
16,237	16,455	22,610	18,712	18,594	15,950	Household head
12,173	16,143	20,211	15,792	14,468	12,925	Spouse of household head
5,208	4,932	4,976	5,010	5,962	6,729	Household members of others
						Equipment that was used most often to buy(Household head)
9.2	7.7	13.9	11.6	10.4	8.8	PC (household holdings)
-	0.3	0.5	0.5	0.3	0.2	PC (other than household holdings)
14.4	15.6	22.5	18.8	17.0	12.4	Smartphone and mobile phone
0.7	0.7	1.6	1.2	1.0	0.9	Tablet
0.7	0.7	0.9	1.0	0.9	0.8	Others
						Equipment that was used most often to buy(Spouse of household head)
2.6	4.5	7.2	5.2	4.7	3.6	PC (household holdings)
0.2	0.1	0.2	0.3	0.2	0.1	PC (other than household holdings)
18.9	20.3	27.4	22.8	20.5	15.2	Smartphone and mobile phone
0.5	0.9	2.0	1.2	0.7	0.7	Tablet
0.4	0.5	0.5	0.6	0.5	0.3	Others
						Equipment that was used most often to buy(Household members of others)
2.3	1.3	2.3	2.1	2.0	2.2	PC (household holdings)
0.1	0.0	0.2	0.2	0.1	0.2	PC (other than household holdings)
9.8	8.0	10.3	8.9	9.8	8.6	Smartphone and mobile phone
0.3	0.2	0.3	0.3	0.2	0.3	Tablet
0.3	0.4	0.6	0.3	0.5	0.4	Others

第４－２表　世帯主の年齢階級別インターネット

Table 4-2 Purchase Situation Using the Internet by Age Group

2022年平均
2022 Average

項　目	平均 Average	～29歳 years old	30～39歳 years old	40～49歳 years old	50～59歳 years old	60～69歳 years old
世帯数分布（抽出率調整）	10,000	569	882	1,338	1,827	2,100
集計世帯数	2,074	19	141	308	385	491
世帯人員（人）	2.23	1.19	2.47	3.13	2.51	2.16
有業人員（人）	1.17	0.98	1.38	1.63	1.68	1.29
世帯主の年齢（歳）	59.2	25.3	34.5	45.2	54.5	64.9
インターネットを通じて注文をした	46.6	63.7	77.6	71.6	61.3	43.3
インターネットを通じて注文をしなかった	53.4	36.3	22.4	28.4	38.7	56.7
インターネットを利用した支出総額（円）	38,306	36,124	38,830	41,635	40,528	38,697
世帯主	22,685	33,413	25,704	22,699	23,030	20,891
世帯主の配偶者	11,807	2,200	12,749	17,370	12,454	11,885
その他の世帯員	3,813	511	377	1,567	5,045	5,921
最も多く購入に使用した機器（世帯主）						
パソコン（家族所有）	11.5	7.6	14.4	13.0	14.6	15.0
パソコン（家族所有以外）	0.3	-	0.1	0.5	0.4	0.6
スマートフォン・携帯電話	20.2	50.2	44.1	35.2	26.6	12.6
タブレット型端末	1.4	1.8	2.2	1.8	2.8	1.3
その他	1.3	2.6	5.3	1.6	1.0	0.6
最も多く購入に使用した機器（世帯主の配偶者）						
パソコン（家族所有）	3.5	0.2	1.5	4.5	5.0	5.2
パソコン（家族所有以外）	0.1	-	-	0.3	0.2	0.1
スマートフォン・携帯電話	14.3	3.6	28.5	34.9	20.3	11.3
タブレット型端末	0.8	0.1	0.5	1.0	1.5	1.0
その他	0.3	-	0.8	0.5	0.3	0.4
最も多く購入に使用した機器（その他の世帯員）						
パソコン（家族所有）	1.4	0.2	0.2	0.8	1.7	1.9
パソコン（家族所有以外）	0.1	0.1	0.0	0.1	0.2	0.2
スマートフォン・携帯電話	6.0	0.3	1.5	6.6	12.0	8.4
タブレット型端末	0.2	0.1	0.0	0.2	0.2	0.2
その他	0.3	-	0.3	0.3	0.5	0.4

を利用した購入状況（総世帯）
of Household Head (Total Households)

(%)

70～79歳 years old	80歳～ years old	Item
2,435	849	Distribution of households
548	182	Number of tabulated households
1.91	1.84	Number of persons per household (persons)
0.68	0.39	Number of earners per household (persons)
74.0	83.7	Age of household head (years old)
21.4	12.9	Households that ordered goods and services over the Internet
78.6	87.1	Households that didn't order goods and services over the Internet
33,366	30,831	Total expenditure on goods and services ordered over the Internet (yen)
17,987	12,476	Household head
9,022	4,954	Spouse of household head
6,357	13,402	Household members of others
		Equipment that was used most often to buy(Household head)
8.0	3.9	PC (household holdings)
0.2	0.2	PC (other than household holdings)
4.2	1.3	Smartphone and mobile phone
0.5	-	Tablet
0.4	0.5	Others
		Equipment that was used most often to buy(Spouse of household head)
2.7	1.1	PC (household holdings)
0.1	0.1	PC (other than household holdings)
3.5	0.9	Smartphone and mobile phone
0.5	0.2	Tablet
0.1	0.1	Others
		Equipment that was used most often to buy(Household members of others)
1.4	2.4	PC (household holdings)
0.1	0.0	PC (other than household holdings)
3.2	3.6	Smartphone and mobile phone
0.2	0.3	Tablet
0.2	0.2	Others

第４－２表　世帯主の年齢階級別インターネット

Table 4-2 Purchase Situation Using the Internet by Age Group

2022年平均
2022 Average

項　目	平均 Average	～29歳 years old	30～39歳 years old	40～49歳 years old	50～59歳 years old	60～69歳 years old
世帯数分布（抽出率調整）	10,000	81	751	1,647	1,982	2,295
集計世帯数	1,876	14	135	297	362	440
世帯人員（人）	2.94	3.04	3.65	3.72	3.19	2.67
有業人員（人）	1.51	1.74	1.72	1.84	2.07	1.64
世帯主の年齢（歳）	60.7	27.1	35.5	45.1	54.4	64.7
インターネットを通じて注文をした	51.6	64.8	75.7	75.1	66.5	51.1
インターネットを通じて注文をしなかった	48.5	35.2	24.3	24.9	33.5	48.9
インターネットを利用した支出総額（円）	41,933	46,831	45,830	43,624	44,246	41,110
世帯主	19,770	28,858	23,224	20,593	20,946	19,361
世帯主の配偶者	16,754	14,253	21,948	21,113	16,561	14,529
その他の世帯員	5,409	3,720	658	1,918	6,739	7,220
最も多く購入に使用した機器（世帯主）						
パソコン（家族所有）	11.6	3.9	6.4	10.6	14.1	17.0
パソコン（家族所有以外）	0.4	−	0.2	0.6	0.5	0.6
スマートフォン・携帯電話	18.6	43.4	45.6	35.7	25.3	12.6
タブレット型端末	1.3	1.3	0.9	1.8	2.6	1.1
その他	0.9	−	2.1	1.4	1.0	0.7
最も多く購入に使用した機器（世帯主の配偶者）						
パソコン（家族所有）	5.5	2.2	2.7	5.7	7.2	7.5
パソコン（家族所有以外）	0.2	−	−	0.3	0.3	0.2
スマートフォン・携帯電話	22.6	38.4	52.0	44.4	29.3	16.3
タブレット型端末	1.3	0.6	0.9	1.3	2.1	1.5
その他	0.5	−	1.4	0.7	0.5	0.6
最も多く購入に使用した機器（その他の世帯員）						
パソコン（家族所有）	2.1	1.6	0.4	1.1	2.4	2.7
パソコン（家族所有以外）	0.2	0.7	0.1	0.1	0.2	0.2
スマートフォン・携帯電話	9.5	2.6	2.5	8.4	17.3	12.0
タブレット型端末	0.3	0.7	0.1	0.2	0.3	0.3
その他	0.5	−	0.5	0.4	0.7	0.6

を利用した購入状況（二人以上の世帯）
of Household Head (Two-or-more-person Households)

(%)

70～79歳 years old	80歳～ years old	Item
2,434	810	Distribution of households
475	154	Number of tabulated households
2.43	2.38	Number of persons per household (persons)
0.94	0.59	Number of earners per household (persons)
73.9	83.7	Age of household head (years old)
27.2	18.2	Households that ordered goods and services over the Internet
72.8	81.8	Households that didn't order goods and services over the Internet
34,509	31,180	Total expenditure on goods and services ordered over the Internet (yen)
15,599	10,168	Household head
11,045	5,598	Spouse of household head
7,866	15,414	Household members of others
		Equipment that was used most often to buy(Household head)
9.4	4.8	PC (household holdings)
0.3	0.2	PC (other than household holdings)
3.9	1.1	Smartphone and mobile phone
0.5	-	Tablet
0.6	0.4	Others
		Equipment that was used most often to buy(Spouse of household head)
4.3	1.7	PC (household holdings)
0.1	0.1	PC (other than household holdings)
5.6	1.5	Smartphone and mobile phone
0.7	0.3	Tablet
0.2	0.1	Others
		Equipment that was used most often to buy(Household members of others)
2.2	3.9	PC (household holdings)
0.2	0.1	PC (other than household holdings)
5.0	5.9	Smartphone and mobile phone
0.4	0.4	Tablet
0.3	0.4	Others

第４－３表　世帯主の勤めか自営かの別インターネット を利用した購入状況（総世帯）

Table 4-3 Purchase Situation Using the Internet by Occupation of Household Head (Total Households)

2022年平均
2022 Average

(%)

項　目	平均 Average	就業 Occupation 雇用されている人（勤労者） Employee	会社などの役員 Corporative administrators	自営業主・その他 (a)	非就業（無職） No-occupation	Item
世帯数分布（抽出率調整）	10,000	5,160	428	996	3,417	Distribution of households
集計世帯数	2,074	1,051	99	233	693	Number of tabulated households
世帯人員（人）	2.23	2.45	2.65	2.44	1.80	Number of persons per household (persons)
有業人員（人）	1.17	1.60	1.78	1.77	0.28	Number of earners per household (persons)
世帯主の年齢（歳）	59.2	50.3	56.3	62.4	72.4	Age of household head (years old)
インターネットを通じて注文をした	46.6	62.1	58.6	43.9	22.5	(b)
インターネットを通じて注文をしなかった	53.4	37.9	41.4	56.1	77.6	(c)
インターネットを利用した支出総額（円）	38,306	37,781	58,513	42,594	31,801	(d)
世帯主	22,685	22,366	31,525	25,751	19,249	Household head
世帯主の配偶者	11,807	12,245	21,399	13,150	6,512	Spouse of household head
その他の世帯員	3,813	3,170	5,589	3,693	6,040	Household members of others
最も多く購入に使用した機器（世帯主）						(e)
パソコン（家族所有）	11.5	12.4	14.5	16.0	8.4	PC (household holdings)
パソコン（家族所有以外）	0.3	0.3	1.6	0.4	0.2	PC (other than household holdings)
スマートフォン・携帯電話	20.2	30.9	22.4	12.3	5.9	Smartphone and mobile phone
タブレット型端末	1.4	2.0	1.4	0.7	0.6	Tablet
その他	1.3	1.8	1.0	1.5	0.3	Others
最も多く購入に使用した機器（世帯主の配偶者）						(f)
パソコン（家族所有）	3.5	4.0	6.5	4.4	2.1	PC (household holdings)
パソコン（家族所有以外）	0.1	0.2	0.2	0.2	0.1	PC (other than household holdings)
スマートフォン・携帯電話	14.3	21.4	25.1	12.3	3.1	Smartphone and mobile phone
タブレット型端末	0.8	1.0	1.6	1.1	0.4	Tablet
その他	0.3	0.4	0.8	0.3	0.2	Others
最も多く購入に使用した機器（その他の世帯員）						(g)
パソコン（家族所有）	1.4	1.1	2.6	1.9	1.4	PC (household holdings)
パソコン（家族所有以外）	0.1	0.1	0.3	0.1	0.1	PC (other than household holdings)
スマートフォン・携帯電話	6.0	7.6	8.5	6.3	3.4	Smartphone and mobile phone
タブレット型端末	0.2	0.2	0.4	0.2	0.2	Tablet
その他	0.3	0.4	0.5	0.2	0.2	Others

(a) Individual proprietors and others
(b) Households that ordered goods and services over the Internet
(c) Households that didn't order goods and services over the Internet
(d) Total expenditure on goods and services ordered over the Internet (yen)
(e) Equipment that was used most often to buy(Household head)
(f) Equipment that was used most often to buy(Spouse of household head)
(g) Equipment that was used most often to buy(Household members of others)

第４－３表　世帯主の勤めか自営かの別インターネット を利用した購入状況（二人以上の世帯）

Table 4-3 Purchase Situation Using the Internet by Occupation of Household Head (Two-or-more-person Households)

2022年平均
2022 Average

(%)

項　目	平均 Average	就業 Occupation 雇用されている人（勤労者） Employee	会社などの役員 Corporative administrators	自営業主・その他 (a)	非就業（無職） No-occupation	Item
世帯数分布（抽出率調整）	10,000	5,345	518	1,146	2,990	Distribution of households
集計世帯数	1,876	985	95	218	579	Number of tabulated households
世帯人員（人）	2.94	3.21	3.11	2.96	2.44	Number of persons per household (persons)
有業人員（人）	1.51	1.91	1.99	2.04	0.50	Number of earners per household (persons)
世帯主の年齢（歳）	60.7	53.0	58.2	63.1	74.0	Age of household head (years old)
インターネットを通じて注文をした	51.6	64.7	62.6	45.6	28.5	(b)
インターネットを通じて注文をしなかった	48.5	35.3	37.5	54.4	71.5	(c)
インターネットを利用した支出総額（円）	41,933	42,195	60,860	41,698	33,811	(d)
世帯主	19,770	19,844	29,269	19,739	15,961	Household head
世帯主の配偶者	16,754	17,751	25,004	17,162	9,249	Spouse of household head
その他の世帯員	5,409	4,600	6,587	4,796	8,602	Household members of others
最も多く購入に使用した機器（世帯主）						(e)
パソコン（家族所有）	11.6	12.0	15.7	13.4	9.7	PC (household holdings)
パソコン（家族所有以外）	0.4	0.4	1.7	0.6	0.2	PC (other than household holdings)
スマートフォン・携帯電話	18.6	27.6	19.7	12.4	4.8	Smartphone and mobile phone
タブレット型端末	1.3	1.6	1.8	0.9	0.7	Tablet
その他	0.9	1.0	1.2	1.0	0.6	Others
最も多く購入に使用した機器（世帯主の配偶者）						(f)
パソコン（家族所有）	5.5	6.0	8.4	6.0	3.8	PC (household holdings)
パソコン（家族所有以外）	0.2	0.2	0.3	0.2	0.1	PC (other than household holdings)
スマートフォン・携帯電話	22.6	32.5	31.7	16.7	5.5	Smartphone and mobile phone
タブレット型端末	1.3	1.5	2.0	1.5	0.7	Tablet
その他	0.5	0.6	1.0	0.4	0.3	Others
最も多く購入に使用した機器（その他の世帯員）						(g)
パソコン（家族所有）	2.1	1.7	3.3	2.6	2.5	PC (household holdings)
パソコン（家族所有以外）	0.2	0.2	0.3	0.1	0.1	PC (other than household holdings)
スマートフォン・携帯電話	9.5	11.5	11.1	8.6	6.0	Smartphone and mobile phone
タブレット型端末	0.3	0.3	0.4	0.2	0.4	Tablet
その他	0.5	0.5	0.6	0.3	0.4	Others

(a) Individual proprietors and others
(b) Households that ordered goods and services over the Internet
(c) Households that didn't order goods and services over the Internet
(d) Total expenditure on goods and services ordered over the Internet (yen)
(e) Equipment that was used most often to buy(Household head)
(f) Equipment that was used most often to buy(Spouse of household head)
(g) Equipment that was used most often to buy(Household members of others)

第４－４表　世帯人員・就業者数別インターネット

Table 4-4 Purchase Situation Using the Internet by Number of Household Members

2022年平均
2022 Average

項　目	平均 Average	世帯人員別 by Number of household members １人 person	２人 persons	３人 persons	４人 persons	５人 persons	６人～ persons
世帯数分布（抽出率調整）	10,000	3,650	2,897	1,660	1,254	393	146
集計世帯数	2,074	198	904	465	345	119	44
世帯人員（人）	2.23	1.00	2.00	3.00	4.00	5.00	6.35
有業人員（人）	1.17	0.58	0.94	1.74	2.11	2.28	2.75
世帯主の年齢（歳）	59.2	56.7	67.4	59.7	50.8	49.9	54.3
インターネットを通じて注文をした	46.6	37.9	37.4	56.7	71.0	69.6	58.8
インターネットを通じて注文をしなかった	53.4	62.1	62.7	43.3	29.1	30.5	41.2
インターネットを利用した支出総額（円）	38,306	30,359	40,500	41,898	43,644	42,117	40,983
世帯主	22,685	30,359	22,867	19,107	18,397	16,333	12,226
世帯主の配偶者	11,807	...	15,727	15,128	18,922	19,539	16,640
その他の世帯員	3,813	...	1,906	7,663	6,326	6,245	12,117
最も多く購入に使用した機器（世帯主）							
パソコン（家族所有）	11.5	11.2	12.4	11.3	11.7	8.4	7.6
パソコン（家族所有以外）	0.3	0.2	0.4	0.6	0.4	0.3	-
スマートフォン・携帯電話	20.2	23.0	11.6	20.4	29.1	28.5	20.4
タブレット型端末	1.4	1.6	1.1	1.3	1.7	0.8	0.5
その他	1.3	1.9	0.8	1.0	1.1	1.2	0.2
最も多く購入に使用した機器（世帯主の配偶者）							
パソコン（家族所有）	3.5	...	5.6	5.4	6.0	4.6	3.3
パソコン（家族所有以外）	0.1	...	0.1	0.2	0.4	0.2	-
スマートフォン・携帯電話	14.3	...	12.3	23.1	39.7	39.6	28.0
タブレット型端末	0.8	...	1.0	1.6	1.5	0.8	0.3
その他	0.3	...	0.4	0.6	0.6	1.3	0.1
最も多く購入に使用した機器（その他の世帯員）							
パソコン（家族所有）	1.4	...	0.7	4.0	3.0	2.2	2.4
パソコン（家族所有以外）	0.1	...	0.0	0.2	0.3	0.4	0.4
スマートフォン・携帯電話	6.0	...	2.0	14.8	16.4	17.1	19.5
タブレット型端末	0.2	...	0.1	0.6	0.3	0.3	0.4
その他	0.3	...	0.1	0.9	0.8	0.8	0.8

を利用した購入状況（総世帯）
and Employed Persons (Total Households)

(%)

就業者数別 by Employed Persons				
０人 person	１人 person	２人 persons	３人～ persons	Item
2,685	3,935	2,582	798	Distribution of households
476	621	751	227	Number of tabulated households
1.49	1.77	3.17	3.99	Number of persons per household (persons)
...	1.00	2.00	3.26	Number of earners per household (persons)
72.3	53.7	54.0	59.4	Age of household head (years old)
18.5	51.3	64.1	61.0	Households that ordered goods and services over the Internet
81.5	48.7	35.9	39.1	Households that didn't order goods and services over the Internet
30,446	34,285	44,064	43,816	Total expenditure on goods and services ordered over the Internet (yen)
23,117	26,468	20,397	14,911	Household head
6,531	6,173	19,766	13,323	Spouse of household head
798	1,643	3,902	15,582	Household members of others
				Equipment that was used most often to buy(Household head)
8.2	13.4	12.1	11.3	PC (household holdings)
0.2	0.4	0.4	0.3	PC (other than household holdings)
6.1	26.1	26.3	18.3	Smartphone and mobile phone
0.6	2.0	1.5	1.1	Tablet
0.3	2.1	1.1	0.8	Others
				Equipment that was used most often to buy(Spouse of household head)
1.8	2.1	6.9	5.0	PC (household holdings)
0.1	0.0	0.3	0.4	PC (other than household holdings)
2.1	7.9	33.5	25.0	Smartphone and mobile phone
0.2	0.7	1.4	1.5	Tablet
0.1	0.2	0.7	0.5	Others
				Equipment that was used most often to buy(Household members of others)
0.3	1.0	2.1	4.6	PC (household holdings)
-	0.1	0.1	0.6	PC (other than household holdings)
0.4	2.7	9.4	30.6	Smartphone and mobile phone
0.1	0.2	0.4	0.4	Tablet
0.0	0.2	0.4	1.3	Others

第４－５表　年間収入階級別インターネット
Table 4-5 Purchase Situation Using the Internet by

2022年平均
2022 Average

項　目	平均 Average	200万円未満 2 million yen under	200万円以上300万円未満 2 million yen - 3 million yen	300～400 3 million yen - 4 million yen	400～500 4 million yen - 5 million yen	500～600 5 million yen - 6 million yen	600～700 6 million yen - 7 million yen	700～800 7 million yen - 8 million yen
世帯数分布（抽出率調整）	10, 000	1, 957	1, 602	1, 418	1, 085	826	662	564
集計世帯数	2, 074	252	307	299	238	190	166	138
世帯人員（人）	2. 23	1. 33	1. 73	2. 01	2. 29	2. 60	2. 93	2. 94
有業人員（人）	1. 17	0. 43	0. 67	0. 98	1. 30	1. 51	1. 72	1. 72
世帯主の年齢（歳）	59. 2	66. 8	63. 8	59. 8	56. 4	54. 2	54. 2	53. 4
インターネットを通じて注文をした	46. 6	20. 4	28. 1	41. 5	54. 5	59. 4	67. 3	67. 1
インターネットを通じて注文をしなかった	53. 4	79. 6	71. 9	58. 5	45. 5	40. 6	32. 7	32. 9
インターネットを利用した支出総額（円）	38, 306	24, 913	30, 373	28, 992	33, 009	35, 630	36, 812	36, 152
世帯主	22, 685	22, 020	23, 494	20, 549	21, 324	21, 597	20, 656	18, 604
世帯主の配偶者	11, 807	1, 740	4, 480	6, 675	9, 102	10, 332	12, 330	13, 824
その他の世帯員	3, 813	1, 153	2, 399	1, 769	2, 582	3, 701	3, 826	3, 724
最も多く購入に使用した機器（世帯主）								
パソコン（家族所有）	11. 5	5. 9	8. 0	10. 8	12. 5	17. 4	12. 9	14. 6
パソコン（家族所有以外）	0. 3	0. 0	0. 2	0. 3	0. 3	0. 8	0. 5	0. 4
スマートフォン・携帯電話	20. 2	11. 9	13. 2	19. 1	24. 5	21. 3	28. 7	26. 5
タブレット型端末	1. 4	0. 6	0. 8	1. 1	2. 0	1. 1	2. 3	1. 2
その他	1. 3	0. 4	1. 0	1. 5	0. 8	2. 2	0. 8	3. 3
最も多く購入に使用した機器（世帯主の配偶者）								
パソコン（家族所有）	3. 5	0. 5	1. 4	2. 7	3. 9	4. 0	5. 0	5. 7
パソコン（家族所有以外）	0. 1	-	0. 1	0. 1	0. 2	0. 2	0. 1	0. 0
スマートフォン・携帯電話	14. 3	0. 9	3. 5	7. 5	13. 8	18. 8	27. 7	29. 3
タブレット型端末	0. 8	0. 1	0. 2	0. 7	0. 7	0. 8	1. 0	1. 3
その他	0. 3	0. 0	0. 1	0. 1	0. 4	0. 5	0. 6	0. 5
最も多く購入に使用した機器（その他の世帯員）								
パソコン（家族所有）	1. 4	0. 3	0. 6	0. 9	1. 4	1. 7	2. 2	2. 2
パソコン（家族所有以外）	0. 1	0. 0	0. 0	0. 1	0. 0	0. 1	0. 1	0. 2
スマートフォン・携帯電話	6. 0	0. 9	2. 1	2. 7	5. 8	7. 4	10. 1	9. 9
タブレット型端末	0. 2	0. 1	0. 1	0. 1	0. 2	0. 3	0. 3	0. 2
その他	0. 3	0. 0	0. 1	0. 2	0. 3	0. 5	0. 8	0. 6

を利用した購入状況（総世帯）
Yearly Income Group (Total Households)

(%)

800～900 8 million yen - 9 million yen	900～1,000 9 million yen - 10 million yen	1,000～1,250 10 million yen - 12.5 million yen	1,250～1,500 12.5 million yen - 15 million yen	1,500～2,000 15 million yen - 20 million yen	2,000万円以上 20 million yen or more	Item
427	396	445	209	133	98	Distribution of households
114	98	119	55	36	23	Number of tabulated households
3.23	3.16	3.30	3.34	3.43	3.13	Number of persons per household (persons)
1.93	1.96	2.05	2.21	2.25	2.05	Number of earners per household (persons)
53.2	53.7	54.4	56.0	55.0	57.4	Age of household head (years old)
71.5	72.3	75.8	76.5	80.1	70.0	Households that ordered goods and services over the Internet
28.5	27.7	24.2	23.5	19.9	30.0	Households that didn't order goods and services over the Internet
43,073	52,918	50,649	63,352	73,521	102,920	Total expenditure on goods and services ordered over the Internet (yen)
21,568	28,642	22,330	29,040	37,688	41,494	Household head
16,759	17,355	20,797	25,106	29,579	51,932	Spouse of household head
4,746	6,921	7,521	9,206	6,254	9,495	Household members of others
						Equipment that was used most often to buy(Household head)
12.0	18.8	17.6	16.4	20.1	19.4	PC (household holdings)
0.7	0.5	0.6	0.4	1.0	1.6	PC (other than household holdings)
30.1	26.6	30.5	32.2	32.4	25.1	Smartphone and mobile phone
3.4	2.2	1.6	1.7	5.0	3.9	Tablet
1.9	1.7	1.0	1.2	1.0	-	Others
						Equipment that was used most often to buy(Spouse of household head)
5.1	7.7	9.2	8.9	10.3	12.7	PC (household holdings)
0.3	0.2	0.3	0.6	0.1	0.9	PC (other than household holdings)
34.4	30.7	36.2	39.1	41.2	36.0	Smartphone and mobile phone
1.2	1.6	2.3	2.5	5.1	3.5	Tablet
0.6	0.8	0.8	0.9	0.9	0.4	Others
						Equipment that was used most often to buy(Household members of others)
2.6	3.5	2.9	3.9	2.4	3.0	PC (household holdings)
0.1	0.4	0.5	0.3	0.2	0.5	PC (other than household holdings)
13.9	14.8	16.0	19.4	17.0	14.1	Smartphone and mobile phone
0.1	0.3	0.6	0.7	0.4	0.4	Tablet
0.5	0.6	0.5	0.8	0.7	0.5	Others

第４－５表　年間収入階級別インターネット

Table 4-5 Purchase Situation Using the Internet by

2022年平均
2022 Average

項　　目	平均 Average	200万円 未　満 2 million yen under	200万円 以　上 300万円 未　満 2 million yen - 3 million yen	300～400 3 million yen - 4 million yen	400～500 4 million yen - 5 million yen	500～600 5 million yen - 6 million yen	600～700 6 million yen - 7 million yen	700～800 7 million yen - 8 million yen
世帯数分布（抽出率調整）	10, 000	748	1, 348	1, 444	1, 195	981	879	733
集計世帯数	1, 876	148	265	281	227	184	162	134
世帯人員（人）	2. 94	2. 37	2. 37	2. 54	2. 83	3. 10	3. 28	3. 33
有業人員（人）	1. 51	0. 78	0. 76	1. 07	1. 46	1. 68	1. 86	1. 88
世帯主の年齢（歳）	60. 7	68. 5	69. 6	66. 6	61. 5	57. 6	55. 2	53. 9
インターネットを通じて注文をした	51. 6	22. 2	25. 7	35. 8	49. 5	56. 8	65. 5	69. 1
インターネットを通じて注文をしなかった	48. 5	77. 8	74. 3	64. 2	50. 5	43. 2	34. 5	30. 9
インターネットを利用した支出総額（円）	41, 933	29, 618	28, 796	30, 191	33, 234	36, 834	36, 420	37, 769
世帯主	19, 770	18, 884	15, 134	15, 779	15, 244	18, 141	16, 647	17, 591
世帯主の配偶者	16, 754	6, 402	8, 884	11, 361	13, 951	13, 838	15, 107	15, 865
その他の世帯員	5, 409	4, 333	4, 778	3, 050	4, 040	4, 855	4, 667	4, 312
最も多く購入に使用した機器（世帯主）								
パソコン（家族所有）	11. 6	5. 7	7. 2	10. 9	11. 2	12. 2	11. 6	12. 8
パソコン（家族所有以外）	0. 4	0. 2	0. 2	0. 3	0. 2	0. 5	0. 5	0. 5
スマートフォン・携帯電話	18. 6	8. 0	8. 3	10. 0	15. 5	19. 9	24. 5	28. 1
タブレット型端末	1. 3	1. 2	0. 4	0. 7	0. 9	1. 0	1. 7	1. 2
その他	0. 9	0. 7	0. 5	0. 7	1. 1	1. 3	0. 9	1. 3
最も多く購入に使用した機器（世帯主の配偶者）								
パソコン（家族所有）	5. 5	2. 0	2. 6	4. 0	5. 4	5. 2	6. 0	6. 7
パソコン（家族所有以外）	0. 2	-	0. 1	0. 2	0. 3	0. 2	0. 1	0. 1
スマートフォン・携帯電話	22. 6	3. 5	6. 5	11. 5	19. 6	24. 6	32. 9	35. 2
タブレット型端末	1. 3	0. 3	0. 5	1. 0	1. 0	1. 1	1. 2	1. 6
その他	0. 5	0. 2	0. 2	0. 2	0. 6	0. 7	0. 7	0. 6
最も多く購入に使用した機器（その他の世帯員）								
パソコン（家族所有）	2. 1	1. 4	1. 1	1. 3	2. 1	2. 2	2. 6	2. 5
パソコン（家族所有以外）	0. 2	0. 1	0. 0	0. 1	0. 1	0. 2	0. 1	0. 3
スマートフォン・携帯電話	9. 5	3. 6	4. 0	4. 0	8. 1	9. 8	12. 1	11. 9
タブレット型端末	0. 3	0. 3	0. 1	0. 2	0. 3	0. 4	0. 4	0. 2
その他	0. 5	0. 1	0. 2	0. 3	0. 4	0. 6	1. 0	0. 7

を利用した購入状況（二人以上の世帯）
Yearly Income Group (Two-or-more-person Households)

(%)

800～900 8 million yen - 9 million yen	900～1,000 9 million yen - 10 million yen	1,000～1,250 10 million yen - 12.5 million yen	1,250～1,500 12.5 million yen - 15 million yen	1,500～2,000 15 million yen - 20 million yen	2,000万円以上 20 million yen or more	Item
620	540	664	315	208	132	Distribution of households
112	96	118	54	36	23	Number of tabulated households
3.41	3.46	3.42	3.43	3.45	3.31	Number of persons per household (persons)
2.00	2.10	2.12	2.27	2.26	2.13	Number of earners per household (persons)
53.5	54.4	54.3	55.8	54.8	58.3	Age of household head (years old)
71.0	72.6	75.9	79.2	80.7	75.0	Households that ordered goods and services over the Internet
29.0	27.4	24.1	20.9	19.3	25.0	Households that didn't order goods and services over the Internet
43,569	52,620	52,218	63,039	73,521	104,917	Total expenditure on goods and services ordered over the Internet (yen)
20,183	25,270	22,419	28,490	37,688	41,724	Household head
18,181	19,456	21,862	25,297	29,579	53,631	Spouse of household head
5,205	7,895	7,937	9,252	6,254	9,562	Household members of others
						Equipment that was used most often to buy(Household head)
12.9	16.3	16.9	17.1	20.3	21.7	PC (household holdings)
0.5	0.6	0.6	0.4	1.0	1.8	PC (other than household holdings)
29.6	27.0	29.8	33.1	32.7	26.2	Smartphone and mobile phone
1.8	2.1	1.7	1.8	5.1	4.0	Tablet
0.9	0.9	1.1	1.2	1.0	-	Others
						Equipment that was used most often to buy(Spouse of household head)
5.5	8.8	9.6	9.4	10.4	14.0	PC (household holdings)
0.3	0.2	0.3	0.6	0.1	0.9	PC (other than household holdings)
37.3	35.3	38.1	40.7	41.6	38.8	Smartphone and mobile phone
1.3	1.8	2.5	2.6	5.1	3.9	Tablet
0.6	0.9	0.8	0.9	0.9	0.4	Others
						Equipment that was used most often to buy(Household members of others)
2.8	3.9	3.1	4.1	2.4	3.5	PC (household holdings)
0.1	0.4	0.5	0.3	0.2	0.6	PC (other than household holdings)
15.0	17.0	16.9	20.1	17.2	15.0	Smartphone and mobile phone
0.1	0.4	0.6	0.7	0.4	0.4	Tablet
0.5	0.7	0.5	0.8	0.7	0.7	Others

2022年平均
2022 Average

項目	全国 All Japan	地方 北海道 Hokkaido	東北 Tohoku	関東 Kanto	北陸 Hokuriku	東海 Tokai	近畿 Kinki	中国 Chugoku
世帯数分布（１０万分比）	100,000	4,405	7,641	36,046	4,064	12,369	15,399	5,942
集計世帯数	21,903	1,059	1,739	7,127	989	2,622	3,584	1,436
世帯人員（人）	2.23	2.05	2.14	2.24	2.29	2.25	2.29	2.20
世帯人員別世帯数								
１人	36,120	1,729	3,379	12,480	1,571	4,722	4,915	2,242
２人	29,798	1,489	1,857	10,971	1,031	3,316	4,963	1,765
３人	16,631	641	1,133	6,328	665	1,962	2,720	917
４人	12,272	394	783	4,705	487	1,649	2,036	678
５人	3,741	117	292	1,191	191	504	600	243
６人～	1,438	35	198	370	118	217	166	98
就業者数別世帯数								
０人	26,758	1,359	2,009	8,759	912	3,103	4,826	1,633
１人	39,837	1,747	3,321	14,938	1,678	5,086	5,435	2,371
２人	25,519	1,070	1,610	9,495	1,077	3,091	4,011	1,517
３人～	7,886	229	702	2,854	396	1,089	1,127	422
世帯主の年齢階級別世帯数								
（年齢５歳階級）								
～３４歳	9,273	342	1,065	3,895	374	1,532	726	455
３５～３９歳	3,900	159	201	1,555	237	445	620	263
４０～４４歳	5,281	215	365	2,091	194	614	848	319
４５～４９歳	7,651	286	491	2,978	320	987	1,139	468
５０～５４歳	9,535	385	612	3,746	380	1,197	1,463	534
５５～５９歳	9,477	441	818	3,382	421	1,074	1,389	587
６０～６４歳	10,018	569	811	3,459	472	1,163	1,473	492
６５～６９歳	12,194	663	1,016	3,957	517	1,517	1,677	764
７０～７４歳	15,587	668	1,264	4,858	708	1,778	2,688	1,010
７５～７９歳	9,471	441	562	3,106	259	1,255	1,873	635
８０～８４歳	5,215	132	279	2,031	118	615	1,033	303
８５歳～	2,399	105	159	987	65	193	469	111
（年齢１０歳階級Ａ）								
～３４歳	9,273	342	1,065	3,895	374	1,532	726	455
３５～４４歳	9,180	373	566	3,647	432	1,059	1,468	582
４５～５４歳	17,187	670	1,103	6,725	699	2,183	2,603	1,002
５５～６４歳	19,494	1,010	1,628	6,841	893	2,237	2,862	1,079
６５～７４歳	27,781	1,331	2,280	8,815	1,225	3,295	4,365	1,774
７５～８４歳	14,686	573	841	5,137	377	1,870	2,906	938
８５歳～	2,399	105	159	987	65	193	469	111
（再掲）６５歳～	44,866	2,009	3,280	14,939	1,666	5,358	7,740	2,824
（年齢１０歳階級Ｂ）								
～２９歳	4,342	103	711	1,883	107	789	116	174
３０～３９歳	8,831	398	555	3,566	504	1,188	1,230	544
４０～４９歳	12,932	500	856	5,069	514	1,601	1,987	787
５０～５９歳	19,012	826	1,429	7,128	800	2,270	2,852	1,121
６０～６９歳	22,212	1,232	1,826	7,417	989	2,680	3,150	1,257
７０～７９歳	25,058	1,109	1,826	7,964	967	3,033	4,561	1,645
８０歳～	7,614	237	437	3,018	183	808	1,502	415
（再掲）６０歳～	54,883	2,579	4,090	18,399	2,138	6,521	9,214	3,316
（再掲）７０歳～	32,671	1,346	2,264	10,982	1,149	3,841	6,063	2,059
世帯主の勤めか自営かの別世帯数								
雇用されている人（勤労者）	52,227	2,306	4,037	19,854	2,196	6,861	7,207	3,147
会社などの役員	4,094	158	215	1,528	178	477	631	192
自営業主・その他	9,656	328	818	3,415	420	1,069	1,543	512
非就業（無職）	34,023	1,613	2,571	11,250	1,270	3,963	6,017	2,091
住居の種類別世帯数								
持ち家	75,531	3,077	5,719	26,118	3,255	9,734	12,180	4,561
うち住宅ローンあり	21,631	765	1,372	8,404	796	2,987	3,461	1,202
民営の賃貸住宅	16,631	830	1,364	6,793	628	1,937	1,917	951
公営の賃貸住宅	3,284	210	264	1,085	88	277	754	166
都市再生機構・公社等の賃貸住宅	1,154	5	3	651	1	85	216	86
給与住宅	1,842	159	157	820	22	198	115	63
その他	1,458	125	127	537	55	124	209	103
年間収入階級別世帯数								
200万円未満	18,867	1,044	1,862	5,418	753	1,848	3,385	1,228
200万円以上300万円未満	15,971	869	1,285	4,955	513	1,841	2,627	1,120
300 ～ 400	14,448	651	1,306	4,877	707	1,901	1,947	938
400 ～ 500	11,100	515	754	4,146	572	1,411	1,644	631
500 ～ 600	8,803	282	639	3,595	406	1,136	1,255	433
600 ～ 700	6,484	270	448	2,607	252	834	967	308
700 ～ 800	5,605	255	340	2,138	222	798	809	335
800 ～ 900	4,570	171	296	1,908	149	584	693	271
900 ～ 1,000	3,665	115	222	1,590	168	477	555	152
1,000 ～ 1,250	4,467	122	200	2,116	166	546	671	232
1,250 ～ 1,500	2,059	59	108	1,089	56	222	288	84
1,500 ～ 2,000	1,237	10	41	694	25	153	171	35
2,000万円以上	843	15	39	455	14	83	116	26
在学者の有無別世帯数								
いる世帯	17,943	639	1,051	6,952	713	2,241	3,005	1,019
いない世帯　1）	82,057	3,767	6,591	29,095	3,350	10,128	12,394	4,923

1）在学者のいない世帯には、単身世帯を含む。

都市階級別世帯分布（総世帯）
by All Japan, Districts and City Groups (Total Households)

単位　10万分比　Numbers per 100,000

Districts		都市階級 City Groups				
四国 Shikoku	九州・沖縄 Kyushu & Okinawa	大都市 Major cities	中都市 Middle cities	小都市Ａ Small cities A	小都市Ｂ・町村 Small cities B, Towns & villages	Item
2,892	11,241	30,490	30,706	23,465	15,338	Distribution of households (rate to the whole = 100,000)
714	2,633	5,765	6,901	5,478	3,759	Number of tabulated households
2.22	2.22	2.21	2.24	2.24	2.21	Number of persons per household (persons)
						Number of households by number of household members
993	4,088	10,983	10,718	8,582	5,837	1 person
947	3,459	9,026	9,454	6,768	4,549	2 persons
480	1,786	5,154	5,130	3,951	2,395	3 persons
324	1,217	4,064	3,876	2,794	1,538	4 persons
110	493	997	1,132	958	655	5 persons
38	199	266	396	411	365	6 or more persons
						Number of households by employed persons
936	3,222	7,111	8,478	6,448	4,722	0 person
980	4,281	12,980	12,146	9,131	5,580	1 person
792	2,857	8,214	7,761	5,903	3,641	2 persons
185	882	2,185	2,321	1,984	1,396	3 or more persons
						Number of households by age group of household head
						(5-Year Age Group)
66	817	3,685	2,632	1,925	1,031	-34 years old
87	333	1,498	1,163	825	413	35-39
114	522	1,885	1,627	1,150	619	40-44
191	792	2,471	2,470	1,886	824	45-49
267	953	3,244	2,735	2,253	1,304	50-54
297	1,069	2,868	3,005	2,218	1,386	55-59
335	1,242	2,828	3,103	2,308	1,779	60-64
427	1,658	3,274	3,718	2,985	2,217	65-69
583	2,029	3,907	4,829	3,879	2,972	70-74
308	1,032	2,498	3,214	2,223	1,536	75-79
163	541	1,530	1,528	1,288	870	80-84
56	254	803	683	526	388	85-
						(10-Year Age Group A)
66	817	3,685	2,632	1,925	1,031	-34 years old
200	855	3,384	2,790	1,975	1,032	35-44
457	1,744	5,715	5,205	4,138	2,128	45-54
633	2,311	5,696	6,108	4,526	3,165	55-64
1,010	3,687	7,180	8,547	6,864	5,190	65-74
471	1,574	4,028	4,742	3,510	2,406	75-84
56	254	803	683	526	388	85-
1,537	5,514	12,011	13,971	10,900	7,983	(Regrouped) 65 years old or more
						(10-Year Age Group B)
18	440	1,775	1,214	871	482	-29 years old
135	710	3,408	2,581	1,880	962	30-39
304	1,314	4,357	4,097	3,036	1,443	40-49
564	2,022	6,112	5,740	4,471	2,690	50-59
762	2,900	6,102	6,821	5,293	3,996	60-69
891	3,061	6,404	8,043	6,102	4,509	70-79
219	795	2,333	2,210	1,813	1,257	80-
1,872	6,756	14,839	17,074	13,208	9,762	(Regrouped) 60 years old or more
1,110	3,856	8,737	10,253	7,915	5,766	(Regrouped) 70 years old or more
						Number of households by occupation of household head
1,269	5,350	17,222	16,052	12,015	6,938	Employee
98	617	1,403	1,218	883	589	Corporative administrators
345	1,205	2,844	2,616	2,344	1,852	Individual proprietors and others
1,180	4,069	9,021	10,820	8,222	5,960	No-occupation
						Number of households by kind of residence
2,533	8,354	20,101	23,672	18,884	12,874	Owned houses
539	2,106	6,953	6,983	5,201	2,494	of which household paying back debts for houses and/or land
259	1,952	7,362	4,962	2,913	1,393	Privately owned rented houses
64	376	1,239	862	658	526	Publicly owned rented houses
-	106	567	341	232	14	Rented houses owned by Urban Renaissance Agency or public corporation
10	299	840	379	407	216	Issued houses
24	154	363	448	340	307	Others
						Number of households by yearly income group
776	2,555	4,969	5,639	4,492	3,767	- 1,999,999 yen
501	2,260	4,199	4,988	4,036	2,749	2,000,000- 2,999,999
412	1,710	4,444	4,491	3,299	2,214	3,000,000- 3,999,999
296	1,132	3,364	3,480	2,515	1,741	4,000,000- 4,999,999
174	883	2,550	2,842	2,209	1,203	5,000,000- 5,999,999
206	592	1,963	2,042	1,468	1,011	6,000,000- 6,999,999
133	576	1,831	1,731	1,371	673	7,000,000- 7,999,999
111	388	1,550	1,467	1,056	497	8,000,000- 8,999,999
96	291	1,372	1,120	810	364	9,000,000- 9,999,999
77	337	1,815	1,298	923	430	10,000,000- 12,499,999
40	113	889	599	375	196	12,500,000- 14,999,999
29	79	574	335	242	86	15,000,000- 19,999,999
24	73	404	240	135	64	20,000,000-
						Number of households by presence of student
476	1,848	5,983	5,765	4,062	2,134	Households with student
2,416	9,393	24,508	24,942	19,403	13,204	Households without student 1)

1) It includes one-person households.

第５－１表　全国・地方・
Table 5-1　Distribution of Households

2022年平均
2022 Average

項　　目	全国 All Japan	地方 北海道 Hokkaido	東北 Tohoku	関東 Kanto	北陸 Hokuriku	東海 Tokai	近畿 Kinki	中国 Chugoku
世帯数分布（１０万分比）	100,000	4,189	6,672	36,891	3,902	11,972	16,412	5,792
集計世帯数	19,797	949	1,560	6,470	901	2,363	3,248	1,300
世帯人員（人）	2.92	2.72	3.04	2.89	3.10	3.01	2.89	2.93
世帯人員別世帯数								
１人	...	...	...	...	...	...	...	...
２人	46,647	2,331	2,906	17,175	1,615	5,190	7,770	2,762
３人	26,035	1,004	1,773	9,906	1,041	3,072	4,257	1,435
４人	19,211	617	1,226	7,365	763	2,580	3,187	1,061
５人	5,856	183	457	1,865	299	789	939	380
６人～	2,251	54	309	580	184	340	260	153
就業者数別世帯数								
０人	18,799	876	1,161	6,804	571	2,175	3,377	1,109
１人	28,908	1,280	1,892	10,756	1,025	3,252	4,992	1,649
２人	39,947	1,675	2,521	14,863	1,686	4,839	6,279	2,374
３人～	12,345	359	1,099	4,468	620	1,705	1,764	660
世帯主の年齢階級別世帯数								
（年齢５歳階級）								
～３４歳	3,025	114	180	1,211	95	377	461	202
３５～３９歳	4,802	194	268	1,805	203	622	807	329
４０～４４歳	6,607	292	382	2,517	281	767	1,110	375
４５～４９歳	9,630	364	556	3,767	410	1,228	1,535	547
５０～５４歳	10,113	440	595	4,043	369	1,295	1,668	470
５５～５９歳	9,653	418	709	3,648	377	1,122	1,488	513
６０～６４歳	11,315	560	859	4,078	455	1,291	1,717	600
６５～６９歳	12,797	601	1,010	4,326	548	1,635	1,815	805
７０～７４歳	15,633	676	1,180	5,183	705	1,702	2,615	1,047
７５～７９歳	9,001	355	518	3,297	262	1,135	1,704	537
８０～８４歳	5,240	126	285	2,044	148	609	1,101	259
８５歳～	2,183	50	132	971	49	190	389	109
（年齢１０歳階級Ａ）								
～３４歳	3,025	114	180	1,211	95	377	461	202
３５～４４歳	11,409	486	650	4,322	484	1,389	1,917	703
４５～５４歳	19,743	804	1,151	7,811	779	2,523	3,203	1,017
５５～６４歳	20,968	978	1,568	7,726	833	2,413	3,205	1,113
６５～７４歳	28,430	1,277	2,190	9,509	1,253	3,337	4,430	1,852
７５～８４歳	14,242	481	802	5,341	410	1,743	2,805	796
８５歳～	2,183	50	132	971	49	190	389	109
（再掲）６５歳～	44,855	1,808	3,124	15,821	1,712	5,271	7,625	2,757
（年齢１０歳階級Ｂ）								
～２９歳	662	34	30	261	20	67	107	53
３０～３９歳	7,165	274	417	2,755	278	931	1,161	478
４０～４９歳	16,237	656	938	6,284	691	1,995	2,645	922
５０～５９歳	19,766	858	1,304	7,692	747	2,416	3,156	983
６０～６９歳	24,112	1,160	1,869	8,404	1,003	2,927	3,532	1,405
７０～７９歳	24,634	1,032	1,697	8,479	967	2,837	4,320	1,584
８０歳～	7,424	175	417	3,015	197	799	1,490	368
（再掲）６０歳～	56,170	2,367	3,983	19,899	2,167	6,562	9,342	3,357
（再掲）７０歳～	32,057	1,207	2,114	11,495	1,164	3,636	5,810	1,952
世帯主の勤めか自営かの別世帯数								
雇用されている人（勤労者）	53,624	2,356	3,419	20,334	2,113	6,639	8,488	3,137
会社などの役員	5,170	226	288	2,006	222	566	793	270
自営業主・その他	11,033	334	924	3,847	437	1,245	1,889	559
非就業（無職）	30,173	1,273	2,042	10,703	1,130	3,521	5,242	1,826
住居の種類別世帯数								
持ち家	85,984	3,310	5,912	31,161	3,623	10,926	13,933	4,960
うち住宅ローンあり	29,666	1,100	1,838	11,532	1,121	3,824	4,872	1,635
民営の賃貸住宅	8,042	549	424	3,237	189	561	1,256	501
公営の賃貸住宅	2,614	196	200	839	41	176	681	173
都市再生機構・公社等の賃貸住宅	1,119	8	0	720	2	56	240	14
給与住宅	1,048	42	61	479	18	135	93	73
その他	1,132	84	74	428	27	109	196	67
年間収入階級別世帯数								
200万円未満	6,834	388	566	2,106	199	582	1,351	396
200万円以上300万円未満	13,146	752	921	3,964	423	1,432	2,416	808
300　～　400	14,815	716	1,116	4,836	624	1,692	2,412	1,012
400　～　500	12,264	513	878	4,344	530	1,397	2,024	701
500　～　600	10,247	427	783	3,728	539	1,166	1,615	628
600　～　700	8,862	379	548	3,424	347	1,077	1,442	462
700　～　800	7,529	295	464	2,901	337	992	1,086	483
800　～　900	6,383	247	401	2,507	233	858	982	416
900　～ 1,000	5,083	153	303	2,069	213	695	832	219
1,000　～ 1,250	6,629	163	305	3,164	258	821	1,049	322
1,250　～ 1,500	3,083	90	170	1,605	75	341	447	118
1,500　～ 2,000	1,909	16	64	1,070	40	239	258	56
2,000万円以上	1,244	23	50	693	21	130	172	40
在学者の有無別世帯数								
いる世帯	28,088	1,000	1,644	10,882	1,117	3,509	4,704	1,595
いない世帯	71,912	3,190	5,028	26,009	2,786	8,463	11,708	4,197

都市階級別世帯分布（二人以上の世帯）

by All Japan, Districts and City Groups (Two-or-more-person Households)

単位　10万分比　Numbers per 100,000

Districts		都市階級　City Groups				
四国 Shikoku	九州・沖縄 Kyushu & Okinawa	大都市 Major cities	中都市 Middle cities	小都市Ａ Small cities A	小都市Ｂ・町村 Small cities B, Towns & villages	Item
2,973	11,198	30,538	31,290	23,298	14,874	Distribution of households (rate to the whole = 100,000)
639	2,368	5,200	6,251	4,969	3,378	Number of tabulated households
2.86	2.92	2.89	2.90	2.96	2.95	Number of persons per household (persons)
						Number of households by number of household members
...	...	...	...	...	...	1 person
1,483	5,415	14,130	14,800	10,595	7,122	2 persons
751	2,795	8,069	8,031	6,186	3,750	3 persons
507	1,905	6,362	6,068	4,374	2,408	4 persons
173	772	1,560	1,772	1,500	1,025	5 persons
59	311	417	620	644	571	6 or more persons
						Number of households by employed persons
592	2,136	5,295	6,124	4,359	3,022	0 person
852	3,210	8,964	9,384	6,593	3,968	1 person
1,239	4,472	12,859	12,148	9,240	5,699	2 persons
290	1,380	3,421	3,634	3,106	2,185	3 or more persons
						Number of households by age group of household head
						(5-Year Age Group)
81	305	1,042	1,044	625	314	-34 years old
121	453	1,783	1,423	1,040	556	35-39
178	706	2,133	2,172	1,501	803	40-44
280	943	3,184	3,130	2,231	1,085	45-49
262	972	3,518	3,029	2,369	1,197	50-54
272	1,105	2,991	3,075	2,131	1,456	55-59
370	1,386	3,457	3,406	2,653	1,800	60-64
374	1,684	3,562	3,913	3,192	2,130	65-69
561	1,965	4,092	4,923	3,787	2,831	70-74
289	904	2,469	2,897	2,080	1,555	75-79
144	526	1,564	1,621	1,259	797	80-84
44	249	744	657	432	350	85-
						(10-Year Age Group A)
81	305	1,042	1,044	625	314	-34 years old
299	1,159	3,915	3,595	2,541	1,358	35-44
542	1,915	6,702	6,159	4,600	2,282	45-54
641	2,491	6,448	6,481	4,783	3,256	55-64
934	3,648	7,654	8,836	6,979	4,962	65-74
432	1,430	4,033	4,519	3,338	2,352	75-84
44	249	744	657	432	350	85-
1,410	5,327	12,431	14,012	10,749	7,663	(Regrouped) 65 years old or more
						(10-Year Age Group B)
16	74	234	243	99	86	-29 years old
187	684	2,591	2,224	1,567	784	30-39
458	1,649	5,317	5,301	3,731	1,888	40-49
534	2,078	6,509	6,104	4,500	2,654	50-59
743	3,069	7,018	7,319	5,845	3,931	60-69
849	2,869	6,561	7,820	5,867	4,387	70-79
187	775	2,308	2,278	1,691	1,146	80-
1,779	6,713	15,888	17,417	13,402	9,463	(Regrouped) 60 years old or more
1,037	3,644	8,869	10,098	7,557	5,533	(Regrouped) 70 years old or more
						Number of households by occupation of household head
1,511	5,627	17,128	16,922	12,501	7,073	Employee
142	656	1,831	1,657	1,003	678	Corporative administrators
346	1,452	3,294	2,921	2,657	2,162	Individual proprietors and others
975	3,462	8,285	9,790	7,137	4,961	No-occupation
						Number of households by kind of residence
2,707	9,453	24,316	27,097	20,899	13,671	Owned houses
760	2,984	9,628	9,506	6,998	3,535	of which household paying back debts for houses and/or land
189	1,136	3,635	2,476	1,322	610	Privately owned rented houses
35	273	1,055	715	464	380	Publicly owned rented houses
-	79	569	350	196	4	Rented houses owned by Urban Renaissance Agency or public corporation
16	130	579	264	140	65	Issued houses
23	124	367	367	258	141	Others
						Number of households by yearly income group
249	997	1,920	1,914	1,589	1,411	- 1,999,999 yen
522	1,908	3,560	4,056	3,159	2,372	2,000,000- 2,999,999
505	1,903	3,945	4,813	3,596	2,461	3,000,000- 3,999,999
390	1,487	3,340	4,109	2,907	1,909	4,000,000- 4,999,999
272	1,089	2,919	3,192	2,539	1,597	5,000,000- 5,999,999
290	893	2,576	2,825	2,094	1,367	6,000,000- 6,999,999
201	771	2,391	2,447	1,760	932	7,000,000- 7,999,999
174	565	2,007	2,126	1,496	753	8,000,000- 8,999,999
147	453	1,811	1,570	1,142	559	9,000,000- 9,999,999
79	468	2,662	1,945	1,350	672	10,000,000- 12,499,999
62	177	1,312	921	587	263	12,500,000- 14,999,999
45	123	899	523	353	134	15,000,000- 19,999,999
10	105	604	349	211	79	20,000,000-
						Number of households by presence of student
746	2,893	9,366	9,024	6,359	3,340	Households with student
2,227	8,305	21,172	22,266	16,939	11,534	Households without student

第５－２表　世帯主の
Table 5-2 Distribution of Households

2022年平均
2022 Average

項　　目	平均 Average	～29歳 years old	30～39歳 years old	40～49歳 years old	50～59歳 years old	60～69歳 years old
世帯数分布（１０万分比）	100,000	4,342	8,831	12,932	19,012	22,212
集計世帯数	21,903	164	1,418	3,182	4,091	5,440
世帯人員（人）	2.23	1.21	2.40	3.14	2.44	2.14
世帯人員別世帯数						
１人	36,120	3,918	4,253	2,559	6,385	6,809
２人	29,798	128	672	1,601	3,927	8,713
３人	16,631	170	1,205	2,563	4,133	4,403
４人	12,272	90	1,831	4,347	3,395	1,654
５人	3,741	27	672	1,478	886	374
６人～	1,438	9	197	385	286	260
就業者数別世帯数						
０人	26,758	283	167	319	1,279	5,438
１人	39,837	3,770	5,574	5,069	8,216	8,342
２人	25,519	267	2,948	6,641	6,471	5,868
３人～	7,886	21	142	904	3,045	2,564
世帯主の年齢階級別世帯数						
（年齢５歳階級）						
～３４歳	9,273	4,342	4,931	...	...	...
３５～３９歳	3,900	...	3,900	...	...	...
４０～４４歳	5,281	...	...	5,281	...	...
４５～４９歳	7,651	...	...	7,651	...	...
５０～５４歳	9,535	...	...	...	9,535	...
５５～５９歳	9,477	...	...	...	9,477	...
６０～６４歳	10,018	...	...	...	...	10,018
６５～６９歳	12,194	...	...	...	...	12,194
７０～７４歳	15,587	...	...	...	...	...
７５～７９歳	9,471	...	...	...	...	...
８０～８４歳	5,215	...	...	...	...	...
８５歳～	2,399	...	...	...	...	...
（年齢１０歳階級Ａ）						
～３４歳	9,273	4,342	4,931	...	...	...
３５～４４歳	9,180	...	3,900	5,281	...	...
４５～５４歳	17,187	...	...	7,651	9,535	...
５５～６４歳	19,494	...	...	...	9,477	10,018
６５～７４歳	27,781	...	...	...	...	12,194
７５～８４歳	14,686	...	...	...	...	...
８５歳～	2,399	...	...	...	...	...
（再掲）６５歳～	44,866	...	...	...	...	12,194
（年齢１０歳階級Ｂ）						
～２９歳	4,342	4,342	...	...	...	...
３０～３９歳	8,831	...	8,831	...	...	...
４０～４９歳	12,932	...	...	12,932	...	...
５０～５９歳	19,012	...	...	...	19,012	...
６０～６９歳	22,212	...	...	...	...	22,212
７０～７９歳	25,058	...	...	...	...	...
８０歳～	7,614	...	...	...	...	...
（再掲）６０歳～	54,883	...	...	...	...	22,212
（再掲）７０歳～	32,671	...	...	...	...	...
世帯主の勤めか自営かの別世帯数						
雇用されている人（勤労者）	52,227	3,995	7,805	10,844	14,434	10,800
会社などの役員	4,094	31	413	591	1,133	1,123
自営業主・その他	9,656	32	432	1,088	1,923	2,713
非就業（無職）	34,023	284	181	410	1,523	7,576
住居の種類別世帯数						
持ち家	75,531	327	3,535	9,103	14,651	19,327
うち住宅ローンあり	21,631	207	2,893	6,902	7,033	3,057
民営の賃貸住宅	16,631	2,973	4,214	2,797	3,047	1,632
公営の賃貸住宅	3,284	232	359	255	551	681
都市再生機構・公社等の賃貸住宅	1,154	68	43	158	181	182
給与住宅	1,842	648	533	285	263	74
その他	1,458	93	146	324	300	300
年間収入階級別世帯数						
200万円未満	18,867	513	628	683	2,433	4,921
200万円以上300万円未満	15,971	1,263	700	716	1,537	3,505
300　～　400	14,448	1,182	1,751	1,070	1,549	3,377
400　～　500	11,100	595	1,716	1,517	1,571	2,629
500　～　600	8,803	438	1,316	1,681	1,752	1,853
600　～　700	6,484	122	713	1,589	1,676	1,365
700　～　800	5,605	65	622	1,434	1,759	982
800　～　900	4,570	41	422	1,240	1,598	777
900　～ 1,000	3,665	10	317	920	1,330	677
1,000　～ 1,250	4,467	15	349	1,108	1,724	831
1,250　～ 1,500	2,059	11	105	447	886	412
1,500　～ 2,000	1,237	1	69	229	560	252
2,000万円以上	843	1	41	109	292	263
在学者の有無別世帯数						
いる世帯	17,943	76	2,752	7,924	5,440	1,110
いない世帯　1）	82,057	4,265	6,079	5,009	13,572	21,102

1）在学者のいない世帯には、単身世帯を含む。

年齢階級別世帯分布（総世帯）
by Age Group of Household Head (Total Households)

単位　10万分比　Numbers per 100,000

70～79歳 years old	80歳～ years old	Item
25,058	7,614	Distribution of households (rate to the whole = 100,000)
5,867	1,742	Number of tabulated households
1.89	1.87	Number of persons per household (persons)
		Number of households by number of household members
9,322	2,872	1 person
11,288	3,470	2 persons
3,242	915	3 persons
730	226	4 persons
236	69	5 persons
240	62	6 or more persons
		Number of households by employed persons
13,665	5,607	0 person
7,501	1,365	1 person
2,875	450	2 persons
1,018	192	3 or more persons
		Number of households by age group of household head
		(5-Year Age Group)
...	...	-34 years old
...	...	35-39
...	...	40-44
...	...	45-49
...	...	50-54
...	...	55-59
...	...	60-64
...	...	65-69
15,587	...	70-74
9,471	...	75-79
...	5,215	80-84
...	2,399	85-
		(10-Year Age Group A)
...	...	-34 years old
...	...	35-44
...	...	45-54
...	...	55-64
15,587	...	65-74
9,471	5,215	75-84
...	2,399	85-
25,058	7,614	(Regrouped) 65 years old or more
		(10-Year Age Group B)
...	...	-29 years old
...	...	30-39
...	...	40-49
...	...	50-59
...	...	60-69
25,058	...	70-79
...	7,614	80-
25,058	7,614	(Regrouped) 60 years old or more
25,058	7,614	(Regrouped) 70 years old or more
		Number of households by occupation of household head
4,122	228	Employee
683	120	Corporative administrators
2,999	470	Individual proprietors and others
17,254	6,796	No-occupation
		Number of households by kind of residence
21,877	6,712	Owned houses
1,310	229	of which household paying back debts for houses and/or land
1,616	352	Privately owned rented houses
871	336	Publicly owned rented houses
397	127	Rented houses owned by Urban Renaissance Agency or public corporation
33	8	Issued houses
220	74	Others
		Number of households by yearly income group
7,389	2,299	- 1,999,999 yen
6,128	2,122	2,000,000- 2,999,999
4,235	1,285	3,000,000- 3,999,999
2,442	630	4,000,000- 4,999,999
1,437	328	5,000,000- 5,999,999
821	199	6,000,000- 6,999,999
606	136	7,000,000- 7,999,999
397	95	8,000,000- 8,999,999
321	91	9,000,000- 9,999,999
345	94	10,000,000- 12,499,999
137	60	12,500,000- 14,999,999
113	12	15,000,000- 19,999,999
114	22	20,000,000-
		Number of households by presence of student
529	113	Households with student
24,529	7,500	Households without student 1)

1) It includes one-person households.

第５－２表　世帯主の
Table 5-2 Distribution of Households

2022年平均
2022 Average

項　　目	平均 Average	～29歳 years old	30～39歳 years old	40～49歳 years old	50～59歳 years old	60～69歳 years old
世帯数分布（１０万分比）	100,000	662	7,165	16,237	19,766	24,112
集計世帯数	19,797	126	1,350	3,078	3,817	4,863
世帯人員（人）	2.92	3.10	3.69	3.67	3.17	2.65
世帯人員別世帯数						
１人	...	...	...	...	...	...
２人	46,647	199	1,051	2,506	6,148	13,639
３人	26,035	266	1,886	4,012	6,470	6,893
４人	19,211	140	2,866	6,805	5,315	2,589
５人	5,856	42	1,052	2,313	1,387	585
６人～	2,251	14	309	602	447	406
就業者数別世帯数						
０人	18,799	13	60	128	276	3,337
１人	28,908	199	2,268	4,299	4,592	7,576
２人	39,947	417	4,614	10,395	10,131	9,186
３人～	12,345	34	222	1,414	4,768	4,015
世帯主の年齢階級別世帯数						
（年齢５歳階級）						
～３４歳	3,025	662	2,363	...	...	...
３５～３９歳	4,802	...	4,802	...	...	...
４０～４４歳	6,607	...	...	6,607	...	...
４５～４９歳	9,630	...	...	9,630	...	...
５０～５４歳	10,113	...	...	...	10,113	...
５５～５９歳	9,653	...	...	...	9,653	...
６０～６４歳	11,315	...	...	...	...	11,315
６５～６９歳	12,797	...	...	...	...	12,797
７０～７４歳	15,633	...	...	...	...	...
７５～７９歳	9,001	...	...	...	...	...
８０～８４歳	5,240	...	...	...	...	...
８５歳～	2,183	...	...	...	...	...
（年齢１０歳階級Ａ）						
～３４歳	3,025	662	2,363	...	...	...
３５～４４歳	11,409	...	4,802	6,607	...	...
４５～５４歳	19,743	...	...	9,630	10,113	...
５５～６４歳	20,968	...	...	...	9,653	11,315
６５～７４歳	28,430	...	...	...	...	12,797
７５～８４歳	14,242	...	...	...	...	...
８５歳～	2,183	...	...	...	...	...
（再掲）６５歳～	44,855	...	...	...	...	12,797
（年齢１０歳階級Ｂ）						
～２９歳	662	662	...	...	...	...
３０～３９歳	7,165	...	7,165	...	...	...
４０～４９歳	16,237	...	...	16,237	...	...
５０～５９歳	19,766	...	...	...	19,766	...
６０～６９歳	24,112	...	...	...	...	24,112
７０～７９歳	24,634	...	...	...	...	...
８０歳～	7,424	...	...	...	...	...
（再掲）６０歳～	56,170	...	...	...	...	24,112
（再掲）７０歳～	32,057	...	...	...	...	...
世帯主の勤めか自営かの別世帯数						
雇用されている人（勤労者）	53,624	587	6,431	13,834	15,613	12,562
会社などの役員	5,170	22	302	847	1,426	1,587
自営業主・その他	11,033	40	350	1,287	2,069	3,281
非就業（無職）	30,173	14	82	270	658	6,682
住居の種類別世帯数						
持ち家	85,984	230	4,768	12,912	16,946	21,835
うち住宅ローンあり	29,666	186	4,180	10,152	8,952	4,207
民営の賃貸住宅	8,042	288	1,699	2,146	1,756	1,167
公営の賃貸住宅	2,614	70	185	339	377	629
都市再生機構・公社等の賃貸住宅	1,119	24	67	169	165	196
給与住宅	1,048	38	322	349	255	64
その他	1,132	13	121	312	258	220
年間収入階級別世帯数						
200万円未満	6,834	18	154	387	722	1,786
200万円以上300万円未満	13,146	67	289	656	821	3,320
300　～　400	14,815	98	650	1,104	1,254	4,130
400　～　500	12,264	102	980	1,648	1,746	3,555
500　～　600	10,247	108	1,144	2,083	1,822	2,601
600　～　700	8,862	74	1,073	2,184	2,101	1,935
700　～　800	7,529	65	877	2,065	1,990	1,475
800　～　900	6,383	64	660	1,762	2,028	1,149
900　～ 1,000	5,083	15	388	1,283	1,802	1,036
1,000　～ 1,250	6,629	23	546	1,656	2,519	1,248
1,250　～ 1,500	3,083	18	164	665	1,316	625
1,500　～ 2,000	1,909	2	109	359	861	384
2,000万円以上	1,244	2	46	171	429	412
在学者の有無別世帯数						
いる世帯	28,088	119	4,308	12,403	8,516	1,737
いない世帯	71,912	542	2,857	3,834	11,250	22,375

年齢階級別世帯分布（二人以上の世帯）
by Age Group of Household Head (Two-or-more-person Households)

単位　10万分比　Numbers per 100,000

70～79歳 years old	80歳～ years old	Item
24,634	7,424	Distribution of households (rate to the whole = 100,000)
5,069	1,494	Number of tabulated households
2.41	2.39	Number of persons per household (persons)
		Number of households by number of household members
...	...	1 person
17,671	5,434	2 persons
5,075	1,432	3 persons
1,143	353	4 persons
370	108	5 persons
375	97	6 or more persons
		Number of households by employed persons
10,330	4,655	0 person
8,211	1,764	1 person
4,500	704	2 persons
1,593	300	3 or more persons
		Number of households by age group of household head
		(5-Year Age Group)
...	...	-34 years old
...	...	35-39
...	...	40-44
...	...	45-49
...	...	50-54
...	...	55-59
...	...	60-64
...	...	65-69
15,633	...	70-74
9,001	...	75-79
...	5,240	80-84
...	2,183	85-
		(10-Year Age Group A)
...	...	-34 years old
...	...	35-44
...	...	45-54
...	...	55-64
15,633	...	65-74
9,001	5,240	75-84
...	2,183	85-
24,634	7,424	(Regrouped) 65 years old or more
		(10-Year Age Group B)
...	...	-29 years old
...	...	30-39
...	...	40-49
...	...	50-59
...	...	60-69
24,634	...	70-79
...	7,424	80-
24,634	7,424	(Regrouped) 60 years old or more
24,634	7,424	(Regrouped) 70 years old or more
		Number of households by occupation of household head
4,406	192	Employee
858	128	Corporative administrators
3,421	585	Individual proprietors and others
15,949	6,517	No-occupation
		Number of households by kind of residence
22,519	6,774	Owned houses
1,727	262	of which household paying back debts for houses and/or land
777	210	Privately owned rented houses
753	261	Publicly owned rented houses
374	125	Rented houses owned by Urban Renaissance Agency or public corporation
17	3	Issued houses
166	43	Others
		Number of households by yearly income group
2,696	1,071	- 1,999,999 yen
5,977	2,016	2,000,000- 2,999,999
5,853	1,728	3,000,000- 3,999,999
3,351	883	4,000,000- 4,999,999
2,026	463	5,000,000- 5,999,999
1,214	281	6,000,000- 6,999,999
869	190	7,000,000- 7,999,999
572	148	8,000,000- 8,999,999
433	125	9,000,000- 9,999,999
499	136	10,000,000- 12,499,999
214	81	12,500,000- 14,999,999
176	18	15,000,000- 19,999,999
148	35	20,000,000-
		Number of households by presence of student
828	178	Households with student
23,807	7,246	Households without student

第５－３表　世帯主の勤めか自営かの別世帯分布（総世帯）

Table 5-3　Distribution of Households by Occupation of Household Head (Total Households)

2022年平均
2022 Average

単位　10万分比　Numbers per 100,000

項　目	平均 Average	就業 Occupation 雇用されている人（勤労者） Employee	会社などの役員 Corporative administrators	自営業主・その他 (a)	非就業（無職） No-occupation	Item
世帯数分布（１０万分比）	100,000	52,227	4,094	9,656	34,023	Distribution of households (rate to the whole = 100,000)
集計世帯数	21,903	11,139	1,045	2,368	7,351	Number of tabulated households
世帯人員（人）	2.23	2.43	2.64	2.43	1.80	Number of persons per household (persons)
世帯人員別世帯数						Number of households by number of household members
１人	36,120	17,971	792	2,608	14,749	1 person
２人	29,798	11,491	1,406	3,263	13,639	2 persons
３人	16,631	9,676	876	1,943	4,137	3 persons
４人	12,272	9,455	651	1,147	1,018	4 persons
５人	3,741	2,748	285	442	266	5 persons
６人～	1,438	885	85	254	213	6 or more persons
就業者数別世帯数						Number of households by employed persons
０人	26,758	...	...	...	26,758	0 person
１人	39,837	28,097	1,642	4,450	5,648	1 person
２人	25,519	18,801	1,815	3,595	1,308	2 persons
３人～	7,886	5,329	637	1,611	309	3 or more persons
世帯主の年齢階級別世帯数						Number of households by age group of household head
（年齢５歳階級）						(5-Year Age Group)
～３４歳	9,273	8,388	311	232	342	-34 years old
３５～３９歳	3,900	3,412	133	232	123	35-39
４０～４４歳	5,281	4,522	225	423	112	40-44
４５～４９歳	7,651	6,322	366	666	297	45-49
５０～５４歳	9,535	7,484	510	893	648	50-54
５５～５９歳	9,477	6,950	623	1,030	875	55-59
６０～６４歳	10,018	6,205	609	1,200	2,004	60-64
６５～６９歳	12,194	4,595	515	1,513	5,571	65-69
７０～７４歳	15,587	3,208	471	2,128	9,781	70-74
７５～７９歳	9,471	914	212	871	7,473	75-79
８０～８４歳	5,215	209	84	344	4,579	80-84
８５歳～	2,399	19	36	126	2,218	85-
（年齢１０歳階級Ａ）						(10-Year Age Group A)
～３４歳	9,273	8,388	311	232	342	-34 years old
３５～４４歳	9,180	7,934	358	654	235	35-44
４５～５４歳	17,187	13,806	876	1,559	946	45-54
５５～６４歳	19,494	13,155	1,231	2,229	2,879	55-64
６５～７４歳	27,781	7,803	986	3,641	15,352	65-74
７５～８４歳	14,686	1,123	296	1,216	12,052	75-84
８５歳～	2,399	19	36	126	2,218	85-
（再掲）６５歳～	44,866	8,944	1,318	4,982	29,621	(Regrouped) 65 years old or more
（年齢１０歳階級Ｂ）						(10-Year Age Group B)
～２９歳	4,342	3,995	31	32	284	-29 years old
３０～３９歳	8,831	7,805	413	432	181	30-39
４０～４９歳	12,932	10,844	591	1,088	410	40-49
５０～５９歳	19,012	14,434	1,133	1,923	1,523	50-59
６０～６９歳	22,212	10,800	1,123	2,713	7,576	60-69
７０～７９歳	25,058	4,122	683	2,999	17,254	70-79
８０歳～	7,614	228	120	470	6,796	80-
（再掲）６０歳～	54,883	15,149	1,927	6,182	31,626	(Regrouped) 60 years old or more
（再掲）７０歳～	32,671	4,350	803	3,469	24,050	(Regrouped) 70 years old or more
世帯主の勤めか自営かの別世帯数						Number of households by occupation of household head
雇用されている人（勤労者）	52,227	52,227	...	...	...	Employee
会社などの役員	4,094	...	4,094	...	...	Corporative administrators
自営業主・その他	9,656	...	...	9,656	...	Individual proprietors and others
非就業（無職）	34,023	...	...	...	34,023	No-occupation
住居の種類別世帯数						Number of households by kind of residence
持ち家	75,531	35,223	3,412	8,054	28,843	Owned houses
うち住宅ローンあり	21,631	16,808	1,374	1,981	1,468	(b)
民営の賃貸住宅	16,631	12,463	341	1,093	2,733	Privately owned rented houses
公営の賃貸住宅	3,284	1,540	117	191	1,436	Publicly owned rented houses
都市再生機構・公社等の賃貸住宅	1,154	557	21	64	512	(c)
給与住宅	1,842	1,615	139	24	65	Issued houses
その他	1,458	790	55	226	388	Others
年間収入階級別世帯数						Number of households by yearly income group
200万円未満	18,867	4,656	126	1,690	12,395	- 1,999,999 yen
200万円以上300万円未満	15,971	5,784	176	1,399	8,612	2,000,000- 2,999,999
300 ～ 400	14,448	7,162	438	1,381	5,467	3,000,000- 3,999,999
400 ～ 500	11,100	6,710	363	1,292	2,736	4,000,000- 4,999,999
500 ～ 600	8,803	6,067	409	826	1,502	5,000,000- 5,999,999
600 ～ 700	6,484	4,652	361	647	823	6,000,000- 6,999,999
700 ～ 800	5,605	4,197	321	522	565	7,000,000- 7,999,999
800 ～ 900	4,570	3,581	297	340	352	8,000,000- 8,999,999
900 ～ 1,000	3,665	2,697	309	379	281	9,000,000- 9,999,999
1,000 ～ 1,250	4,467	3,341	418	438	270	10,000,000- 12,499,999
1,250 ～ 1,500	2,059	1,467	284	175	132	12,500,000- 14,999,999
1,500 ～ 2,000	1,237	834	224	126	53	15,000,000- 19,999,999
2,000万円以上	843	302	307	210	24	20,000,000-
在学者の有無別世帯数						Number of households by presence of student
いる世帯	17,943	14,554	1,085	1,528	776	Households with student
いない世帯　1）	82,057	37,673	3,009	8,128	33,247	Households without student 1)

１）在学者のいない世帯には、単身世帯を含む。

(a) Individual proprietors and others
(b) of which household paying back debts for houses and/or land
(c) Rented houses owned by Urban Renaissance Agency or public corporation

1) It includes one-person households.

第５－３表　世帯主の勤めか自営かの別世帯分布（二人以上の世帯）

Table 5-3　Distribution of Households by Occupation of Household Head (Two-or-more-person Households)

2022年平均
2022 Average

単位　10万分比　Numbers per 100,000

項　目	平均 Average	就業 Occupation 雇用されている人（勤労者） Employee	会社などの役員 Corporative administrators	自営業主・その他 (a)	非就業（無職） No-occupation	Item
世帯数分布（１０万分比）	100,000	53,624	5,170	11,033	30,173	Distribution of households (rate to the whole = 100,000)
集計世帯数	19,797	10,414	1,008	2,204	6,171	Number of tabulated households
世帯人員（人）	2.92	3.19	3.03	2.95	2.41	Number of persons per household (persons)
世帯人員別世帯数						Number of households by number of household members
１人	…	…	…	…	…	1 person
２人	46,647	17,988	2,200	5,108	21,351	2 persons
３人	26,035	15,147	1,371	3,041	6,477	3 persons
４人	19,211	14,801	1,020	1,796	1,594	4 persons
５人	5,856	4,302	446	691	417	5 persons
６人～	2,251	1,385	133	398	334	6 or more persons
就業者数別世帯数						Number of households by employed persons
０人	18,799	…	…	…	18,799	0 person
１人	28,908	15,851	1,331	2,884	8,842	1 person
２人	39,947	29,431	2,842	5,628	2,047	2 persons
３人～	12,345	8,342	997	2,521	485	3 or more persons
世帯主の年齢階級別世帯数						Number of households by age group of household head
（年齢５歳階級）						(5-Year Age Group)
～３４歳	3,025	2,722	131	135	38	-34 years old
３５～３９歳	4,802	4,295	193	256	58	35-39
４０～４４歳	6,607	5,703	317	490	98	40-44
４５～４９歳	9,630	8,131	529	797	173	45-49
５０～５４歳	10,113	8,241	681	917	276	50-54
５５～５９歳	9,653	7,373	745	1,153	382	55-59
６０～６４歳	11,315	7,491	868	1,442	1,515	60-64
６５～６９歳	12,797	5,071	720	1,839	5,167	65-69
７０～７４歳	15,633	3,476	614	2,425	9,119	70-74
７５～７９歳	9,001	930	245	997	6,830	75-79
８０～８４歳	5,240	163	89	441	4,547	80-84
８５歳～	2,183	30	39	144	1,970	85-
（年齢１０歳階級Ａ）						(10-Year Age Group A)
～３４歳	3,025	2,722	131	135	38	-34 years old
３５～４４歳	11,409	9,998	510	745	156	35-44
４５～５４歳	19,743	16,371	1,210	1,713	448	45-54
５５～６４歳	20,968	14,863	1,613	2,595	1,897	55-64
６５～７４歳	28,430	8,547	1,334	4,264	14,287	65-74
７５～８４歳	14,242	1,093	334	1,438	11,377	75-84
８５歳～	2,183	30	39	144	1,970	85-
（再掲）６５歳～	44,855	9,669	1,706	5,845	27,634	(Regrouped) 65 years old or more
（年齢１０歳階級Ｂ）						(10-Year Age Group B)
～２９歳	662	587	22	40	14	-29 years old
３０～３９歳	7,165	6,431	302	350	82	30-39
４０～４９歳	16,237	13,834	847	1,287	270	40-49
５０～５９歳	19,766	15,613	1,426	2,069	658	50-59
６０～６９歳	24,112	12,562	1,587	3,281	6,682	60-69
７０～７９歳	24,634	4,406	858	3,421	15,949	70-79
８０歳～	7,424	192	128	585	6,517	80-
（再掲）６０歳～	56,170	17,160	2,574	7,287	29,149	(Regrouped) 60 years old or more
（再掲）７０歳～	32,057	4,598	987	4,006	22,466	(Regrouped) 70 years old or more
世帯主の勤めか自営かの別世帯数						Number of households by occupation of household head
雇用されている人（勤労者）	53,624	53,624	…	…	…	Employee
会社などの役員	5,170	…	5,170	…	…	Corporative administrators
自営業主・その他	11,033	…	…	11,033	…	Individual proprietors and others
非就業（無職）	30,173	…	…	…	30,173	No-occupation
住居の種類別世帯数						Number of households by kind of residence
持ち家	85,984	44,091	4,660	9,755	27,479	Owned houses
うち住宅ローンあり	29,666	23,200	1,981	2,689	1,796	(b)
民営の賃貸住宅	8,042	5,968	269	812	993	Privately owned rented houses
公営の賃貸住宅	2,614	1,325	64	183	1,043	Publicly owned rented houses
都市再生機構・公社等の賃貸住宅	1,119	577	33	69	440	(c)
給与住宅	1,048	929	90	23	6	Issued houses
その他	1,132	714	54	186	179	Others
年間収入階級別世帯数						Number of households by yearly income group
200万円未満	6,834	1,543	71	1,055	4,164	- 1,999,999 yen
200万円以上300万円未満	13,146	3,402	170	1,337	8,238	2,000,000- 2,999,999
300　～　400	14,815	5,550	299	1,680	7,285	3,000,000- 3,999,999
400　～　500	12,264	6,312	464	1,644	3,844	4,000,000- 4,999,999
500　～　600	10,247	6,498	501	1,048	2,201	5,000,000- 5,999,999
600　～　700	8,862	6,267	460	932	1,204	6,000,000- 6,999,999
700　～　800	7,529	5,505	476	715	833	7,000,000- 7,999,999
800　～　900	6,383	4,957	440	465	521	8,000,000- 8,999,999
900　～　1,000	5,083	3,761	426	490	407	9,000,000- 9,999,999
1,000　～　1,250	6,629	4,983	611	658	377	10,000,000- 12,499,999
1,250　～　1,500	3,083	2,273	356	274	179	12,500,000- 14,999,999
1,500　～　2,000	1,909	1,289	341	195	84	15,000,000- 19,999,999
2,000万円以上	1,244	473	472	262	37	20,000,000-
在学者の有無別世帯数						Number of households by presence of student
いる世帯	28,088	22,783	1,699	2,392	1,215	Households with student
いない世帯	71,912	30,841	3,471	8,641	28,958	Households without student

(a) Individual proprietors and others
(b) of which household paying back debts for houses and/or land
(c) Rented houses owned by Urban Renaissance Agency or public corporation

第５－４表　世帯人員・就業者数別

Table 5-4 Distribution of Households by Number of Household

2022年平均
2022 Average

項　目	平均 Average	世帯人員別 by Number of household members 1人 person	2人 persons	3人 persons	4人 persons	5人 persons	6人～ persons
世帯数分布（１０万分比）	100,000	36,120	29,798	16,631	12,272	3,741	1,438
集計世帯数	21,903	2,106	9,767	4,878	3,534	1,179	439
世帯人員（人）	2.23	1.00	2.00	3.00	4.00	5.00	6.39
世帯人員別世帯数							
１人	36,120	36,120	...	...	...	...	...
２人	29,798	...	29,798	...	...	...	...
３人	16,631	...	...	16,631	...	...	...
４人	12,272	...	...	...	12,272	...	...
５人	3,741	...	...	...	...	3,741	...
６人～	1,438	...	...	...	...	...	1,438
就業者数別世帯数							
０人	26,758	14,749	10,735	1,101	133	29	11
１人	39,837	21,371	10,190	5,079	2,438	619	141
２人	25,519	...	8,873	7,403	6,710	2,005	528
３人～	7,886	...	...	3,048	2,991	1,088	759
世帯主の年齢階級別世帯数							
（年齢５歳階級）							
～３４歳	9,273	7,340	430	642	622	186	53
３５～３９歳	3,900	832	369	733	1,299	513	153
４０～４４歳	5,281	1,060	536	983	1,823	694	185
４５～４９歳	7,651	1,500	1,065	1,580	2,524	784	199
５０～５４歳	9,535	3,075	1,605	2,056	2,081	530	188
５５～５９歳	9,477	3,310	2,322	2,077	1,314	356	98
６０～６４歳	10,018	2,790	3,713	2,205	981	223	107
６５～６９歳	12,194	4,019	5,000	2,199	673	151	153
７０～７４歳	15,587	5,601	7,004	2,125	522	165	171
７５～７９歳	9,471	3,721	4,284	1,117	208	71	69
８０～８４歳	5,215	1,868	2,492	640	133	44	38
８５歳～	2,399	1,005	979	275	92	25	24
（年齢１０歳階級Ａ）							
～３４歳	9,273	7,340	430	642	622	186	53
３５～４４歳	9,180	1,891	905	1,716	3,122	1,207	339
４５～５４歳	17,187	4,575	2,670	3,636	4,605	1,314	387
５５～６４歳	19,494	6,101	6,035	4,281	2,295	579	205
６５～７４歳	27,781	9,620	12,004	4,324	1,195	316	323
７５～８４歳	14,686	5,589	6,775	1,757	342	116	107
８５歳～	2,399	1,005	979	275	92	25	24
（再掲）６５歳～	44,866	16,214	19,758	6,355	1,629	456	454
（年齢１０歳階級Ｂ）							
～２９歳	4,342	3,918	128	170	90	27	9
３０～３９歳	8,831	4,253	672	1,205	1,831	672	197
４０～４９歳	12,932	2,559	1,601	2,563	4,347	1,478	385
５０～５９歳	19,012	6,385	3,927	4,133	3,395	886	286
６０～６９歳	22,212	6,809	8,713	4,403	1,654	374	260
７０～７９歳	25,058	9,322	11,288	3,242	730	236	240
８０歳～	7,614	2,872	3,470	915	226	69	62
（再掲）６０歳～	54,883	19,004	23,471	8,560	2,609	678	561
（再掲）７０歳～	32,671	12,195	14,758	4,157	956	305	302
世帯主の勤めか自営かの別世帯数							
雇用されている人（勤労者）	52,227	17,971	11,491	9,676	9,455	2,748	885
会社などの役員	4,094	792	1,406	876	651	285	85
自営業主・その他	9,656	2,608	3,263	1,943	1,147	442	254
非就業（無職）	34,023	14,749	13,639	4,137	1,018	266	213
住居の種類別世帯数							
持ち家	75,531	20,605	25,453	14,202	10,591	3,356	1,325
うち住宅ローンあり	21,631	2,680	4,192	5,220	6,692	2,155	693
民営の賃貸住宅	16,631	11,492	2,315	1,500	1,024	234	66
公営の賃貸住宅	3,284	1,615	1,038	376	185	50	21
都市再生機構・公社等の賃貸住宅	1,154	439	452	155	88	14	7
給与住宅	1,842	1,173	183	214	217	47	9
その他	1,458	735	331	176	167	40	10
年間収入階級別世帯数							
200万円未満	18,867	14,502	3,316	732	231	51	35
200万円以上300万円未満	15,971	7,574	6,422	1,338	475	122	41
300　～　400	14,448	4,984	6,357	1,976	776	262	94
400　～　500	11,100	3,265	4,069	2,070	1,153	431	113
500　～　600	8,803	2,257	2,414	2,096	1,430	417	189
600　～　700	6,484	823	1,668	1,772	1,594	435	193
700　～　800	5,605	795	1,266	1,560	1,382	455	148
800　～　900	4,570	492	949	1,278	1,258	405	187
900　～ 1,000	3,665	419	781	941	1,079	329	117
1,000　～ 1,250	4,467	232	925	1,284	1,474	412	139
1,250　～ 1,500	2,059	89	450	617	630	195	78
1,500　～ 2,000	1,237	18	290	397	402	100	31
2,000万円以上	843	49	258	267	187	54	29
在学者の有無別世帯数							
いる世帯	17,943	...	463	4,829	8,447	3,031	1,173
いない世帯　1）	82,057	36,120	29,335	11,802	3,826	710	264

1）在学者のいない世帯には、単身世帯を含む。

世帯分布（総世帯）
Members and Employed Persons (Total Households)

単位　10万分比　Numbers per 100,000

就業者数別 by Employed Persons				Item
0人	1人	2人	3人～	
person	person	persons	persons	
26,758	39,837	25,519	7,886	Distribution of households (rate to the whole = 100,000)
5,090	6,684	7,781	2,348	Number of tabulated households
1.51	1.78	3.14	3.99	Number of persons per household (persons)
				Number of households by number of household members
14,749	21,371	...	...	1 person
10,735	10,190	8,873	...	2 persons
1,101	5,079	7,403	3,048	3 persons
133	2,438	6,710	2,991	4 persons
29	619	2,005	1,088	5 persons
11	141	528	759	6 or more persons
				Number of households by employed persons
26,758	...	...	...	0 person
...	39,837	...	...	1 person
...	...	25,519	...	2 persons
...	...	...	7,886	3 or more persons
				Number of households by age group of household head
				(5-Year Age Group)
337	7,616	1,266	54	-34 years old
114	1,727	1,949	109	35-39
82	2,175	2,797	228	40-44
237	2,894	3,844	676	45-49
562	4,114	3,451	1,409	50-54
717	4,102	3,021	1,636	55-59
1,464	3,784	3,258	1,512	60-64
3,975	4,558	2,610	1,052	65-69
7,584	5,140	2,093	771	70-74
6,081	2,361	782	247	75-79
3,766	1,009	306	135	80-84
1,841	357	144	57	85-
				(10-Year Age Group A)
337	7,616	1,266	54	-34 years old
196	3,902	4,745	337	35-44
799	7,009	7,295	2,085	45-54
2,181	7,886	6,279	3,149	55-64
11,559	9,697	4,702	1,823	65-74
9,847	3,370	1,088	381	75-84
1,841	357	144	57	85-
23,247	13,423	5,934	2,262	(Regrouped) 65 years old or more
				(10-Year Age Group B)
283	3,770	267	21	-29 years old
167	5,574	2,948	142	30-39
319	5,069	6,641	904	40-49
1,279	8,216	6,471	3,045	50-59
5,438	8,342	5,868	2,564	60-69
13,665	7,501	2,875	1,018	70-79
5,607	1,365	450	192	80-
24,710	17,208	9,192	3,774	(Regrouped) 60 years old or more
19,272	8,866	3,324	1,210	(Regrouped) 70 years old or more
				Number of households by occupation of household head
...	28,097	18,801	5,329	Employee
...	1,642	1,815	637	Corporative administrators
...	4,450	3,595	1,611	Individual proprietors and others
26,758	5,648	1,308	309	No-occupation
				Number of households by kind of residence
22,194	24,663	21,431	7,243	Owned houses
773	6,562	11,105	3,192	of which household paying back debts for houses and/or land
2,474	11,114	2,666	376	Privately owned rented houses
1,225	1,434	531	95	Publicly owned rented houses
423	455	231	44	Rented houses owned by Urban Renaissance Agency or public corporation
63	1,406	331	42	Issued houses
333	724	319	83	Others
				Number of households by yearly income group
11,757	6,205	802	102	- 1,999,999 yen
7,493	6,766	1,456	255	2,000,000- 2,999,999
4,014	7,431	2,527	477	3,000,000- 3,999,999
1,590	5,817	3,030	664	4,000,000- 4,999,999
610	4,320	3,129	745	5,000,000- 5,999,999
243	2,461	2,891	889	6,000,000- 6,999,999
166	2,017	2,619	803	7,000,000- 7,999,999
71	1,360	2,276	862	8,000,000- 8,999,999
67	1,041	1,796	761	9,000,000- 9,999,999
66	997	2,349	1,054	10,000,000- 12,499,999
45	328	1,119	567	12,500,000- 14,999,999
8	213	645	371	15,000,000- 19,999,999
10	202	446	184	20,000,000-
				Number of households by presence of student
204	4,473	10,684	2,582	Households with student
26,554	35,364	14,835	5,304	Households without student 1)

1) It includes one-person households.

第５－４表　世帯人員・就業者数別
Table 5-4 Distribution of Households by Number of Household

2022年平均
2022 Average

項　　目	平均 Average	世帯人員別 by Number of household members 1人 person	2人 persons	3人 persons	4人 persons	5人 persons	6人～ persons
世帯数分布（１０万分比）	100,000	...	46,647	26,035	19,211	5,856	2,251
集計世帯数	19,797	...	9,767	4,878	3,534	1,179	439
世帯人員（人）	2.92	...	2.00	3.00	4.00	5.00	6.39
世帯人員別世帯数							
１人	...	...	...	...	...	...	...
２人	46,647	...	46,647	...	...	...	...
３人	26,035	...	...	26,035	...	...	...
４人	19,211	...	...	...	19,211	...	...
５人	5,856	...	...	...	...	5,856	...
６人～	2,251	...	...	...	...	...	2,251
就業者数別世帯数							
０人	18,799	...	16,804	1,724	209	46	17
１人	28,908	...	15,953	7,950	3,816	969	220
２人	39,947	...	13,890	11,589	10,504	3,139	826
３人～	12,345	...	...	4,772	4,683	1,703	1,187
世帯主の年齢階級別世帯数							
（年齢５歳階級）							
～３４歳	3,025	...	674	1,005	973	291	83
３５～３９歳	4,802	...	577	1,148	2,033	803	240
４０～４４歳	6,607	...	839	1,538	2,854	1,087	290
４５～４９歳	9,630	...	1,667	2,473	3,951	1,227	312
５０～５４歳	10,113	...	2,513	3,219	3,258	830	294
５５～５９歳	9,653	...	3,635	3,251	2,057	557	153
６０～６４歳	11,315	...	5,813	3,451	1,535	349	168
６５～６９歳	12,797	...	7,826	3,442	1,054	237	239
７０～７４歳	15,633	...	10,965	3,327	817	258	267
７５～７９歳	9,001	...	6,706	1,749	327	112	108
８０～８４歳	5,240	...	3,901	1,002	209	69	60
８５歳～	2,183	...	1,533	430	144	38	37
（年齢１０歳階級Ａ）							
～３４歳	3,025	...	674	1,005	973	291	83
３５～４４歳	11,409	...	1,416	2,686	4,887	1,890	530
４５～５４歳	19,743	...	4,180	5,692	7,209	2,056	606
５５～６４歳	20,968	...	9,447	6,702	3,592	906	321
６５～７４歳	28,430	...	18,791	6,769	1,870	494	506
７５～８４歳	14,242	...	10,607	2,751	536	181	168
８５歳～	2,183	...	1,533	430	144	38	37
（再掲）６５歳～	44,855	...	30,931	9,950	2,550	714	711
（年齢１０歳階級Ｂ）							
～２９歳	662	...	199	266	140	42	14
３０～３９歳	7,165	...	1,051	1,886	2,866	1,052	309
４０～４９歳	16,237	...	2,506	4,012	6,805	2,313	602
５０～５９歳	19,766	...	6,148	6,470	5,315	1,387	447
６０～６９歳	24,112	...	13,639	6,893	2,589	585	406
７０～７９歳	24,634	...	17,671	5,075	1,143	370	375
８０歳～	7,424	...	5,434	1,432	353	108	97
（再掲）６０歳～	56,170	...	36,743	13,401	4,085	1,062	879
（再掲）７０歳～	32,057	...	23,104	6,508	1,496	477	472
世帯主の勤めか自営かの別世帯数							
雇用されている人（勤労者）	53,624	...	17,988	15,147	14,801	4,302	1,385
会社などの役員	5,170	...	2,200	1,371	1,020	446	133
自営業主・その他	11,033	...	5,108	3,041	1,796	691	398
非就業（無職）	30,173	...	21,351	6,477	1,594	417	334
住居の種類別世帯数							
持ち家	85,984	...	39,845	22,232	16,579	5,253	2,074
うち住宅ローンあり	29,666	...	6,562	8,172	10,475	3,373	1,085
民営の賃貸住宅	8,042	...	3,624	2,347	1,602	367	103
公営の賃貸住宅	2,614	...	1,625	588	290	79	32
都市再生機構・公社等の賃貸住宅	1,119	...	707	242	138	21	11
給与住宅	1,048	...	287	334	339	73	14
その他	1,132	...	518	275	261	63	15
年間収入階級別世帯数							
200万円未満	6,834	...	5,192	1,146	362	79	55
200万円以上300万円未満	13,146	...	10,054	2,094	743	190	65
300　～　400	14,815	...	9,951	3,093	1,214	410	147
400　～　500	12,264	...	6,369	3,239	1,805	675	176
500　～　600	10,247	...	3,779	3,280	2,239	653	296
600　～　700	8,862	...	2,611	2,773	2,495	681	303
700　～　800	7,529	...	1,982	2,442	2,163	712	231
800　～　900	6,383	...	1,486	2,000	1,970	634	293
900　～ 1,000	5,083	...	1,222	1,473	1,690	515	182
1,000　～ 1,250	6,629	...	1,448	2,010	2,308	646	217
1,250　～ 1,500	3,083	...	704	965	987	306	121
1,500　～ 2,000	1,909	...	454	621	629	156	49
2,000万円以上	1,244	...	404	417	293	84	46
在学者の有無別世帯数							
いる世帯	28,088	...	725	7,560	13,222	4,745	1,837
いない世帯	71,912	...	45,923	18,475	5,989	1,112	414

世帯分布（二人以上の世帯）
Members and Employed Persons (Two-or-more-person Households)

単位　10万分比　Numbers per 100,000

就業者数別 by Employed Persons 0人 person	1人 person	2人 persons	3人～ persons	Item
18,799	28,908	39,947	12,345	Distribution of households (rate to the whole = 100,000)
3,910	5,759	7,781	2,348	Number of tabulated households
2.13	2.67	3.14	3.99	Number of persons per household (persons)
				Number of households by number of household members
...	...	...	...	1 person
16,804	15,953	13,890	...	2 persons
1,724	7,950	11,589	4,772	3 persons
209	3,816	10,504	4,683	4 persons
46	969	3,139	1,703	5 persons
17	220	826	1,187	6 or more persons
				Number of households by employed persons
18,799	...	...	...	0 person
...	28,908	...	...	1 person
...	...	39,947	...	2 persons
...	...	...	12,345	3 or more persons
				Number of households by age group of household head
				(5-Year Age Group)
29	931	1,982	84	-34 years old
45	1,536	3,050	171	35-39
51	1,823	4,378	356	40-44
78	2,477	6,018	1,058	45-49
140	2,366	5,402	2,206	50-54
136	2,226	4,729	2,562	55-59
668	3,179	5,100	2,367	60-64
2,669	4,396	4,085	1,647	65-69
5,681	5,470	3,276	1,207	70-74
4,650	2,741	1,224	386	75-79
3,275	1,276	479	211	80-84
1,380	488	226	90	85-
				(10-Year Age Group A)
29	931	1,982	84	-34 years old
95	3,359	7,427	527	35-44
218	4,843	11,419	3,263	45-54
804	5,405	9,829	4,930	55-64
8,349	9,866	7,361	2,854	65-74
7,925	4,017	1,703	597	75-84
1,380	488	226	90	85-
17,654	14,371	9,290	3,541	(Regrouped) 65 years old or more
				(10-Year Age Group B)
13	199	417	34	-29 years old
60	2,268	4,614	222	30-39
128	4,299	10,395	1,414	40-49
276	4,592	10,131	4,768	50-59
3,337	7,576	9,186	4,015	60-69
10,330	8,211	4,500	1,593	70-79
4,655	1,764	704	300	80-
18,322	17,550	14,390	5,908	(Regrouped) 60 years old or more
14,985	9,975	5,204	1,894	(Regrouped) 70 years old or more
				Number of households by occupation of household head
...	15,851	29,431	8,342	Employee
...	1,331	2,842	997	Corporative administrators
...	2,884	5,628	2,521	Individual proprietors and others
18,799	8,842	2,047	485	No-occupation
				Number of households by kind of residence
17,070	24,028	33,548	11,339	Owned houses
708	6,578	17,383	4,997	of which household paying back debts for houses and/or land
588	2,693	4,172	589	Privately owned rented houses
711	924	831	148	Publicly owned rented houses
301	386	362	69	Rented houses owned by Urban Renaissance Agency or public corporation
4	459	518	66	Issued houses
92	411	499	130	Others
				Number of households by yearly income group
3,166	2,252	1,256	160	- 1,999,999 yen
6,486	3,981	2,280	400	2,000,000- 2,999,999
5,009	5,105	3,955	746	3,000,000- 3,999,999
2,050	4,432	4,743	1,039	4,000,000- 4,999,999
804	3,380	4,897	1,166	5,000,000- 5,999,999
295	2,650	4,525	1,392	6,000,000- 6,999,999
208	1,965	4,099	1,257	7,000,000- 7,999,999
81	1,389	3,564	1,350	8,000,000- 8,999,999
72	1,008	2,811	1,192	9,000,000- 9,999,999
59	1,242	3,678	1,650	10,000,000- 12,499,999
42	402	1,752	888	12,500,000- 14,999,999
13	306	1,009	580	15,000,000- 19,999,999
16	241	699	288	20,000,000-
				Number of households by presence of student
319	7,003	16,725	4,042	Households with student
18,480	21,906	23,223	8,303	Households without student

第５－５表　年間収入階級別

Table 5-5 Distribution of Households by Yearly

2022年平均
2022 Average

項　目	平均 Average	200万円未満 2 million yen under	200万円以上300万円未満 2 million yen - 3 million yen	300～400 3 million yen - 4 million yen	400～500 4 million yen - 5 million yen	500～600 5 million yen - 6 million yen	600～700 6 million yen - 7 million yen	700～800 7 million yen - 8 million yen
世帯数分布（１０万分比）	100,000	18,867	15,971	14,448	11,100	8,803	6,484	5,605
集計世帯数	21,903	2,505	3,206	3,236	2,578	2,100	1,760	1,480
世帯人員（人）	2.23	1.31	1.70	1.98	2.26	2.54	2.97	2.99
世帯人員別世帯数								
１人	36,120	14,502	7,574	4,984	3,265	2,257	823	795
２人	29,798	3,316	6,422	6,357	4,069	2,414	1,668	1,266
３人	16,631	732	1,338	1,976	2,070	2,096	1,772	1,560
４人	12,272	231	475	776	1,153	1,430	1,594	1,382
５人	3,741	51	122	262	431	417	435	455
６人～	1,438	35	41	94	113	189	193	148
就業者数別世帯数								
０人	26,758	11,757	7,493	4,014	1,590	610	243	166
１人	39,837	6,205	6,766	7,431	5,817	4,320	2,461	2,017
２人	25,519	802	1,456	2,527	3,030	3,129	2,891	2,619
３人～	7,886	102	255	477	664	745	889	803
世帯主の年齢階級別世帯数								
（年齢５歳階級）								
～３４歳	9,273	915	1,678	2,521	1,781	1,159	335	261
３５～３９歳	3,900	227	285	412	530	595	500	426
４０～４４歳	5,281	183	297	495	692	788	682	529
４５～４９歳	7,651	500	420	575	825	892	907	905
５０～５４歳	9,535	1,079	672	819	781	942	905	943
５５～５９歳	9,477	1,355	865	730	790	809	771	816
６０～６４歳	10,018	2,052	1,092	1,335	1,162	944	715	555
６５～６９歳	12,194	2,869	2,413	2,042	1,467	909	650	427
７０～７４歳	15,587	4,473	3,521	2,588	1,673	1,010	556	428
７５～７９歳	9,471	2,916	2,607	1,647	769	427	265	179
８０～８４歳	5,215	1,606	1,464	855	436	223	136	100
８５歳～	2,399	693	659	429	195	105	63	36
（年齢１０歳階級Ａ）								
～３４歳	9,273	915	1,678	2,521	1,781	1,159	335	261
３５～４４歳	9,180	410	582	906	1,222	1,383	1,181	955
４５～５４歳	17,187	1,579	1,092	1,395	1,606	1,835	1,812	1,849
５５～６４歳	19,494	3,407	1,957	2,066	1,953	1,753	1,486	1,371
６５～７４歳	27,781	7,342	5,934	4,630	3,140	1,919	1,205	855
７５～８４歳	14,686	4,522	4,071	2,502	1,205	651	402	278
８５歳～	2,399	693	659	429	195	105	63	36
（再掲）６５歳～	44,866	12,557	10,664	7,561	4,539	2,674	1,670	1,169
（年齢１０歳階級Ｂ）								
～２９歳	4,342	513	1,263	1,182	595	438	122	65
３０～３９歳	8,831	628	700	1,751	1,715	1,316	713	622
４０～４９歳	12,932	683	716	1,070	1,517	1,681	1,589	1,434
５０～５９歳	19,012	2,433	1,537	1,549	1,571	1,752	1,676	1,759
６０～６９歳	22,212	4,921	3,505	3,377	2,629	1,853	1,365	982
７０～７９歳	25,058	7,389	6,128	4,235	2,442	1,437	821	606
８０歳～	7,614	2,299	2,122	1,285	630	328	199	136
（再掲）６０歳～	54,883	14,609	11,756	8,896	5,701	3,618	2,385	1,725
（再掲）７０歳～	32,671	9,688	8,251	5,519	3,072	1,765	1,020	742
世帯主の勤めか自営かの別世帯数								
雇用されている人（勤労者）	52,227	4,656	5,784	7,162	6,710	6,067	4,652	4,197
会社などの役員	4,094	126	176	438	363	409	361	321
自営業主・その他	9,656	1,690	1,399	1,381	1,292	826	647	522
非就業（無職）	34,023	12,395	8,612	5,467	2,736	1,502	823	565
住居の種類別世帯数								
持ち家	75,531	13,129	11,851	10,001	7,957	6,639	5,293	4,649
うち住宅ローンあり	21,631	720	1,078	1,623	2,155	2,791	2,597	2,437
民営の賃貸住宅	16,631	3,655	2,573	3,081	2,243	1,644	848	682
公営の賃貸住宅	3,284	1,361	732	565	292	108	66	38
都市再生機構・公社等の賃貸住宅	1,154	275	276	176	98	84	59	58
給与住宅	1,842	13	210	431	348	215	127	140
その他	1,458	423	320	182	159	110	90	38
年間収入階級別世帯数								
200万円未満	18,867	18,867	...	...	...	...	...	...
200万円以上300万円未満	15,971	...	15,971	...	...	...	...	...
300 ～ 400	14,448	...	...	14,448	...	...	...	...
400 ～ 500	11,100	...	...	...	11,100	...	...	...
500 ～ 600	8,803	...	...	...	...	8,803	...	...
600 ～ 700	6,484	...	...	...	...	...	6,484	...
700 ～ 800	5,605	...	...	...	...	...	...	5,605
800 ～ 900	4,570	...	...	...	...	...	...	...
900 ～ 1,000	3,665	...	...	...	...	...	...	...
1,000 ～ 1,250	4,467	...	...	...	...	...	...	...
1,250 ～ 1,500	2,059	...	...	...	...	...	...	...
1,500 ～ 2,000	1,237	...	...	...	...	...	...	...
2,000万円以上	843	...	...	...	...	...	...	...
在学者の有無別世帯数								
いる世帯	17,943	491	689	1,195	1,726	2,110	2,292	2,140
いない世帯　1)	82,057	18,376	15,282	13,253	9,374	6,694	4,191	3,465

1）在学者のいない世帯には、単身世帯を含む。

世帯分布（総世帯）
Income Group (Total Households)

単位　10万分比　Numbers per 100,000

800～900 8 million yen - 9 million yen	900～1,000 9 million yen - 10 million yen	1,000～1,250 10 million yen - 12.5 million yen	1,250～1,500 12.5 million yen - 15 million yen	1,500～2,000 15 million yen - 20 million yen	2,000万円 以 上 20 million yen or more	Item
4,570	3,665	4,467	2,059	1,237	843	Distribution of households (rate to the whole = 100,000)
1,242	979	1,242	569	344	228	Number of tabulated households
3.17	3.14	3.31	3.32	3.31	3.04	Number of persons per household (persons)
						Number of households by number of household members
492	419	232	89	18	49	1 person
949	781	925	450	290	258	2 persons
1,278	941	1,284	617	397	267	3 persons
1,258	1,079	1,474	630	402	187	4 persons
405	329	412	195	100	54	5 persons
187	117	139	78	31	29	6 or more persons
						Number of households by employed persons
71	67	66	45	8	10	0 person
1,360	1,041	997	328	213	202	1 person
2,276	1,796	2,349	1,119	645	446	2 persons
862	761	1,054	567	371	184	3 or more persons
						Number of households by age group of household head
						(5-Year Age Group)
167	124	110	50	15	25	-34 years old
296	204	253	66	55	17	35-39
518	331	408	141	96	45	40-44
722	588	700	306	133	65	45-49
887	667	849	410	282	133	50-54
711	663	875	476	279	159	55-59
486	429	471	293	172	163	60-64
290	248	361	118	80	101	65-69
281	210	254	100	86	85	70-74
116	110	91	37	27	29	75-79
62	62	54	39	8	15	80-84
32	29	41	22	4	8	85-
						(10-Year Age Group A)
167	124	110	50	15	25	-34 years old
814	535	661	207	151	62	35-44
1,609	1,255	1,549	716	415	198	45-54
1,197	1,092	1,345	770	450	321	55-64
571	458	615	219	166	186	65-74
178	172	145	76	35	44	75-84
32	29	41	22	4	8	85-
782	660	800	316	205	237	(Regrouped) 65 years old or more
						(10-Year Age Group B)
41	10	15	11	1	1	-29 years old
422	317	349	105	69	41	30-39
1,240	920	1,108	447	229	109	40-49
1,598	1,330	1,724	886	560	292	50-59
777	677	831	412	252	263	60-69
397	321	345	137	113	114	70-79
95	91	94	60	12	22	80-
1,268	1,089	1,271	609	377	400	(Regrouped) 60 years old or more
492	412	440	197	125	136	(Regrouped) 70 years old or more
						Number of households by occupation of household head
3,581	2,697	3,341	1,467	834	302	Employee
297	309	418	284	224	307	Corporative administrators
340	379	438	175	126	210	Individual proprietors and others
352	281	270	132	53	24	No-occupation
						Number of households by kind of residence
3,871	3,127	3,875	1,862	1,105	766	Owned houses
2,154	1,651	2,152	1,052	565	337	of which household paying back debts for houses and/or land
550	378	384	143	84	57	Privately owned rented houses
15	30	7	5	7	-	Publicly owned rented houses
28	26	37	14	6	-	Rented houses owned by Urban Renaissance Agency or public corporation
72	81	126	31	31	15	Issued houses
33	21	38	5	4	6	Others
						Number of households by yearly income group
...	...	...	...	...	...	- 1,999,999 yen
...	...	...	...	...	...	2,000,000- 2,999,999
...	...	...	...	...	...	3,000,000- 3,999,999
...	...	...	...	...	...	4,000,000- 4,999,999
...	...	...	...	...	...	5,000,000- 5,999,999
...	...	...	...	...	...	6,000,000- 6,999,999
...	...	...	...	...	...	7,000,000- 7,999,999
4,570	...	...	...	...	...	8,000,000- 8,999,999
...	3,665	...	...	...	...	9,000,000- 9,999,999
...	...	4,467	...	...	...	10,000,000- 12,499,999
...	...	...	2,059	...	...	12,500,000- 14,999,999
...	...	...	...	1,237	...	15,000,000- 19,999,999
...	...	...	...	...	843	20,000,000-
						Number of households by presence of student
1,889	1,445	1,978	863	554	298	Households with student
2,681	2,221	2,489	1,195	683	546	Households without student 1)

1) It includes one-person households.

2022年平均
2022 Average

項　　目	平均 Average	200万円未満 2 million yen under	200万円以上300万円未満 2 million yen - 3 million yen	300～400 3 million yen - 4 million yen	400～500 4 million yen - 5 million yen	500～600 5 million yen - 6 million yen	600～700 6 million yen - 7 million yen	700～800 7 million yen - 8 million yen
世帯数分布（１０万分比）	100,000	6,834	13,146	14,815	12,264	10,247	8,862	7,529
集計世帯数	19,797	1,425	2,739	3,042	2,461	2,020	1,723	1,447
世帯人員（人）	2.92	2.34	2.34	2.50	2.79	3.07	3.26	3.32
世帯人員別世帯数								
１人	...	...	...	...	...	...	...	...
２人	46,647	5,192	10,054	9,951	6,369	3,779	2,611	1,982
３人	26,035	1,146	2,094	3,093	3,239	3,280	2,773	2,442
４人	19,211	362	743	1,214	1,805	2,239	2,495	2,163
５人	5,856	79	190	410	675	653	681	712
６人～	2,251	55	65	147	176	296	303	231
就業者数別世帯数								
０人	18,799	3,166	6,486	5,009	2,050	804	295	208
１人	28,908	2,252	3,981	5,105	4,432	3,380	2,650	1,965
２人	39,947	1,256	2,280	3,955	4,743	4,897	4,525	4,099
３人～	12,345	160	400	746	1,039	1,166	1,392	1,257
世帯主の年齢階級別世帯数								
（年齢５歳階級）								
～３４歳	3,025	76	181	331	474	534	376	302
３５～３９歳	4,802	95	175	417	609	718	771	640
４０～４４歳	6,607	141	265	500	742	956	956	816
４５～４９歳	9,630	246	392	604	905	1,127	1,228	1,249
５０～５４歳	10,113	352	387	615	911	972	1,103	1,091
５５～５９歳	9,653	370	433	639	834	850	998	899
６０～６４歳	11,315	845	1,128	1,581	1,499	1,242	988	820
６５～６９歳	12,797	942	2,192	2,549	2,057	1,359	947	655
７０～７４歳	15,633	1,565	3,517	3,634	2,270	1,409	819	630
７５～７９歳	9,001	1,131	2,460	2,219	1,081	617	396	239
８０～８４歳	5,240	774	1,462	1,214	616	332	197	143
８５歳～	2,183	297	555	514	267	131	84	47
（年齢１０歳階級Ａ）								
～３４歳	3,025	76	181	331	474	534	376	302
３５～４４歳	11,409	237	439	917	1,350	1,674	1,727	1,456
４５～５４歳	19,743	598	779	1,218	1,817	2,099	2,331	2,340
５５～６４歳	20,968	1,214	1,561	2,220	2,333	2,092	1,986	1,719
６５～７４歳	28,430	2,506	5,709	6,182	4,327	2,768	1,765	1,285
７５～８４歳	14,242	1,905	3,922	3,434	1,697	949	593	382
８５歳～	2,183	297	555	514	267	131	84	47
（再掲）６５歳～	44,855	4,708	10,185	10,129	6,290	3,848	2,442	1,713
（年齢１０歳階級Ｂ）								
～２９歳	662	18	67	98	102	108	74	65
３０～３９歳	7,165	154	289	650	980	1,144	1,073	877
４０～４９歳	16,237	387	656	1,104	1,648	2,083	2,184	2,065
５０～５９歳	19,766	722	821	1,254	1,746	1,822	2,101	1,990
６０～６９歳	24,112	1,786	3,320	4,130	3,555	2,601	1,935	1,475
７０～７９歳	24,634	2,696	5,977	5,853	3,351	2,026	1,214	869
８０歳～	7,424	1,071	2,016	1,728	883	463	281	190
（再掲）６０歳～	56,170	5,553	11,313	11,710	7,789	5,090	3,430	2,533
（再掲）７０歳～	32,057	3,767	7,994	7,581	4,233	2,489	1,495	1,059
世帯主の勤めか自営かの別世帯数								
雇用されている人（勤労者）	53,624	1,543	3,402	5,550	6,312	6,498	6,267	5,505
会社などの役員	5,170	71	170	299	464	501	460	476
自営業主・その他	11,033	1,055	1,337	1,680	1,644	1,048	932	715
非就業（無職）	30,173	4,164	8,238	7,285	3,844	2,201	1,204	833
住居の種類別世帯数								
持ち家	85,984	5,103	11,082	12,847	10,539	8,820	7,693	6,544
うち住宅ローンあり	29,666	487	1,114	2,005	2,886	3,629	3,848	3,453
民営の賃貸住宅	8,042	684	918	1,052	1,033	942	780	680
公営の賃貸住宅	2,614	750	752	451	302	149	51	50
都市再生機構・公社等の賃貸住宅	1,119	141	208	217	146	99	73	48
給与住宅	1,048	5	11	50	91	102	157	154
その他	1,132	146	168	193	149	130	107	54
年間収入階級別世帯数								
200万円未満	6,834	6,834	...	...	...	...	...	...
200万円以上300万円未満	13,146	...	13,146	...	...	...	...	...
300　～　400	14,815	...	...	14,815	...	...	...	...
400　～　500	12,264	...	...	...	12,264	...	...	...
500　～　600	10,247	...	...	...	...	10,247	...	...
600　～　700	8,862	...	...	...	...	...	8,862	...
700　～　800	7,529	...	...	...	...	...	...	7,529
800　～　900	6,383	...	...	...	...	...	...	...
900　～ 1,000	5,083	...	...	...	...	...	...	...
1,000　～ 1,250	6,629	...	...	...	...	...	...	...
1,250　～ 1,500	3,083	...	...	...	...	...	...	...
1,500　～ 2,000	1,909	...	...	...	...	...	...	...
2,000万円以上	1,244	...	...	...	...	...	...	...
在学者の有無別世帯数								
いる世帯	28,088	769	1,079	1,870	2,702	3,303	3,589	3,350
いない世帯	71,912	6,065	12,068	12,945	9,562	6,944	5,274	4,180

世帯分布（二人以上の世帯）
Income Group (Two-or-more-person Households)

単位　10万分比　Numbers per 100,000

800～900 8 million yen - 9 million yen	900～1,000 9 million yen - 10 million yen	1,000～1,250 10 million yen - 12.5 million yen	1,250～1,500 12.5 million yen - 15 million yen	1,500～2,000 15 million yen - 20 million yen	2,000万円以上 20 million yen or more	Item
6,383	5,083	6,629	3,083	1,909	1,244	Distribution of households (rate to the whole = 100,000)
1,220	962	1,230	565	343	226	Number of tabulated households
3.43	3.42	3.44	3.43	3.35	3.16	Number of persons per household (persons)
						Number of households by number of household members
...	...	...	...	...	...	1 person
1,486	1,222	1,448	704	454	404	2 persons
2,000	1,473	2,010	965	621	417	3 persons
1,970	1,690	2,308	987	629	293	4 persons
634	515	646	306	156	84	5 persons
293	182	217	121	49	46	6 or more persons
						Number of households by employed persons
81	72	59	42	13	16	0 person
1,389	1,008	1,242	402	306	241	1 person
3,564	2,811	3,678	1,752	1,009	699	2 persons
1,350	1,192	1,650	888	580	288	3 or more persons
						Number of households by age group of household head
						(5-Year Age Group)
262	157	173	79	24	20	-34 years old
463	246	396	104	86	27	35-39
655	476	600	186	150	70	40-44
1,107	808	1,057	479	209	102	45-49
1,114	929	1,263	597	441	181	50-54
914	873	1,256	719	421	248	55-59
708	655	706	443	259	254	60-64
440	382	542	182	126	158	65-69
390	276	357	157	134	113	70-74
182	156	142	58	41	36	75-79
98	91	84	48	12	23	80-84
51	34	52	34	6	12	85-
						(10-Year Age Group A)
262	157	173	79	24	20	-34 years old
1,118	722	996	289	236	97	35-44
2,221	1,737	2,320	1,076	650	283	45-54
1,622	1,527	1,962	1,162	679	503	55-64
831	658	899	339	260	271	65-74
279	248	226	105	53	59	75-84
51	34	52	34	6	12	85-
1,160	940	1,177	477	320	341	(Regrouped) 65 years old or more
						(10-Year Age Group B)
64	15	23	18	2	2	-29 years old
660	388	546	164	109	46	30-39
1,762	1,283	1,656	665	359	171	40-49
2,028	1,802	2,519	1,316	861	429	50-59
1,149	1,036	1,248	625	384	412	60-69
572	433	499	214	176	148	70-79
148	125	136	81	18	35	80-
1,869	1,594	1,884	920	578	596	(Regrouped) 60 years old or more
720	558	635	296	194	183	(Regrouped) 70 years old or more
						Number of households by occupation of household head
4,957	3,761	4,983	2,273	1,289	473	Employee
440	426	611	356	341	472	Corporative administrators
465	490	658	274	195	262	Individual proprietors and others
521	407	377	179	84	37	No-occupation
						Number of households by kind of residence
5,649	4,527	5,810	2,780	1,702	1,150	Owned houses
3,190	2,441	3,238	1,538	859	500	of which household paying back debts for houses and/or land
528	360	520	220	131	62	Privately owned rented houses
18	24	11	7	11	-	Publicly owned rented houses
44	40	58	22	9	-	Rented houses owned by Urban Renaissance Agency or public corporation
89	96	170	46	49	23	Issued houses
52	34	59	7	6	9	Others
						Number of households by yearly income group
...	...	...	...	...	...	- 1,999,999 yen
...	...	...	...	...	...	2,000,000- 2,999,999
...	...	...	...	...	...	3,000,000- 3,999,999
...	...	...	...	...	...	4,000,000- 4,999,999
...	...	...	...	...	...	5,000,000- 5,999,999
...	...	...	...	...	...	6,000,000- 6,999,999
...	...	...	...	...	...	7,000,000- 7,999,999
6,383	...	...	...	...	...	8,000,000- 8,999,999
...	5,083	...	...	...	...	9,000,000- 9,999,999
...	...	6,629	...	...	...	10,000,000- 12,499,999
...	...	...	3,083	...	...	12,500,000- 14,999,999
...	...	...	...	1,909	...	15,000,000- 19,999,999
...	...	...	...	...	1,244	20,000,000-
						Number of households by presence of student
2,957	2,262	3,096	1,352	867	466	Households with student
3,426	2,821	3,533	1,732	1,041	778	Households without student

第６－１表　全国・地方・都市階級別支出世帯１世帯

Table 6-1　Monthly Expenditure per Household Expended on Items by

2022年平均
2022 Average

項　目	全国	地方						
		北海道	東北	関東	北陸	東海	近畿	中国
	All Japan	Hokkaido	Tohoku	Kanto	Hokuriku	Tokai	Kinki	Chugoku
世帯数分布（抽出率調整）	10,000	440	764	3,605	406	1,237	1,540	594
特定５０品目の支出があった世帯								
集計世帯数	19,711	945	1,550	6,415	898	2,356	3,226	1,302
世帯人員（人）	2.28	2.10	2.22	2.28	2.34	2.28	2.35	2.22
有業人員（人）	1.20	1.10	1.21	1.23	1.30	1.25	1.16	1.16
世帯主の年齢（歳）	58.9	59.2	58.4	57.8	57.7	57.4	61.4	59.5
５０品目計	80,362	68,980	75,391	83,342	82,603	83,512	78,403	79,714
通信								
０１　スマートフォン・携帯電話などの通信、通話使用料	11,380	11,489	12,003	11,236	11,730	11,327	11,088	11,449
０２　インターネット接続料	6,305	6,129	6,057	6,420	6,298	6,083	6,538	6,134
０３　スマートフォン・携帯電話の本体価格	47,254	45,441	46,852	50,213	46,047	44,054	46,167	46,792
旅行関係								
０４　航空運賃	57,795	43,847	67,174	66,502	65,587	61,768	56,709	61,002
０５　宿泊料	35,706	31,225	26,044	40,659	28,209	33,276	40,218	27,243
０６　パック旅行費（国内）	76,335	78,286	72,314	81,822	60,831	63,989	80,399	78,352
０７　パック旅行費（外国）	456,667	19,579	-	405,277	28,298	199,588	247,549	46,629
教育、教養娯楽								
０８　国公立授業料等（幼稚園～大学、専修学校）	32,979	37,215	37,474	34,950	34,075	28,797	30,664	31,440
０９　私立授業料等（幼稚園～大学、専修学校）	158,854	125,775	131,207	181,177	119,350	145,290	190,453	106,753
１０　補習教育費	38,505	28,421	28,254	43,490	32,251	33,405	40,647	38,424
１１　自動車教習料	120,279	186,060	120,677	116,431	112,170	151,005	121,248	111,765
１２　スポーツ施設使用料	11,946	10,627	8,358	13,996	8,731	11,633	11,082	9,785
衣類等								
１３　背広服	33,353	43,090	39,401	32,258	35,382	34,465	37,119	34,034
１４　婦人用スーツ･ワンピース	21,871	20,038	19,581	21,841	25,628	24,215	23,202	19,401
１５　和服	104,656	111,815	56,356	125,091	105,048	91,187	105,045	103,803
１６　腕時計	37,484	28,647	47,869	41,000	40,328	36,152	52,070	27,312
１７　装身具（アクセサリー類）	35,030	31,853	35,076	35,153	38,712	33,389	39,879	41,008
医療								
１８　出産入院料	286,609	67,270	236,506	290,465	105,292	282,148	236,276	151,653
１９　出産以外の入院料	93,102	83,559	94,608	100,097	91,652	100,594	83,375	93,912
家具等								
２０　たんす	25,339	17,464	16,148	24,338	25,573	19,884	25,019	28,916
２１　ベッド	66,705	48,689	59,370	70,559	58,455	76,289	68,770	49,025
２２　布団	19,911	19,857	20,256	19,433	26,346	22,226	21,261	13,224
２３　机･いす（事務用･学習用）	23,855	17,674	21,446	24,774	30,316	30,829	23,138	19,512
２４　食器戸棚	46,546	24,273	36,343	50,747	24,343	37,926	56,604	22,971
２５　食卓セット	28,712	39,359	18,777	25,648	21,622	30,467	34,063	42,449
２６　応接セット	75,912	59,758	57,585	72,697	88,373	84,612	86,145	52,470
２７　楽器（部品を含む）	53,324	48,087	43,031	68,295	37,764	54,306	33,151	27,112
家電等								
２８　冷蔵庫	123,577	100,378	112,413	121,234	130,573	123,581	129,109	123,514
２９　掃除機	29,200	31,192	28,774	30,267	28,959	28,350	28,146	29,242
３０　洗濯機	94,970	79,157	92,955	97,982	92,060	101,982	103,644	87,496
３１　エアコン	155,840	138,488	135,717	157,166	154,861	158,060	159,977	161,841
３２　パソコン（ﾀﾌﾞﾚｯﾄ型を含む。周辺機器・ｿﾌﾄは除く）	94,786	88,514	105,613	91,392	96,597	99,804	85,263	96,353
３３　テレビ	100,982	106,842	96,079	100,030	113,788	98,184	97,912	109,399
３４　ビデオデッキ	32,507	36,892	33,279	33,451	33,736	31,338	26,550	39,875
３５　ゲーム機（ソフトは除く）	35,619	24,073	32,541	35,744	29,697	35,478	35,352	32,880
３６　カメラ（交換ﾚﾝｽﾞのみを含む。使い捨てのｶﾒﾗは除く）	73,777	62,879	43,292	83,038	56,618	62,197	60,487	51,583
３７　ビデオカメラ	53,649	6,713	20,573	57,911	17,959	39,715	35,663	23,852
住宅関係								
３８　家屋に関する設備費･工事費･修理費	316,085	339,530	355,307	314,060	273,975	315,146	346,657	264,365
３９　給排水関係工事費	111,164	96,888	107,578	103,453	118,104	116,187	110,854	150,098
４０　庭・植木の手入れ代	45,558	45,437	59,361	40,542	51,245	55,627	46,965	46,165
自動車等関係								
４１　自動車（新車）	2,580,475	2,777,717	2,645,457	2,685,559	2,431,240	2,638,164	2,765,333	2,198,983
４２　自動車（中古車）	1,160,604	1,412,394	1,162,237	1,136,621	1,180,173	1,353,193	1,132,025	1,224,233
４３　自動車保険料（自賠責）	21,968	20,635	21,722	22,442	21,674	22,464	22,224	21,972
４４　自動車保険料（任意）	23,353	15,552	17,870	24,721	21,922	24,981	32,146	22,098
４５　自動車以外の原動機付輸送機器	225,916	60,609	123,717	232,008	79,527	369,835	217,280	197,803
４６　自動車整備費	59,775	63,201	60,816	62,434	56,009	58,621	58,232	59,406
その他								
４７　挙式･披露宴費用	583,467	60,535	403,950	427,314	595,404	654,113	754,685	488,188
４８　葬儀･法事費用	437,427	472,630	521,571	416,791	500,898	466,047	474,094	280,166
４９　信仰関係費	33,558	14,177	33,342	54,082	21,807	29,962	32,101	28,501
５０　仕送り金	73,849	86,045	85,249	66,471	76,695	80,179	67,253	70,332
インターネットを通じて注文をした世帯								
集計世帯数	10,724	462	685	3,994	457	1,261	1,820	645
世帯人員（人）	2.49	2.33	2.42	2.43	2.53	2.50	2.64	2.50
有業人員（人）	1.43	1.34	1.43	1.42	1.51	1.46	1.43	1.40
世帯主の年齢（歳）	53.6	53.9	52.1	53.0	52.6	52.2	56.4	53.7
インターネットを利用した支出総額（２２品目計）	36,751	34,596	30,771	40,804	28,391	34,716	36,840	31,951
贈答用								
５１　贈答品	12,591	15,466	14,303	12,272	13,587	11,749	12,609	12,055
自宅用								
自宅用計	35,579	32,693	29,675	39,552	27,287	33,725	35,696	31,007
５２～５４計（食料）	17,817	17,550	14,279	19,188	17,187	16,936	17,778	14,117
５２　食料品	17,469	15,968	13,977	18,588	16,564	17,258	17,876	13,758
５３　飲料	7,091	8,676	6,358	7,348	8,166	6,480	6,819	6,988
５４　出前	8,594	8,897	6,724	8,862	8,805	8,193	8,697	7,735
５５　家電	19,927	19,600	21,874	20,138	17,395	18,529	19,007	20,665
５６　家具	14,424	15,498	11,822	13,683	13,223	14,978	14,445	19,514
５７～５９計（衣類・履物）	13,142	13,548	12,555	13,418	13,062	12,968	13,862	12,770
５７　紳士用衣類	11,546	13,582	12,242	11,629	13,522	10,651	12,087	10,217
５８　婦人用衣類	11,838	11,474	10,893	12,236	10,428	11,823	12,724	11,815
５９　履物・その他の衣類	7,790	7,945	8,346	7,677	9,303	7,964	7,571	7,927
６０～６１計（保健・医療）	8,258	7,745	8,031	8,142	7,173	9,079	8,338	8,366
６０　医薬品	5,557	4,914	5,129	5,595	5,031	6,262	5,658	6,083
６１　健康食品	8,430	7,799	8,311	8,198	7,601	9,297	8,472	8,442
６２　化粧品	7,935	8,549	7,675	7,545	7,187	9,050	7,854	8,260
６３　自動車等関係用品	18,573	21,199	21,833	18,475	19,431	17,328	17,934	21,409
６４　書籍	4,366	5,529	4,470	4,542	3,756	3,828	4,398	4,300
６５　音楽・映像ソフト、パソコン用ソフト、ゲームソフト	8,667	7,396	10,119	8,227	7,643	11,982	7,536	8,917
６６～６７計（デジタルコンテンツ）	5,394	4,686	4,498	5,517	3,297	6,253	4,827	4,982
６６　電子書籍	4,775	4,584	4,285	4,465	3,784	5,838	4,498	5,760
６７　ダウンロード版の音楽・映像、アプリなど	4,482	3,789	3,498	4,785	2,680	4,801	3,845	3,575
６８　保険	20,675	20,757	22,330	19,726	21,029	23,443	19,793	26,448
６９～７０計（旅行関係費）	44,453	43,321	37,990	48,036	36,538	40,433	47,919	36,211
６９　宿泊料、運賃、パック旅行費（インターネット上での決済）	43,734	47,231	37,102	47,265	37,884	37,788	46,093	32,815
７０　宿泊料、運賃、パック旅行費（上記以外の決済）	36,594	25,961	33,306	39,103	28,351	41,038	42,131	35,391
７１　チケット	12,227	11,190	9,979	12,450	12,149	11,960	13,217	9,872
７２　上記に当てはまらない商品・サービス	13,920	13,663	13,457	14,855	12,172	14,778	12,612	13,631

当たり１か月間の支出金額（総世帯）
All Japan, Districts and City Groups (Total Households)

単位 円 In Yen

Districts		都市階級 City Groups				
四国 Shikoku	九州・沖縄 Kyushu & Okinawa	大都市 Major cities	中都市 Middle cities	小都市Ａ Small cities A	小都市Ｂ・町村 Small cities B, Towns & villages	Item
289	1,124	3,049	3,071	2,347	1,534	Distribution of households
						Households expending on specific goods and services (50 items)
637	2,383	5,209	6,271	4,919	3,313	Number of tabulated households
2.27	2.28	2.26	2.29	2.29	2.27	Number of persons per household (persons)
1.12	1.18	1.23	1.18	1.21	1.19	Number of earners per household (persons)
62.5	60.3	56.9	59.3	59.5	61.3	Age of household head (years old)
80,554	77,191	79,463	79,436	81,392	82,625	Total expenditure on specific goods and services (50 items)
						Communication
11,737	11,611	11,108	11,250	11,670	11,763	01 Mobile telephones charges
6,145	6,143	6,192	6,425	6,320	6,271	02 Internet connection charges
42,918	47,171	49,263	46,759	46,551	44,632	03 Mobile telephones unit prices
						Travel-related costs
41,899	46,108	59,610	58,700	59,965	47,854	04 Airplane fares
30,958	28,659	36,269	34,605	38,732	30,883	05 Accommodation services
48,356	71,566	78,416	71,555	80,651	68,541	06 Package tour costs (domestic)
-	253,083	302,040	183,248	118,671	237,198	07 Package tour costs (overseas)
						Education, Culture and recreation
30,047	34,753	30,971	34,512	29,002	39,983	08 Tuition (kindergarten-university) (public)
105,253	107,093	163,611	136,652	179,154	182,019	09 Tuition (kindergarten-university) (private)
33,244	31,146	45,255	36,170	33,776	30,999	10 Tutorial fees
96,646	119,976	154,916	112,463	99,096	111,077	11 Lesson fees, driving school
9,869	10,376	13,556	11,077	11,287	10,152	12 Rental fees for sports facilities
						Clothing
35,939	35,080	34,152	30,350	34,824	39,020	13 Men's suits
21,991	18,268	24,360	19,325	19,865	24,076	14 Women's one-piece dresses and suits
27,889	54,081	88,241	101,967	125,711	107,321	15 Japanese clothing
24,104	32,105	49,842	31,879	28,860	37,786	16 Wrist watches
83,280	34,048	34,453	34,827	46,972	29,734	17 Accessories
						Medical care
123,103	159,611	331,010	272,097	252,013	182,144	18 Delivery fees
90,411	80,889	99,076	98,353	84,919	83,909	19 Hospital charges (excluding delivery)
						Furniture, etc.
20,235	47,482	29,375	24,854	22,004	23,458	20 Chests of drawers
41,923	78,942	65,053	75,593	72,754	53,106	21 Beds
23,763	18,192	19,913	19,999	19,788	21,454	22 Quilts
29,728	20,913	26,739	22,566	23,925	23,395	23 Desks and chairs (for work or study)
11,199	46,839	51,081	46,176	40,364	62,043	24 Sideboards
25,083	34,957	28,222	29,806	28,850	35,147	25 Dining tables and chairs
68,468	86,329	88,282	78,848	73,459	71,583	26 Drawing room suites
56,293	21,474	40,340	65,065	38,318	45,600	27 Musical instruments (including parts of instruments)
						Home electric appliances, etc.
117,942	139,409	121,647	126,923	126,791	123,732	28 Refrigerators
29,740	29,315	30,418	29,761	27,287	29,496	29 Vacuum cleaners
85,259	94,235	100,960	95,323	87,127	95,044	30 Washing machines
158,378	148,170	159,441	158,517	147,386	151,303	31 Air conditioners
96,695	90,853	93,002	97,322	96,021	92,696	32 Personal computers (including tablet devices, excluding peripherals and software)
85,118	109,693	102,152	105,105	94,183	100,487	33 TV
34,306	28,580	34,348	31,986	31,800	30,535	34 Video recorders (DVD or Blu-ray recorder, player, etc.)
35,224	33,020	34,836	32,175	38,450	33,069	35 Video game hardware (excluding software)
45,102	48,966	78,016	77,757	58,392	56,387	36 Cameras (including lenses only, excluding disposable cameras)
1,250	33,580	40,840	53,123	53,224	28,290	37 Video cameras
						Housing
387,109	301,858	326,304	335,041	283,037	322,980	38 House-related equipping/ construction/ repair costs
102,670	117,481	106,874	122,973	103,077	112,553	39 Water supply and drainage construction costs
36,174	40,146	48,509	45,529	46,916	40,586	40 Gardens, trees and plants tending costs
						Motor cars-related costs
2,390,063	2,572,537	3,003,615	2,555,194	2,411,115	2,417,011	41 Automobiles (new)
761,713	995,716	1,248,241	1,202,193	1,124,944	1,181,272	42 Automobiles (second-hand)
22,327	21,152	22,149	21,812	22,336	21,594	43 Automotive insurance premium (compulsion)
32,614	20,402	23,918	22,000	25,081	22,901	44 Automotive insurance premium (option)
84,528	190,986	238,777	228,745	200,740	178,633	45 Motorized vehicles other than automobiles
56,484	56,398	63,889	59,130	56,318	60,543	46 Automotive maintenance and repairs
						Others
156,646	739,396	496,761	524,567	535,860	752,004	47 Wedding ceremony and reception costs
342,874	518,189	414,778	459,549	434,921	446,263	48 Funeral service costs
16,242	29,065	33,526	32,712	29,881	40,513	49 Religion-related costs
71,066	86,546	71,811	76,254	69,122	81,133	50 Remittance
						Households ordering over the Internet
306	1,094	3,284	3,455	2,509	1,476	Number of tabulated households
2.60	2.52	2.40	2.51	2.53	2.57	Number of persons per household (persons)
1.41	1.45	1.41	1.41	1.43	1.50	Number of earners per household (persons)
57.8	54.2	52.1	54.4	54.3	55.3	Age of household head (years old)
31,281	33,539	40,151	36,236	33,709	33,242	Total expenditure on goods and services ordered over the Internet (22 items)
						For gift
12,690	12,619	12,130	12,938	12,022	14,370	51 gift items
						For home
30,282	32,410	38,949	34,993	32,644	32,097	Total expenditure for home
17,059	16,512	18,248	17,696	17,797	16,599	52-54 Total (Food)
17,484	16,184	17,720	17,383	17,422	16,982	52 Foods
5,967	6,523	7,249	6,918	7,246	6,666	53 Beverages
8,445	8,798	8,438	8,971	8,470	8,374	54 Deliveries
16,694	21,960	19,869	20,771	18,552	20,206	55 Home electronics
12,897	15,529	13,362	13,958	14,597	18,574	56 Furniture
12,915	11,571	14,017	12,718	11,803	13,841	57-59 Total (Clothing, footwear)
10,600	10,258	12,029	10,868	9,935	14,438	57 Men's clothing
11,847	10,171	12,805	11,429	10,614	11,931	58 Women's clothing
7,447	7,419	7,916	7,664	7,721	7,827	59 Footwears and other clothing
8,813	8,180	8,235	8,444	7,932	8,437	60-61 Total (Medical care)
5,128	5,108	5,511	5,353	5,559	6,200	60 Medicines
9,214	8,658	8,380	8,763	8,028	8,440	61 Health foods
9,066	8,145	7,737	8,058	7,928	8,400	62 Cosmetics
15,257	15,781	17,705	18,867	17,936	19,897	63 Private transportation
4,009	3,872	4,256	4,331	4,390	4,828	64 Books and other reading materials
7,747	7,635	9,185	8,752	7,711	8,254	65 Software (music, video, personal computer, TV game)
4,182	6,926	5,595	5,109	5,835	4,388	66-67 Total (Digital contents)
3,511	6,536	5,012	4,394	5,092	4,001	66 Digital books
3,478	5,333	4,630	4,307	4,771	3,630	67 Download music, video, applications
22,047	20,344	20,490	19,999	21,110	22,587	68 Insurance
42,534	39,579	48,908	41,300	44,578	37,829	69-70 Total (Travel-related costs)
40,301	40,456	47,933	39,381	45,277	38,337	69 Accommodation services, fares, package tours(payment on the Internet)
37,264	30,246	39,456	37,271	35,345	30,053	70 Accommodation services, fares, package tours(payment on-site)
11,057	12,459	12,642	12,062	11,646	12,112	71 Tickets
13,193	12,379	14,605	13,998	12,744	13,648	72 Other goods and services

第６－１表　全国・地方・都市階級別支出世帯１世帯

Table 6-1　Monthly Expenditure per Household Expended on Items by

2022年平均
2022 Average

項　目	全国 All Japan	地方 北海道 Hokkaido	東北 Tohoku	関東 Kanto	北陸 Hokuriku	東海 Tokai	近畿 Kinki	中国 Chugoku
世帯数分布（抽出率調整）	10,000	419	667	3,689	390	1,197	1,641	579
特定５０品目の支出があった世帯								
集計世帯数	18,003	862	1,403	5,875	828	2,149	2,959	1,186
世帯人員（人）	2.94	2.73	3.06	2.91	3.11	3.03	2.92	2.94
有業人員（人）	1.51	1.39	1.61	1.51	1.66	1.57	1.44	1.48
世帯主の年齢（歳）	60.3	60.0	61.0	59.8	59.8	59.9	60.7	60.3
５０品目計	99,443	83,883	100,335	102,923	105,966	106,672	93,796	95,300
通信								
０１　スマートフォン・携帯電話などの通信、通話使用料	13,710	13,210	15,059	13,510	14,576	13,713	12,978	13,949
０２　インターネット接続料	6,562	6,338	6,371	6,738	6,605	6,302	6,706	6,300
０３　スマートフォン・携帯電話の本体価格	49,993	47,710	50,608	52,393	49,790	48,735	47,962	45,805
旅行関係								
０４　航空運賃	64,117	45,021	51,725	71,885	65,180	75,173	59,737	67,182
０５　宿泊料	39,412	32,072	30,861	42,489	31,037	37,854	43,539	34,733
０６　パック旅行費（国内）	82,333	81,020	81,405	90,225	63,484	71,155	80,583	85,790
０７　パック旅行費（外国）	462,322	19,579	-	398,212	28,298	199,588	256,165	46,629
教育、教養娯楽								
０８　国公立授業料等（幼稚園～大学、専修学校）	30,668	33,972	37,474	32,764	34,075	28,471	27,467	29,718
０９　私立授業料等（幼稚園～大学、専修学校）	158,590	120,494	129,260	181,579	119,350	142,925	190,002	105,975
１０　補習教育費	39,231	28,421	28,402	44,557	32,251	33,845	40,932	36,929
１１　自動車教習料	127,708	186,060	136,853	127,882	112,170	155,674	124,418	114,138
１２　スポーツ施設使用料	12,470	10,373	9,668	14,476	8,410	11,136	11,769	9,672
衣類等								
１３　背広服	37,544	42,971	37,726	36,511	33,386	36,570	38,905	34,630
１４　婦人用スーツ･ワンピース	21,659	20,144	20,718	22,532	24,240	20,214	21,927	20,214
１５　和服	104,152	111,815	48,573	128,193	107,674	81,432	101,189	74,301
１６　腕時計	42,734	27,746	55,540	43,947	54,846	40,982	49,918	35,006
１７　装身具（アクセサリー類）	40,660	22,864	46,335	42,501	37,925	38,609	40,502	39,583
医療								
１８　出産入院料	293,410	67,270	236,506	290,465	90,033	282,148	236,276	151,653
１９　出産以外の入院料	93,168	79,684	85,628	102,959	86,575	98,692	83,177	90,063
家具等								
２０　たんす	25,346	16,398	15,404	25,791	25,184	21,779	25,320	27,098
２１　ベッド	68,126	55,456	62,359	72,117	58,458	67,679	67,420	59,176
２２　布団	21,130	20,798	23,245	21,865	23,006	21,683	21,486	14,428
２３　机･いす（事務用･学習用）	26,035	22,210	22,745	26,686	30,316	31,457	25,910	21,952
２４　食器戸棚	50,520	24,035	35,352	55,376	30,154	40,086	56,199	21,363
２５　食卓セット	33,807	37,302	20,325	33,823	19,247	36,508	34,181	40,723
２６　応接セット	83,419	59,758	71,760	83,236	63,052	85,919	93,044	55,762
２７　楽器（部品を含む）	39,464	68,084	43,031	41,044	37,852	52,640	36,730	28,436
家電等								
２８　冷蔵庫	131,826	105,434	117,594	134,054	134,028	126,752	136,682	128,353
２９　掃除機	29,865	32,375	27,340	30,331	30,328	27,465	29,559	30,629
３０　洗濯機	99,861	83,230	94,312	104,028	92,931	111,480	107,773	87,539
３１　エアコン	158,869	137,319	149,467	158,968	160,939	156,494	167,589	178,907
３２　パソコン（ﾀﾌﾞﾚｯﾄ型を含む。周辺機器・ｿﾌﾄは除く）	95,108	89,775	98,385	97,293	84,968	97,551	93,205	95,361
３３　テレビ	102,175	114,300	106,719	97,005	102,612	97,142	102,001	107,269
３４　ビデオデッキ	33,240	33,142	33,625	34,582	34,284	32,696	30,902	40,149
３５　ゲーム機（ソフトは除く）	33,940	24,073	32,297	34,783	29,721	34,162	34,797	32,931
３６　カメラ（交換ﾚﾝｽﾞのみを含む。使い捨てのｶﾒﾗは除く）	68,143	62,879	44,698	72,454	56,618	65,033	65,424	51,583
３７　ビデオカメラ	52,424	6,713	15,831	53,721	17,959	36,922	35,663	23,852
住宅関係								
３８　家屋に関する設備費･工事費･修理費	330,492	314,646	360,036	336,147	280,852	328,174	346,810	271,763
３９　給排水関係工事費	116,592	111,381	118,916	106,988	114,128	121,242	114,142	169,881
４０　庭・植木の手入れ代	47,509	42,950	62,187	43,911	61,879	50,304	43,833	47,010
自動車等関係								
４１　自動車（新車）	2,629,264	2,777,717	2,641,257	2,772,023	2,434,855	2,580,480	2,771,147	2,344,682
４２　自動車（中古車）	1,216,696	1,294,446	1,202,183	1,248,695	1,192,128	1,347,631	1,131,310	1,106,949
４３　自動車保険料（自賠責）	22,217	20,975	22,241	22,586	21,761	22,376	22,456	22,368
４４　自動車保険料（任意）	25,375	16,032	20,758	25,699	27,200	30,132	32,502	25,378
４５　自動車以外の原動機付輸送機器	217,157	60,609	161,652	214,921	79,527	369,835	208,259	197,803
４６　自動車整備費	61,688	64,329	62,587	65,029	57,548	59,020	62,031	56,738
その他								
４７　挙式･披露宴費用	616,749	60,535	304,939	435,895	757,433	654,113	825,492	488,188
４８　葬儀･法事費用	426,848	528,939	531,456	397,855	468,311	456,947	438,644	323,144
４９　信仰関係費	32,735	16,514	29,046	49,441	25,091	25,455	31,643	35,279
５０　仕送り金	79,170	70,150	88,676	72,703	81,601	85,371	73,052	77,131
インターネットを通じて注文をした世帯								
集計世帯数	10,115	434	645	3,762	430	1,191	1,731	610
世帯人員（人）	3.12	2.96	3.27	3.05	3.36	3.23	3.11	3.17
有業人員（人）	1.70	1.61	1.81	1.68	1.88	1.76	1.65	1.69
世帯主の年齢（歳）	56.3	55.4	56.8	56.3	55.8	55.8	56.7	55.8
インターネットを利用した支出総額（２２品目計）	39,443	35,367	32,775	44,390	31,880	36,799	38,770	32,826
贈答用								
５１　贈答品	12,568	13,261	13,514	12,308	12,243	12,660	12,888	11,807
自宅用								
自宅用計	38,181	34,194	31,505	43,015	30,990	35,697	37,463	31,840
５２～５４計（食料）	18,989	17,107	14,883	21,108	17,159	17,634	18,310	15,407
５２　食料品	19,013	16,720	15,496	20,752	18,478	18,100	18,293	15,543
５３　飲料	7,436	7,677	6,577	7,766	6,994	7,072	7,250	7,203
５４　出前	8,581	8,160	7,775	8,811	7,830	8,803	8,592	8,114
５５　家電	20,591	22,655	21,875	21,393	19,462	19,419	18,874	21,899
５６　家具	15,200	15,900	14,114	15,161	13,143	16,444	14,831	13,635
５７～５９計（衣類・履物）	13,496	12,919	13,655	13,996	12,031	13,383	13,753	12,521
５７　紳士用衣類	10,977	11,772	12,488	11,159	9,465	10,347	11,032	10,163
５８　婦人用衣類	11,999	10,822	11,960	12,475	11,205	11,911	12,251	11,228
５９　履物・その他の衣類	7,810	8,453	8,210	7,878	7,592	8,013	7,796	7,344
６０～６１計（保健・医療）	8,268	8,311	8,464	8,157	7,663	8,468	8,191	8,740
６０　医薬品	5,706	5,148	5,579	5,698	5,522	5,919	5,671	6,066
６１　健康食品	8,339	8,690	8,660	8,136	7,810	8,562	8,285	8,926
６２　化粧品	8,213	8,089	8,481	7,882	7,720	9,189	7,979	8,578
６３　自動車等関係用品	17,761	20,097	19,344	17,651	16,844	18,325	17,807	17,533
６４　書籍	4,266	4,078	3,799	4,345	3,975	4,167	4,356	4,205
６５　音楽・映像ソフト、パソコン用ソフト、ゲームソフト	7,684	8,146	7,333	7,747	8,031	7,899	7,707	7,441
６６～６７計（デジタルコンテンツ）	4,815	4,064	4,231	5,128	4,905	4,659	4,528	4,402
６６　電子書籍	4,325	3,492	4,223	4,360	4,726	4,718	3,895	4,813
６７　ダウンロード版の音楽・映像、アプリなど	3,962	3,715	3,238	4,269	4,168	3,676	3,882	3,165
６８　保険	22,622	22,970	25,666	22,073	20,593	25,445	21,607	24,479
６９～７０計（旅行関係費）	49,880	43,656	43,704	53,287	41,612	46,017	51,350	40,867
６９　宿泊料、運賃、パック旅行費（インターネット上での決済）	49,526	45,600	42,554	53,218	40,190	46,025	49,536	36,104
７０　宿泊料、運賃、パック旅行費（上記以外の決済）	40,114	31,336	37,201	41,473	36,320	39,294	44,616	41,205
７１　チケット	12,479	11,712	12,734	12,623	12,439	12,929	12,588	10,681
７２　上記に当てはまらない商品・サービス	14,242	14,271	13,088	15,429	13,419	13,689	12,882	14,491

当たり１か月間の支出金額（二人以上の世帯）
All Japan, Districts and City Groups (Two-or-more-person Households)

単位 円　In Yen

Districts		都市階級 City Groups				
四国 Shikoku	九州・沖縄 Kyushu & Okinawa	大都市 Major cities	中都市 Middle cities	小都市Ａ Small cities A	小都市Ｂ・町村 Small cities B, Towns & villages	Item
297	1,120	3,054	3,129	2,330	1,487	Distribution of households
						Households expending on specific goods and services (50 items)
576	2,166	4,741	5,737	4,506	3,019	Number of tabulated households
2.87	2.95	2.92	2.92	2.98	2.97	Number of persons per household (persons)
1.44	1.51	1.53	1.47	1.53	1.54	Number of earners per household (persons)
61.0	61.0	59.1	60.3	60.7	62.3	Age of household head (years old)
94,425	95,066	99,911	98,974	99,074	100,058	Total expenditure on specific goods and services (50 items)
						Communication
14,399	14,217	13,389	13,396	14,107	14,434	01 Mobile telephones charges
6,190	6,397	6,485	6,652	6,580	6,492	02 Internet connection charges
45,952	49,502	50,283	50,320	50,031	48,571	03 Mobile telephones unit prices
						Travel-related costs
45,744	56,151	64,979	64,870	65,083	56,525	04 Airplane fares
32,697	35,455	42,169	39,038	37,385	35,035	05 Accommodation services
56,448	75,553	85,415	80,977	78,724	85,940	06 Package tour costs (domestic)
-	253,083	295,339	183,248	118,671	233,768	07 Package tour costs (overseas)
						Education, Culture and recreation
30,114	28,604	28,980	32,241	28,684	34,163	08 Tuition (kindergarten-university) (public)
105,253	107,449	164,026	136,537	178,436	179,765	09 Tuition (kindergarten-university) (private)
33,244	33,626	45,947	36,805	35,113	30,204	10 Tutorial fees
101,640	109,368	151,597	122,384	114,589	115,592	11 Lesson fees, driving school
10,465	10,932	14,233	11,401	11,864	10,514	12 Rental fees for sports facilities
						Clothing
34,284	44,147	39,036	36,214	36,483	36,256	13 Men's suits
21,905	19,846	24,411	19,370	19,696	22,347	14 Women's one-piece dresses and suits
22,401	60,639	90,448	108,809	117,531	108,364	15 Japanese clothing
24,695	37,525	54,486	33,711	34,069	44,663	16 Wrist watches
66,679	41,359	41,549	37,909	43,266	39,072	17 Accessories
						Medical care
123,103	159,541	331,010	270,292	252,013	182,074	18 Delivery fees
82,821	91,190	98,293	98,623	86,808	82,419	19 Hospital charges (excluding delivery)
						Furniture, etc.
18,927	38,784	28,185	25,788	21,328	21,954	20 Chests of drawers
41,923	69,114	70,235	64,676	74,483	59,132	21 Beds
24,153	19,564	22,515	19,874	21,026	21,245	22 Quilts
25,312	22,041	28,993	23,235	24,361	26,164	23 Desks and chairs (for work or study)
11,199	49,684	52,229	50,719	43,346	63,587	24 Sideboards
23,029	40,444	35,510	33,734	31,252	34,300	25 Dining tables and chairs
72,903	94,130	85,801	85,035	78,823	79,546	26 Drawing room suites
46,388	20,221	39,444	41,350	40,223	49,601	27 Musical instruments (including parts of instruments)
						Home electric appliances, etc.
123,085	141,314	136,837	131,043	132,157	125,364	28 Refrigerators
31,028	30,289	30,918	30,110	28,324	29,494	29 Vacuum cleaners
82,691	92,308	105,737	100,070	93,430	96,160	30 Washing machines
159,095	140,296	162,493	162,860	151,534	150,352	31 Air conditioners
82,314	89,420	98,663	93,176	92,065	95,637	32 Personal computers (including tablet devices, excluding peripherals and software)
79,421	112,134	104,489	103,616	95,331	104,596	33 TV
26,657	29,689	33,862	33,470	32,524	33,174	34 Video recorders (DVD or Blu-ray recorder, player, etc.)
35,224	33,020	34,893	32,815	34,171	31,933	35 Video game hardware (excluding software)
44,269	52,362	74,433	74,988	56,529	66,717	36 Cameras (including lenses only, excluding disposable cameras)
1,250	26,716	31,712	53,123	52,213	26,352	37 Video cameras
						Housing
382,704	298,133	322,124	346,218	318,308	328,650	38 House-related equipping/ construction/ repair costs
75,123	127,874	111,698	130,006	112,602	111,134	39 Water supply and drainage construction costs
41,281	45,148	45,156	48,130	51,046	45,168	40 Gardens, trees and plants tending costs
						Motor cars-related costs
2,407,262	2,621,306	3,019,650	2,600,458	2,428,180	2,480,233	41 Automobiles (new)
761,713	1,052,633	1,382,470	1,287,920	1,131,321	1,144,967	42 Automobiles (second-hand)
22,365	21,407	22,671	22,075	22,074	22,095	43 Automotive insurance premium (compulsion)
28,540	21,352	26,326	24,150	26,165	25,204	44 Automotive insurance premium (option)
84,678	185,247	216,884	227,061	206,419	193,995	45 Motorized vehicles other than automobiles
58,398	60,063	64,791	61,900	59,548	60,508	46 Automotive maintenance and repairs
						Others
156,646	739,396	519,050	553,263	534,546	841,107	47 Wedding ceremony and reception costs
391,425	526,425	389,317	449,417	396,616	499,266	48 Funeral service costs
17,446	22,347	36,713	29,562	31,185	33,405	49 Religion-related costs
78,692	94,667	78,553	77,946	77,993	84,100	50 Remittance
						Households ordering over the Internet
286	1,028	3,074	3,268	2,374	1,399	Number of tabulated households
3.15	3.17	3.07	3.10	3.16	3.25	Number of persons per household (persons)
1.69	1.73	1.69	1.66	1.71	1.81	Number of earners per household (persons)
56.5	56.5	55.5	56.4	56.5	57.9	Age of household head (years old)
32,827	35,848	44,480	38,253	36,121	33,768	Total expenditure on goods and services ordered over the Internet (22 items)
						For gift
12,817	12,844	12,328	12,761	12,201	13,588	51 gift items
						For home
31,890	34,531	43,064	36,984	35,002	32,676	Total expenditure for home
16,303	16,695	20,127	18,109	18,759	17,599	52-54 Total (Food)
16,694	17,099	19,665	18,431	18,915	18,363	52 Foods
6,617	7,109	7,700	7,152	7,360	7,290	53 Beverages
8,419	7,953	8,719	8,431	8,459	8,620	54 Deliveries
16,444	20,748	21,209	20,342	19,794	20,950	55 Home electronics
14,935	16,899	14,895	14,910	15,358	16,479	56 Furniture
12,377	12,430	14,456	13,037	12,717	12,989	57-59 Total (Clothing, footwear)
10,755	10,694	11,677	10,494	10,203	11,345	57 Men's clothing
10,861	10,973	12,855	11,636	11,306	11,371	58 Women's clothing
6,907	7,486	8,035	7,543	7,710	7,990	59 Footwears and other clothing
8,910	8,323	8,221	8,448	8,156	8,143	60-61 Total (Medical care)
5,502	5,819	5,713	5,695	5,516	6,046	60 Medicines
9,311	8,332	8,201	8,582	8,365	8,097	61 Health foods
9,228	8,444	8,084	8,196	8,239	8,622	62 Cosmetics
16,964	16,250	16,275	18,037	18,542	18,830	63 Private transportation
4,386	4,180	4,203	4,354	4,289	4,193	64 Books and other reading materials
7,427	7,223	7,649	7,795	7,269	8,262	65 Software (music, video, personal computer, TV game)
3,900	4,823	4,888	4,704	5,031	4,448	66-67 Total (Digital contents)
3,662	4,813	4,245	4,213	4,606	4,506	66 Digital books
3,129	3,841	4,020	3,898	4,212	3,505	67 Download music, video, applications
22,990	21,986	22,256	21,595	23,947	24,403	68 Insurance
46,832	47,473	54,210	48,050	46,957	42,842	69-70 Total (Travel-related costs)
45,424	48,538	53,897	47,206	46,523	42,597	69 Accommodation services, fares, package tours(payment on the Internet)
38,068	33,866	41,620	40,508	38,888	36,008	70 Accommodation services, fares, package tours(payment on-site)
11,639	11,812	12,443	12,289	12,817	12,611	71 Tickets
12,592	13,311	14,792	14,551	13,205	13,570	72 Other goods and services

第６－２表　全国・地方・都市階級別支出

Table 6-2 The Ratio of Household Expended on Items by

2022年平均
2022 Average

項　目	全国 All Japan	地方 北海道 Hokkaido	東北 Tohoku	関東 Kanto	北陸 Hokuriku	東海 Tokai	近畿 Kinki	中国 Chugoku
世帯数分布（抽出率調整）	10,000	440	764	3,605	406	1,237	1,540	594
特定５０品目の支出があった世帯								
集計世帯数	19,711	945	1,550	6,415	898	2,356	3,226	1,302
世帯人員（人）	2.28	2.10	2.22	2.28	2.34	2.28	2.35	2.22
有業人員（人）	1.20	1.10	1.21	1.23	1.30	1.25	1.16	1.16
世帯主の年齢（歳）	58.9	59.2	58.4	57.8	57.7	57.4	61.4	59.5
５０品目計	8,839	8,663	8,510	8,871	8,926	8,913	8,805	9,036
通信								
０１　スマートフォン・携帯電話などの通信、通話使用料	8,386	8,150	8,029	8,447	8,465	8,372	8,398	8,679
０２　インターネット接続料	5,902	5,300	4,665	6,340	5,676	6,254	6,204	5,621
０３　スマートフォン・携帯電話の本体価格	263	211	255	295	247	255	247	277
旅行関係								
０４　航空運賃	117	199	42	150	41	87	83	72
０５　宿泊料	566	605	489	663	506	520	555	478
０６　パック旅行費（国内）	156	95	76	195	89	149	178	112
０７　パック旅行費（外国）	2	1	-	4	1	2	2	0
教育、教養娯楽								
０８　国公立授業料等（幼稚園～大学、専修学校）	373	303	238	281	601	493	419	489
０９　私立授業料等（幼稚園～大学、専修学校）	293	191	179	347	225	288	292	262
１０　補習教育費	622	400	320	715	504	679	706	548
１１　自動車教習料	33	21	29	37	36	31	25	30
１２　スポーツ施設使用料	710	503	578	843	743	631	797	541
衣類等								
１３　背広服	112	105	75	143	79	88	93	91
１４　婦人用スーツ･ワンピース	209	129	116	238	180	227	222	173
１５　和服	19	7	12	20	34	19	21	28
１６　腕時計	77	68	50	84	90	61	77	106
１７　装身具（アクセサリー類）	119	100	65	141	87	131	117	129
医療								
１８　出産入院料	5	4	3	5	7	6	6	4
１９　出産以外の入院料	162	151	161	151	142	145	197	126
家具等								
２０　たんす	34	24	16	40	24	34	37	46
２１　ベッド	34	22	25	35	34	35	26	69
２２　布団	139	104	107	151	123	145	146	127
２３　机･いす（事務用･学習用）	56	39	43	64	31	44	71	55
２４　食器戸棚	19	12	20	20	12	14	22	14
２５　食卓セット	43	23	22	54	31	43	41	36
２６　応接セット	23	16	21	20	27	23	29	23
２７　楽器（部品を含む）	34	21	14	43	28	29	41	38
家電等								
２８　冷蔵庫	56	43	60	53	63	50	54	70
２９　掃除機	100	89	101	104	105	91	101	107
３０　洗濯機	59	60	53	64	66	59	50	54
３１　エアコン	80	53	51	81	98	81	90	86
３２　パソコン（ﾀﾌﾞﾚｯﾄ型を含む。周辺機器・ｿﾌﾄは除く）	105	67	89	131	72	95	111	81
３３　テレビ	64	55	73	60	75	64	64	59
３４　ビデオデッキ	37	37	35	33	31	42	38	32
３５　ゲーム機（ソフトは除く）	34	22	28	44	27	34	26	32
３６　カメラ（交換ﾚﾝｽﾞのみを含む。使い捨てのｶﾒﾗは除く）	17	8	12	27	11	13	14	11
３７　ビデオカメラ	5	2	9	8	3	5	3	4
住宅関係								
３８　家屋に関する設備費･工事費･修理費	187	155	211	189	241	162	167	218
３９　給排水関係工事費	165	111	165	161	217	163	155	183
４０　庭・植木の手入れ代	110	34	91	110	117	97	113	133
自動車等関係								
４１　自動車（新車）	36	27	34	32	44	51	27	52
４２　自動車（中古車）	27	29	35	23	31	27	18	44
４３　自動車保険料（自賠責）	245	238	279	212	324	282	185	329
４４　自動車保険料（任意）	1,163	1,901	1,606	915	1,456	1,330	737	1,441
４５　自動車以外の原動機付輸送機器	11	4	8	11	6	9	15	13
４６　自動車整備費	500	509	502	452	737	572	408	622
その他								
４７　挙式･披露宴費用	7	3	9	8	13	8	8	4
４８　葬儀･法事費用	57	38	53	61	71	49	59	63
４９　信仰関係費	357	492	310	244	702	349	438	430
５０　仕送り金	254	287	213	237	284	256	202	320
インターネットを通じて注文をした世帯								
集計世帯数	10,724	462	685	3,994	457	1,261	1,820	645
世帯人員（人）	2.49	2.33	2.42	2.43	2.53	2.50	2.64	2.50
有業人員（人）	1.43	1.34	1.43	1.42	1.51	1.46	1.43	1.40
世帯主の年齢（歳）	53.6	53.9	52.1	53.0	52.6	52.2	56.4	53.7
インターネットを利用した支出総額（２２品目計）	4,817	4,115	3,781	5,581	4,562	4,705	4,778	4,357
贈答用								
５１　贈答品	613	593	399	762	419	548	638	494
自宅用								
自宅用計	4,756	4,068	3,731	5,520	4,518	4,650	4,703	4,288
５２～５４計（食料）	2,167	1,805	1,401	2,758	1,672	1,931	2,230	1,795
５２　食料品	1,513	1,289	966	1,944	1,132	1,354	1,548	1,235
５３　飲料	960	746	580	1,262	825	829	977	723
５４　出前	624	500	427	847	353	504	606	430
５５　家電	532	364	376	678	422	466	556	420
５６　家具	250	169	189	296	180	219	275	262
５７～５９計（衣類・履物）	1,410	1,063	1,061	1,658	1,278	1,296	1,442	1,264
５７　紳士用衣類	440	317	321	570	363	385	427	388
５８　婦人用衣類	765	578	600	860	672	722	804	681
５９　履物・その他の衣類	566	434	371	667	479	518	608	512
６０～６１計（保健・医療）	1,043	781	705	1,244	770	967	1,119	882
６０　医薬品	385	276	262	486	273	313	432	278
６１　健康食品	768	598	519	906	544	731	813	676
６２　化粧品	795	601	561	901	639	784	807	768
６３　自動車等関係用品	214	230	174	239	191	251	195	204
６４　書籍	847	533	671	1,114	673	693	836	687
６５　音楽・映像ソフト、パソコン用ソフト、ゲームソフト	534	366	436	687	465	551	436	527
６６～６７計（デジタルコンテンツ）	983	808	790	1,345	1,093	825	769	648
６６　電子書籍	500	376	366	714	370	400	415	323
６７　ダウンロード版の音楽・映像、アプリなど	650	572	547	885	830	565	474	389
６８　保険	377	339	258	458	274	312	409	262
６９～７０計（旅行関係費）	531	491	360	677	364	476	507	428
６９　宿泊料、運賃、パック旅行費（インターネット上での決済）	396	355	244	518	229	346	369	318
７０　宿泊料、運賃、パック旅行費（上記以外の決済）	173	201	135	204	159	160	173	142
７１　チケット	585	268	350	863	377	551	566	342
７２　上記に当てはまらない商品・サービス	1,900	1,466	1,474	2,242	1,791	1,851	1,887	1,640

世帯の割合（10000世帯当たり）(総世帯)
All Japan, Districts and City Groups (Total Households)

単位　世帯　Households

Districts		都市階級　City Groups				
四国 Shikoku	九州・沖縄 Kyushu & Okinawa	大都市 Major cities	中都市 Middle cities	小都市Ａ Small cities A	小都市Ｂ・町村 Small cities B, Towns & villages	Item
289	1,124	3,049	3,071	2,347	1,534	Distribution of households
						Households expending on specific goods and services (50 items)
637	2,383	5,209	6,271	4,919	3,313	Number of tabulated households
2.27	2.28	2.26	2.29	2.29	2.27	Number of persons per household (persons)
1.12	1.18	1.23	1.18	1.21	1.19	Number of earners per household (persons)
62.5	60.3	56.9	59.3	59.5	61.3	Age of household head (years old)
8,759	8,874	8,899	8,918	8,824	8,584	Total expenditure on specific goods and services (50 items)
						Communication
8,214	8,388	8,458	8,488	8,350	8,096	01 Mobile telephones charges
5,540	5,099	6,373	6,067	5,749	4,871	02 Internet connection charges
233	226	303	255	254	216	03 Mobile telephones unit prices
						Travel-related costs
68	174	151	104	112	81	04 Airplane fares
348	484	650	559	527	476	05 Accommodation services
156	134	201	154	133	107	06 Package tour costs (domestic)
-	2	4	2	1	1	07 Package tour costs (overseas)
						Education, Culture and recreation
536	411	385	423	348	290	08 Tuition (kindergarten-university) (public)
242	296	358	335	233	169	09 Tuition (kindergarten-university) (private)
599	531	750	653	574	379	10 Tutorial fees
51	39	28	35	38	33	11 Lesson fees, driving school
603	527	852	775	634	414	12 Rental fees for sports facilities
						Clothing
77	130	150	104	102	73	13 Men's suits
171	218	260	208	177	161	14 Women's one-piece dresses and suits
14	18	19	22	20	15	15 Japanese clothing
50	78	89	72	78	59	16 Wrist watches
80	93	157	104	106	91	17 Accessories
						Medical care
3	3	6	5	5	3	18 Delivery fees
187	195	154	152	171	185	19 Hospital charges (excluding delivery)
						Furniture, etc.
29	29	45	32	28	26	20 Chests of drawers
28	34	36	33	28	39	21 Beds
135	133	149	141	138	118	22 Quilts
40	53	65	54	56	44	23 Desks and chairs (for work or study)
13	22	18	20	20	16	24 Sideboards
53	39	53	41	37	38	25 Dining tables and chairs
22	23	23	21	21	26	26 Drawing room suites
45	21	43	36	29	21	27 Musical instruments (including parts of instruments)
						Home electric appliances, etc.
61	68	58	49	61	61	28 Refrigerators
108	96	98	103	106	93	29 Vacuum cleaners
75	61	57	58	63	61	30 Washing machines
80	85	82	82	81	72	31 Air conditioners
108	73	127	111	92	68	32 Personal computers (including tablet devices, excluding peripherals and software)
73	70	67	59	59	76	33 TV
39	47	33	34	48	33	34 Video recorders (DVD or Blu-ray recorder, player, etc.)
28	25	38	32	37	23	35 Video game hardware (excluding software)
16	7	18	19	19	9	36 Cameras (including lenses only, excluding disposable cameras)
1	3	8	4	3	6	37 Video cameras
						Housing
190	197	161	184	202	224	38 House-related equipping/ construction/ repair costs
203	177	143	151	195	190	39 Water supply and drainage construction costs
166	131	83	116	116	140	40 Gardens, trees and plants tending costs
						Motor cars-related costs
51	37	27	34	44	46	41 Automobiles (new)
18	36	19	26	31	38	42 Automobiles (second-hand)
330	274	170	257	281	315	43 Automotive insurance premium (compulsion)
1,033	1,544	862	1,291	1,219	1,417	44 Automotive insurance premium (option)
16	10	11	10	10	11	45 Motorized vehicles other than automobiles
603	513	375	509	581	603	46 Automotive maintenance and repairs
						Others
4	7	8	5	8	9	47 Wedding ceremony and reception costs
57	49	47	60	59	63	48 Funeral service costs
387	424	312	350	405	389	49 Religion-related costs
329	324	249	260	269	227	50 Remittance
						Households ordering over the Internet
306	1,094	3,284	3,455	2,509	1,476	Number of tabulated households
2.60	2.52	2.40	2.51	2.53	2.57	Number of persons per household (persons)
1.41	1.45	1.41	1.41	1.43	1.50	Number of earners per household (persons)
57.8	54.2	52.1	54.4	54.3	55.3	Age of household head (years old)
3,980	4,073	5,717	4,803	4,380	3,723	Total expenditure on goods and services ordered over the Internet (22 items)
						For gift
449	501	735	643	539	425	51 gift items
						For home
3,918	4,012	5,661	4,734	4,322	3,665	Total expenditure for home
1,404	1,678	2,869	2,079	1,836	1,452	52-54 Total (Food)
1,044	1,128	1,960	1,455	1,319	1,041	52 Foods
562	730	1,349	882	783	612	53 Beverages
293	535	933	602	476	282	54 Deliveries
396	414	643	543	491	356	55 Home electronics
217	198	314	246	217	177	56 Furniture
1,204	1,249	1,731	1,401	1,230	1,064	57-59 Total (Clothing, footwear)
292	325	575	424	372	310	57 Men's clothing
704	732	922	771	661	596	58 Women's clothing
548	485	703	571	496	390	59 Footwears and other clothing
917	928	1,276	1,056	891	789	60-61 Total (Medical care)
258	331	491	382	321	277	60 Medicines
733	682	932	783	657	585	61 Health foods
798	752	996	771	696	593	62 Cosmetics
185	157	207	227	209	207	63 Private transportation
654	620	1,107	832	705	581	64 Books and other reading materials
373	358	673	530	460	379	65 Software (music, video, personal computer, TV game)
600	723	1,330	949	801	641	66-67 Total (Digital contents)
340	362	683	490	412	293	66 Digital books
366	471	865	622	536	451	67 Download music, video, applications
319	358	470	369	324	292	68 Insurance
324	463	679	527	453	368	69-70 Total (Travel-related costs)
238	357	526	386	333	253	69 Accommodation services, fares, package tours(payment on the Internet)
115	135	203	177	145	143	70 Accommodation services, fares, package tours(payment on-site)
284	327	868	540	449	323	71 Tickets
1,575	1,594	2,233	2,001	1,664	1,396	72 Other goods and services

第６－２表　全国・地方・都市階級別支出

Table 6-2 The Ratio of Household Expended on Items by

2022年平均
2022 Average

項　目	全国 All Japan	地方 北海道 Hokkaido	東北 Tohoku	関東 Kanto	北陸 Hokuriku	東海 Tokai	近畿 Kinki	中国 Chugoku
世帯数分布（抽出率調整）	10,000	419	667	3,689	390	1,197	1,641	579
特定５０品目の支出があった世帯								
集計世帯数	18,003	862	1,403	5,875	828	2,149	2,959	1,186
世帯人員（人）	2.94	2.73	3.06	2.91	3.11	3.03	2.92	2.94
有業人員（人）	1.51	1.39	1.61	1.51	1.66	1.57	1.44	1.48
世帯主の年齢（歳）	60.3	60.0	61.0	59.8	59.8	59.9	60.7	60.3
５０品目計	9,107	9,076	9,009	9,090	9,192	9,101	9,134	9,149
通信								
０１　スマートフォン・携帯電話などの通信、通話使用料	8,732	8,701	8,658	8,734	8,806	8,691	8,760	8,760
０２　インターネット接続料	6,725	6,077	5,768	6,963	6,768	7,042	7,123	6,583
０３　スマートフォン・携帯電話の本体価格	296	266	245	319	294	289	303	293
旅行関係								
０４　航空運賃	116	225	52	145	46	69	98	59
０５　宿泊料	631	682	539	728	587	603	650	431
０６　パック旅行費（国内）	179	122	96	215	136	182	189	128
０７　パック旅行費（外国）	3	2	－	6	2	3	3	1
教育、教養娯楽								
０８　国公立授業料等（幼稚園～大学、専修学校）	575	488	427	424	979	796	605	769
０９　私立授業料等（幼稚園～大学、専修学校）	454	302	316	526	365	462	427	414
１０　補習教育費	934	659	568	1,055	819	1,041	1,008	849
１１　自動車教習料	46	34	44	50	59	44	34	45
１２　スポーツ施設使用料	813	554	538	990	731	751	892	656
衣類等								
１３　背広服	127	103	110	147	91	119	124	122
１４　婦人用スーツ･ワンピース	252	166	159	288	212	251	271	222
１５　和服	24	12	15	28	21	28	25	26
１６　腕時計	88	92	69	99	80	76	91	85
１７　装身具（アクセサリー類）	117	78	63	141	102	108	126	109
医療								
１８　出産入院料	8	6	5	8	8	10	9	7
１９　出産以外の入院料	201	214	209	185	182	193	231	179
家具等								
２０　たんす	42	32	26	47	35	43	50	34
２１　ベッド	39	32	41	39	32	42	35	51
２２　布団	169	131	133	176	154	177	179	172
２３　机･いす（事務用･学習用）	68	47	55	76	50	59	81	72
２４　食器戸棚	24	16	20	27	15	15	25	20
２５　食卓セット	49	29	35	54	41	49	54	44
２６　応接セット	27	27	25	26	32	30	28	32
２７　楽器（部品を含む）	41	28	25	47	42	37	51	40
家電等								
２８　冷蔵庫	64	53	62	61	65	63	61	75
２９　掃除機	122	125	108	130	121	110	116	125
３０　洗濯機	75	75	72	78	81	81	62	67
３１　エアコン	103	76	66	106	122	106	107	99
３２　パソコン（ﾀﾌﾞﾚｯﾄ型を含む。周辺機器・ｿﾌﾄは除く）	119	103	101	142	94	107	117	99
３３　テレビ	77	72	80	76	79	78	73	77
３４　ビデオデッキ	40	35	39	35	47	47	44	31
３５　ゲーム機（ソフトは除く）	38	35	30	39	38	39	38	48
３６　カメラ（交換ﾚﾝｽﾞのみを含む。使い捨てのｶﾒﾗは除く）	19	13	19	23	18	20	19	18
３７　ビデオカメラ	5	3	4	6	4	5	5	6
住宅関係								
３８　家屋に関する設備費･工事費･修理費	220	167	270	225	276	220	193	235
３９　給排水関係工事費	194	146	203	194	252	205	175	211
４０　庭・植木の手入れ代	109	32	103	108	118	113	107	115
自動車等関係								
４１　自動車（新車）	49	44	57	41	67	66	37	61
４２　自動車（中古車）	32	38	54	24	38	43	22	35
４３　自動車保険料（自賠責）	303	306	397	264	399	360	235	340
４４　自動車保険料（任意）	1,310	2,093	1,904	1,091	1,431	1,428	885	1,416
４５　自動車以外の原動機付輸送機器	14	7	11	13	9	15	16	20
４６　自動車整備費	597	572	680	544	848	703	482	699
その他								
４７　挙式･披露宴費用	10	4	9	10	17	13	10	7
４８　葬儀･法事費用	58	29	57	62	84	55	53	67
４９　信仰関係費	351	499	344	259	644	386	399	392
５０　仕送り金	271	292	311	243	395	271	211	372
インターネットを通じて注文をした世帯								
集計世帯数	10,115	434	645	3,762	430	1,191	1,731	610
世帯人員（人）	3.12	2.96	3.27	3.05	3.36	3.23	3.11	3.17
有業人員（人）	1.70	1.61	1.81	1.68	1.88	1.76	1.65	1.69
世帯主の年齢（歳）	56.3	55.4	56.8	56.3	55.8	55.8	56.7	55.8
インターネットを利用した支出総額（２２品目計）	5,271	4,574	4,227	5,931	4,798	5,102	5,454	4,825
贈答用								
５１　贈答品	728	536	517	901	480	605	788	614
自宅用								
自宅用計	5,201	4,519	4,171	5,858	4,741	5,043	5,370	4,739
５２～５４計（食料）	2,441	1,929	1,539	3,047	1,901	2,165	2,573	1,979
５２　食料品	1,704	1,289	1,004	2,168	1,289	1,512	1,805	1,357
５３　飲料	1,091	904	678	1,438	822	870	1,102	817
５４　出前	681	564	375	925	392	535	709	439
５５　家電	601	440	446	713	510	563	646	498
５６　家具	287	239	213	334	246	262	312	271
５７～５９計（衣類・履物）	1,660	1,323	1,240	1,896	1,422	1,632	1,743	1,491
５７　紳士用衣類	504	379	386	604	382	488	527	422
５８　婦人用衣類	940	718	674	1,076	773	935	992	840
５９　履物・その他の衣類	716	575	505	807	626	707	773	671
６０～６１計（保健・医療）	1,188	968	944	1,387	966	1,058	1,244	1,010
６０　医薬品	443	331	325	548	337	368	502	307
６１　健康食品	875	730	712	1,008	706	791	887	783
６２　化粧品	938	795	672	1,049	726	900	1,002	849
６３　自動車等関係用品	255	233	241	273	263	271	252	228
６４　書籍	955	626	682	1,205	748	850	994	811
６５　音楽・映像ソフト、パソコン用ソフト、ゲームソフト	547	455	408	640	528	537	549	494
６６～６７計（デジタルコンテンツ）	909	725	668	1,178	833	754	848	687
６６　電子書籍	460	314	319	631	314	353	453	329
６７　ダウンロード版の音楽・映像、アプリなど	603	497	456	768	626	503	536	454
６８　保険	437	335	285	524	298	386	470	317
６９～７０計（旅行関係費）	595	562	420	741	425	543	592	393
６９　宿泊料、運賃、パック旅行費（インターネット上での決済）	431	392	298	541	297	381	423	277
７０　宿泊料、運賃、パック旅行費（上記以外の決済）	209	215	149	257	157	198	213	148
７１　チケット	629	382	343	855	391	572	699	385
７２　上記に当てはまらない商品・サービス	2,139	1,794	1,643	2,447	1,939	2,084	2,201	1,948

世帯の割合（10000世帯当たり）(二人以上の世帯)
All Japan, Districts and City Groups (Two-or-more-person Households)

単位 世帯 Households

Districts		都市階級 City Groups				
四国 Shikoku	九州・沖縄 Kyushu & Okinawa	大都市 Major cities	中都市 Middle cities	小都市A Small cities A	小都市B・町村 Small cities B, Towns & villages	Item
297	1,120	3,054	3,129	2,330	1,487	Distribution of households
						Households expending on specific goods and services (50 items)
576	2,166	4,741	5,737	4,506	3,019	Number of tabulated households
2.87	2.95	2.92	2.92	2.98	2.97	Number of persons per household (persons)
1.44	1.51	1.53	1.47	1.53	1.54	Number of earners per household (persons)
61.0	61.0	59.1	60.3	60.7	62.3	Age of household head (years old)
9,034	9,169	9,126	9,186	9,079	8,948	Total expenditure on specific goods and services (50 items)
						Communication
8,632	8,766	8,772	8,808	8,704	8,532	01 Mobile telephones charges
6,347	5,992	7,053	6,969	6,600	5,736	02 Internet connection charges
282	260	328	295	282	252	03 Mobile telephones unit prices
						Travel-related costs
78	158	172	107	86	67	04 Airplane fares
476	510	743	642	566	483	05 Accommodation services
164	159	227	178	160	113	06 Package tour costs (domestic)
-	2	5	4	2	1	07 Package tour costs (overseas)
						Education, Culture and recreation
809	607	594	642	541	447	08 Tuition (kindergarten-university) (public)
368	465	555	512	363	268	09 Tuition (kindergarten-university) (private)
912	727	1,141	969	834	594	10 Tutorial fees
63	50	40	49	51	47	11 Lesson fees, driving school
697	584	991	884	704	469	12 Rental fees for sports facilities
						Clothing
113	115	161	121	113	95	13 Men's suits
211	235	313	252	217	183	14 Women's one-piece dresses and suits
16	20	24	27	24	19	15 Japanese clothing
71	82	103	87	79	75	16 Wrist watches
90	99	150	113	106	76	17 Accessories
						Medical care
5	4	10	7	9	3	18 Delivery fees
220	219	188	197	210	220	19 Hospital charges (excluding delivery)
						Furniture, etc.
40	34	51	42	39	30	20 Chests of drawers
42	42	36	41	41	38	21 Beds
186	161	175	173	170	147	22 Quilts
55	57	82	70	56	58	23 Desks and chairs (for work or study)
20	32	25	23	22	25	24 Sideboards
57	41	56	51	42	40	25 Dining tables and chairs
23	26	28	28	24	28	26 Drawing room suites
35	29	49	42	37	30	27 Musical instruments (including parts of instruments)
						Home electric appliances, etc.
74	77	61	64	65	70	28 Refrigerators
119	128	121	129	117	121	29 Vacuum cleaners
94	74	75	75	73	76	30 Washing machines
99	109	107	104	103	92	31 Air conditioners
122	91	130	128	112	86	32 Personal computers (including tablet devices, excluding peripherals and software)
68	89	72	75	79	91	33 TV
39	46	39	39	44	35	34 Video recorders (DVD or Blu-ray recorder, player, etc.)
42	39	42	38	39	33	35 Video game hardware (excluding software)
12	9	21	18	21	13	36 Cameras (including lenses only, excluding disposable cameras)
2	3	4	7	4	3	37 Video cameras
						Housing
194	215	204	221	225	245	38 House-related equipping/ construction/ repair costs
223	187	168	179	229	224	39 Water supply and drainage construction costs
145	128	91	112	117	125	40 Gardens, trees and plants tending costs
						Motor cars-related costs
63	54	38	48	57	63	41 Automobiles (new)
28	45	18	34	41	45	42 Automobiles (second-hand)
365	348	210	311	366	379	43 Automotive insurance premium (compulsion)
1,246	1,801	969	1,414	1,442	1,582	44 Automotive insurance premium (option)
16	13	12	14	16	14	45 Motorized vehicles other than automobiles
683	623	462	605	685	720	46 Automotive maintenance and repairs
						Others
6	11	10	8	12	14	47 Wedding ceremony and reception costs
67	50	55	59	60	61	48 Funeral service costs
344	377	329	347	369	378	49 Religion-related costs
391	296	253	290	260	287	50 Remittance
						Households ordering over the Internet
286	1,028	3,074	3,268	2,374	1,399	Number of tabulated households
3.15	3.17	3.07	3.10	3.16	3.25	Number of persons per household (persons)
1.69	1.73	1.69	1.66	1.71	1.81	Number of earners per household (persons)
56.5	56.5	55.5	56.4	56.5	57.9	Age of household head (years old)
4,529	4,485	6,045	5,317	4,874	4,210	Total expenditure on goods and services ordered over the Internet (22 items)
						For gift
499	604	909	736	624	500	51 gift items
						For home
4,458	4,424	5,976	5,242	4,808	4,138	Total expenditure for home
1,680	1,901	3,199	2,375	2,047	1,639	52-54 Total (Food)
1,179	1,265	2,231	1,644	1,457	1,136	52 Foods
641	846	1,515	1,011	882	720	53 Beverages
412	519	1,015	650	519	318	54 Deliveries
474	477	694	618	557	443	55 Home electronics
218	226	349	286	256	211	56 Furniture
1,427	1,398	2,029	1,628	1,479	1,254	57-59 Total (Clothing, footwear)
423	380	635	485	446	365	57 Men's clothing
809	808	1,156	928	827	699	58 Women's clothing
646	593	880	706	638	523	59 Footwears and other clothing
990	1,040	1,430	1,173	1,045	948	60-61 Total (Medical care)
288	350	571	415	381	334	60 Medicines
778	797	1,036	879	768	705	61 Health foods
870	869	1,134	932	821	732	62 Cosmetics
223	220	236	274	265	240	63 Private transportation
762	667	1,194	961	832	644	64 Books and other reading materials
481	416	631	565	500	410	65 Software (music, video, personal computer, TV game)
745	679	1,177	892	772	612	66-67 Total (Digital contents)
378	296	631	446	378	264	66 Digital books
490	485	762	595	510	438	67 Download music, video, applications
400	407	531	445	382	315	68 Insurance
407	506	802	579	494	364	69-70 Total (Travel-related costs)
288	387	608	404	350	247	69 Accommodation services, fares, package tours(payment on the Internet)
154	156	257	218	179	141	70 Accommodation services, fares, package tours(payment on-site)
363	383	877	614	502	348	71 Tickets
1,799	1,775	2,472	2,198	1,949	1,630	72 Other goods and services

家計消費状況調査の概要

Ⅰ　調査の概要

1　調査の目的

この調査は、個人消費動向の更なる的確な把握に資するため、ICT 関連の消費やインターネットを利用した購入状況、購入頻度が少ない高額商品・サービスの消費等の実態を安定的に捉えることを目的とする。

2　調査の対象と調査世帯の選定方法

この調査は、施設等の世帯を除いた全国の世帯について行っている。調査世帯の選定方法は次のとおりである。なお、標本設計には、平成 27 年国勢調査の結果を用いている。

(1) 抽出単位

調査世帯の抽出には、層化２段抽出法を用いている。第１次抽出単位は調査地点（平成27年国勢調査のために設定された調査区で構成される）、第２次抽出単位は世帯としている。

(2) 層化と調査地点数の配分

①　全国を地方（９区分）及び都市階級（４区分）別に区分し、この区分を層とする。層の数は、四国地方で大都市に該当する市がないため、35 となっている。地方及び都市階級の区分は次のとおり。

ア　地方…北海道（北海道）、東北（青森県、岩手県、宮城県、秋田県、山形県、福島県）、関東（茨城県、栃木県、群馬県、埼玉県、千葉県、東京都、神奈川県、山梨県、長野県）、北陸（新潟県、富山県、石川県、福井県）、東海（岐阜県、静岡県、愛知県、三重県）、近畿（滋賀県、京都府、大阪府、兵庫県、奈良県、和歌山県）、中国（鳥取県、島根県、岡山県、広島県、山口県）、四国（徳島県、香川県、愛媛県、高知県）、九州・沖縄（福岡県、佐賀県、長崎県、熊本県、大分県、宮崎県、鹿児島県、沖縄県）の９地方

イ　都市階級…大都市（政令指定都市及び東京都区部）、中都市（大都市を除く人口 15 万以上の市）、小都市Ａ（人口５万以上 15 万未満の市）、小都市Ｂ・町村（人口５万未満の市及び町村）の４階級

②　調査地点数は全国で 3,000 とし、層別の調査地点数は各層の平成27年国勢調査に基づく一般世帯数により比例配分した数とする。

(3) 調査地点の選定

①　各層から、配分された調査地点数の４分の１の数の国勢調査の調査区（以下「基準地点」という。）を無作為に抽出し、抽出された基準地点が含まれる市町村を調査市町村とする。

②　選定された市町村において、抽出された基準地点が一つの場合は、当該市町村を担当ブロックとし、抽出された基準地点が二つ以上の場合は、当該市町村の国勢調査区を基準地点の数で分割し、それぞれを担当ブロックとする。分割に当たっては、分割された各ブロックに含まれる調査対象世帯数がほぼ同数になるようにする。

担当ブロックは、一人の調査員が担当する範囲を示し、全国で 750 の担当ブロックを設定する。

③　各担当ブロックは５年間継続して調査を行うため、それぞれのブロックに含まれる国勢調査区を五つに分割し、調査年ごとの担当ブロックとする。分割に当たっては、分割された各ブロックに含まれる調査対象世帯数がほぼ同数になるようにする。

④　一人の調査員が調査開始月の異なる四つの調査地点を受け持つため、③で分割した調査年ごとの担当ブロックを更に四つに分割の上、それぞれから無作為に国勢調査区を抽出し、調査地点とする。

(4) 調査世帯の選定

調査世帯の選定に当たっては、住民基本台帳（又は選挙人名簿）から、調査地点の世帯をリストにした調査対象世帯名簿を作成する。この名簿から、一定の統計上の抽出方法に基づき、調査世帯を 10 世帯（うち二人以上の世帯は９世帯、単身世帯は１世帯）抽出する。これにより、全国 3,000 地点から合計 30,000 世帯を抽出する。

地方・都市階級別の調査対象世帯数及び調査世帯数は、「表１　地方・都市階級別調査対象世帯数、調査世帯数」のとおり。

(5) 調査世帯の交替

調査世帯は、12 か月間継続して調査し、(3)③及び④で抽出された別の調査地点の世帯に交替する。

また調査世帯は、12 のグループに分けており、原則として毎月１グループずつ調査世帯を交替している。個々のグループに含まれる調査世帯数は、調査世帯全体の12分の１の2,500世帯としている。

住居の移転等で調査を継続することができなくなった世帯は、調査予定期間が３か月以上残されている場合には、臨時的に代替の世帯を選定して残りの月の調査を行う。

３　調査事項

次に掲げる事項を調査する。

(1) 世帯の状況に関する事項（調査票Ａ）
・世帯に関する事項
・電子マネーの利用状況
・インターネットを利用した購入状況

(2) 毎月の特定の財（商品）・サービスの消費等に関する事項（調査票Ｂ）
・世帯に関する事項（前月との変更）
・特定の財（商品）・サービスの購入金額
・インターネットを利用した財（商品）・サービスの購入金額

４　調査の方法

調査は、民間の調査機関に委託し、調査員による留置き調査法（オンラインも併用）とする。なお、調査票の回収は調査員による回収、郵送による回収及びオンライン調査システムによる回収の併用により実施する。

調査票は調査協力依頼時と調査員による調査票回収時に配布する。原則として、調査員による回収、郵送による回収は、調査１か月目分及び６か月目分は調査員による回収、それ以外の月分は郵送による回収とする。また、調査票は調査月の翌月上旬に回収する。

５　調査の時期

調査は毎月実施する。

６　集計

(1) 主な集計事項
・世帯に関する事項
・電子マネーの利用状況
・インターネットを利用した購入状況
・特定の財（商品）・サービスへの１世帯当たり１か月間の支出金額
・インターネットを利用した１世帯当たり１か月間の支出金額

(2) 集計の手順

回収した調査票の内容は、独立行政法人 統計センターの電子計算機により集計する。

(3) 推定式

全国平均や地方別平均の推計は、層別の抽出率の逆数（線形乗率）に対して労働力調査の世帯分布結果を基に補正を行ったものをウェイトに用いて行う。

ただし、単身世帯については、線形乗率を１として、労働力調査の世帯分布結果を基に補正を行って、結果を推定する。

四半期及び年平均については、月別結果の単純平均として算出する。

・世帯数の推定式

$$N=\sum_i\sum_j\sum_k \alpha_{ij}C_{ik}$$

N　：世帯数
α_{ij}　：i 地方、j 都市階級の線形乗率
C_{ik}　：i 地方、k 世帯人員別（単身世帯は男女年齢階級別）補正係数

・支出金額の月平均の推定式

$$\overline{X}=\frac{\sum_i\sum_j\sum_k\sum_p X_{ijkp}\alpha_{ij}C_{ik}}{N}$$

$\overline{X}$　：m月の支出金額の平均
X_{ijkp}　：i 地方、j 都市階級、k 世帯人員別（単身世帯は男女年齢階級別）p 世帯のある項目の支出金額

(4) 推定値の標本誤差

毎月分の集計データを用いて、2022 年平均値に対する標本誤差の推定を行った結果は、「表２ 標準誤差及び標準誤差率」のとおり。

なお、標準誤差の推定方法は、以下のとおり。

①　月平均の標準誤差

月平均の標準誤差の推定は、副標本による推定方法で行っている。調査の対象世帯は、調査開始月により 12 のグループに分割できるため、これらのグループを副標本として、標準誤差を月別に以下の算式により算出する。

$$\hat{\sigma}\left(\overline{X}\right)=\sqrt{\frac{1}{12\times(12-1)}\sum_{w=1}^{12}\left(\hat{X}_w-\overline{X}\right)^2}$$

$\hat{\sigma}\left(\overline{X}\right)$　：月平均の標準誤差

$\hat{X}_w$ ：w副標本の月平均

$\overline{X}$ ：全標本の月平均

② 年平均の標準誤差

月平均の標準誤差を用いて、以下の算式により算出する。

$$\hat{\sigma}_{year}\left(\overline{X}\right)=\sqrt{\frac{\sum_{m=1}^{12}\hat{\sigma}\left(\overline{X}\right)_m^{\ 2}}{(12)^2}}$$

$\hat{\sigma}_{year}\left(\overline{X}\right)$：年平均の標準誤差

$\hat{\sigma}\left(\overline{X}\right)_m$ ：m月平均の標準誤差

なお、標準誤差率の算出は以下による。

標準誤差率 $r_X = \hat{\sigma}\left(\overline{X}\right)\div\overline{X}\times 100$

(5) 有効回答率

2022 年平均の有効回答率は 73.0%であった。

2022 年 12 月までの有効回答率の推移は「図 有効回答率の推移」のとおり。

7 調査結果の利用

この調査の結果は、内閣府が作成する国民経済計算（ＧＤＰ）の四半期別速報（ＱＥ）において、民間消費最終支出のうち「国内家計最終消費支出」の推計に用いられている。

また、家計調査結果のうち購入頻度が少なく結果が安定しにくい高額消費部分について、家計消費状況調査結果等で補完して新たな結果を作成した後、指数化した「世帯消費動向指数（ＣＴＩミクロ)」の作成に用いられている。

なお、2022 年の結果を用いて作成した結果表は、「表３ 結果表一覧」のとおり。

8 その他

この調査は、統計法（平成 19 年法律第 53 号）に基づく一般統計調査として実施した。

表１　地方・都市階級別調査対象世帯数、調査世帯数

地方	都市階級	（注１） 調査対象世帯数	（注２） 調査世帯数
01 北海道	1　大都市	920, 415	480
	2　中都市	516, 385	280
	3　小都市Ａ	358, 080	200
	4　小都市Ｂ・町村	643, 326	360
02 東北	1　大都市	498, 257	240
	2　中都市	1, 046, 818	600
	3　小都市Ａ	973, 730	600
	4　小都市Ｂ・町村	932, 081	600
03 関東	1　大都市	8, 379, 407	4, 000
	2　中都市	6, 273, 009	3, 560
	3　小都市Ａ	3, 851, 440	2, 320
	4　小都市Ｂ・町村	1, 517, 009	960
04 北陸	1　大都市	321, 028	200
	2　中都市	696, 763	400
	3　小都市Ａ	528, 923	360
	4　小都市Ｂ・町村	421, 429	280
05 東海	1　大都市	1, 651, 320	880
	2　中都市	1, 768, 248	1, 080
	3　小都市Ａ	1, 805, 256	1, 120
	4　小都市Ｂ・町村	733, 241	480
06 近畿	1　大都市	3, 111, 930	1, 520
	2　中都市	2, 956, 161	1, 720
	3　小都市Ａ	2, 006, 279	1, 240
	4　小都市Ｂ・町村	765, 206	480
07 中国	1　大都市	839, 755	440
	2　中都市	1, 048, 875	600
	3　小都市Ａ	596, 449	360
	4　小都市Ｂ・町村	573, 201	360
08 四国	1　大都市	-	-
	2　中都市	746, 733	400
	3　小都市Ａ	342, 216	200
	4　小都市Ｂ・町村	522, 279	320
09 九州・沖縄	1　大都市	1, 504, 108	720
	2　中都市	1, 360, 529	760
	3　小都市Ａ	1, 605, 599	960
	4　小都市Ｂ・町村	1, 516, 312	920
合計		53, 331, 797	30, 000

（注１）「調査対象世帯数」は平成27年国勢調査に基づく一般世帯数。なお、平成27年国勢調査（平成27年10月１日）から平成29年４月１日までの間に廃置分合のあった市町村については、都市階級を組み替えて算出している。

（注２）「調査世帯数」は、標本として配分した世帯数である。

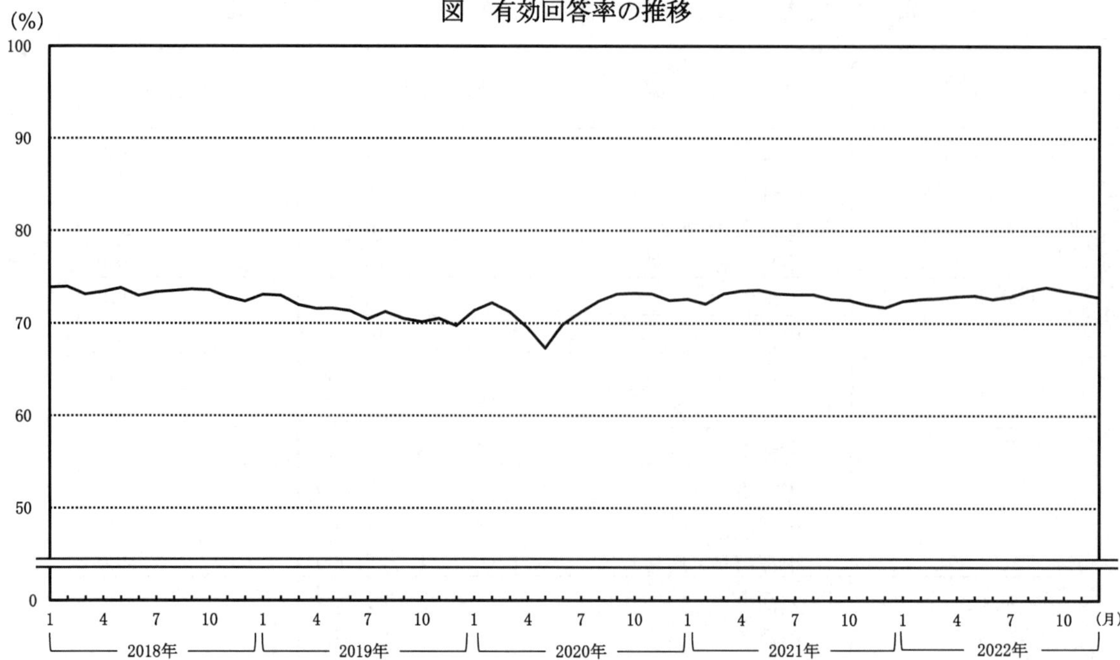
図　有効回答率の推移
(%)
100
90
80
70
60
50
0
1
4
7
10
(月)
2018年
2019年
2020年
2021年
2022年

表2－1　標準誤差及び標準誤差率（特定の財（商品）・サービス）

（全国）

2022年平均		総世帯			二人以上の世帯			単身世帯		
		支出金額（円）	標準誤差（円）	標準誤差率（%）	支出金額（円）	標準誤差（円）	標準誤差率（%）	支出金額（円）	標準誤差（円）	標準誤差率（%）
	世帯人員(人)	2.23	0.00	0.0	2.92	0.00	0.0	1.00	0.00	0.0
	有業人員(人)	1.17	0.00	0.0	1.49	0.00	0.0	0.59	0.00	0.0
	世帯主の年齢(歳)	59.6	0.1	0.2	60.8	0.1	0.2	57.6	0.2	0.3
	50品目計	71,020	625	0.9	90,558	789	0.9	36,464	967	2.7
01	スマートフォン・携帯電話などの通信、通話使用料	9,543	34	0.4	11,971	38	0.3	5,250	53	1.0
02	インターネット接続料	3,721	15	0.4	4,413	13	0.3	2,497	28	1.1
03	スマートフォン・携帯電話の本体価格	1,243	45	3.6	1,480	34	2.3	823	103	12.5
04	航空運賃	686	42	6.1	754	27	3.6	564	105	18.6
05	宿泊料	2,049	74	3.6	2,484	35	1.4	1,279	195	15.2
06	パック旅行費（国内）	1,165	37	3.2	1,472	35	2.4	625	72	11.5
07	パック旅行費（外国）	83	14	16.9	120	20	16.7	18	17	94.4
08	国公立授業料等（幼稚園～大学、専修学校）	1,254	48	3.8	1,777	46	2.6	330	100	30.3
09	私立授業料等（幼稚園～大学、専修学校）	5,012	102	2.0	7,746	161	2.1	171	55	32.2
10	補習教育費	2,394	36	1.5	3,662	52	1.4	151	28	18.5
11	自動車教習料	404	22	5.4	596	30	5.0	65	40	61.5
12	スポーツ施設使用料	847	15	1.8	1,014	16	1.6	553	25	4.5
13	背広服	381	17	4.5	484	14	2.9	199	38	19.1
14	婦人用スーツ・ワンピース	460	16	3.5	549	14	2.6	303	32	10.6
15	和服	203	19	9.4	255	24	9.4	110	30	27.3
16	腕時計	290	20	6.9	373	26	7.0	145	36	24.8
17	装身具（アクセサリー類）	409	21	5.1	475	24	5.1	293	41	14.0
18	出産入院料	146	14	9.6	226	21	9.3	6	6	100.0
19	出産以外の入院料	1,507	44	2.9	1,869	40	2.1	869	87	10.0
20	たんす	85	6	7.1	108	6	5.6	44	13	29.5
21	ベッド	221	15	6.8	261	13	5.0	149	33	22.1
22	布団	279	11	3.9	360	13	3.6	134	18	13.4
23	机・いす（事務用・学習用）	134	9	6.7	178	9	5.1	55	17	30.9
24	食器戸棚	85	7	8.2	119	11	9.2	26	10	38.5
25	食卓セット	122	7	5.7	162	10	6.2	50	12	24.0
26	応接セット	168	10	6.0	223	13	5.8	70	19	27.1
27	楽器（部品を含む）	186	51	27.4	162	15	9.3	229	140	61.1
28	冷蔵庫	692	31	4.5	848	27	3.2	416	72	17.3
29	掃除機	293	9	3.1	366	9	2.5	164	18	11.0
30	洗濯機	559	19	3.4	742	23	3.1	236	29	12.3
31	エアコン	1,203	31	2.6	1,587	38	2.4	522	54	10.3
32	パソコン（タブレット型を含む。周辺機器・ソフトは除く）	997	55	5.5	1,136	30	2.6	750	137	18.3
33	テレビ	650	32	4.9	791	25	3.2	400	70	17.5
34	ビデオデッキ	120	7	5.8	132	6	4.5	99	17	17.2
35	ゲーム機（ソフトは除く）	120	11	9.2	132	5	3.8	97	30	30.9
36	カメラ（交換レンズのみを含む。使い捨てのカメラは除く）	133	27	20.3	130	10	7.7	138	69	50.0
37	ビデオカメラ	29	7	24.1	25	3	12.0	36	19	52.8
38	家屋に関する設備費・工事費・修理費	5,960	230	3.9	7,353	254	3.5	3,502	389	11.1
39	給排水関係工事費	1,827	71	3.9	2,268	87	3.8	1,050	136	13.0
40	庭・植木の手入れ代	500	21	4.2	520	23	4.4	464	45	9.7
41	自動車（新車）	9,336	323	3.5	12,931	422	3.3	2,981	555	18.6
42	自動車（中古車）	3,081	177	5.7	3,923	181	4.6	1,592	389	24.4
43	自動車保険料（自賠責）	537	11	2.0	673	10	1.5	296	20	6.8
44	自動車保険料（任意）	2,725	35	1.3	3,332	31	0.9	1,650	75	4.5
45	自動車以外の原動機付輸送機器	241	26	10.8	301	26	8.6	135	57	42.2
46	自動車整備費	2,989	72	2.4	3,684	46	1.2	1,759	178	10.1
47	挙式・披露宴費用	431	49	11.4	629	73	11.6	83	41	49.4
48	葬儀・法事費用	2,463	125	5.1	2,476	121	4.9	2,440	290	11.9
49	信仰関係費	1,183	70	5.9	1,136	61	5.4	1,265	161	12.7
50	仕送り金	1,873	46	2.5	2,149	42	2.0	1,384	100	7.2

注）1世帯1か月当たり支出金額

表2－2　標準誤差及び標準誤差率（インターネットを利用した財（商品）・サービス）

（全国）

2022年平均		総世帯			二人以上の世帯			単身世帯		
		支出金額（円）	標準誤差（円）	標準誤差率（%）	支出金額（円）	標準誤差（円）	標準誤差率（%）	支出金額（円）	標準誤差（円）	標準誤差率（%）
	世帯人員(人)	2. 23	0. 00	0. 0	2. 92	0. 00	0. 0	1. 00	0. 00	0. 0
	有業人員(人)	1. 17	0. 00	0. 0	1. 49	0. 00	0. 0	0. 59	0. 00	0. 0
	世帯主の年齢(歳)	59. 6	0. 1	0. 2	60. 8	0. 1	0. 2	57. 6	0. 2	0. 3
	インターネットを利用した支出額	17, 717	130	0. 7	20, 810	121	0. 6	12, 251	270	2. 2
51	贈答品	787	16	2. 0	942	13	1. 4	515	36	7. 0
	自宅用計	16, 930	126	0. 7	19, 868	118	0. 6	11, 735	261	2. 2
52	食料品	2, 650	31	1. 2	3, 246	30	0. 9	1, 595	61	3. 8
53	飲料	680	9	1. 3	812	9	1. 1	447	22	4. 9
54	出前	537	12	2. 2	586	8	1. 4	451	29	6. 4
55	家電	1, 061	29	2. 7	1, 237	24	1. 9	749	70	9. 3
56	家具	360	14	3. 9	437	11	2. 5	224	33	14. 7
57	紳士用衣類	508	15	3. 0	556	9	1. 6	424	41	9. 7
58	婦人用衣類	907	16	1. 8	1, 131	14	1. 2	512	34	6. 6
59	履物・その他の衣類	441	7	1. 6	560	7	1. 3	232	19	8. 2
60	医薬品	213	6	2. 8	252	4	1. 6	145	14	9. 7
61	健康食品	648	11	1. 7	730	9	1. 2	502	27	5. 4
62	化粧品	632	9	1. 4	771	7	0. 9	385	22	5. 7
63	自動車等関係用品	396	19	4. 8	456	12	2. 6	290	50	17. 2
64	書籍	370	7	1. 9	408	4	1. 0	303	18	5. 9
65	音楽・映像ソフト、パソコン用ソフト、ゲームソフト	463	21	4. 5	420	6	1. 4	538	56	10. 4
66	電子書籍	239	11	4. 6	199	3	1. 5	310	31	10. 0
67	ダウンロード版の音楽・映像、アプリなど	293	13	4. 4	239	5	2. 1	388	37	9. 5
68	保険	780	17	2. 2	988	17	1. 7	411	35	8. 5
69	宿泊料、運賃、パック旅行費（インターネット上での決済）	1, 758	52	3. 0	2, 159	33	1. 5	1, 051	134	12. 7
70	宿泊料、運賃、パック旅行費（上記以外の決済）	636	18	2. 8	849	22	2. 6	260	30	11. 5
71	チケット	715	18	2. 5	787	12	1. 5	588	49	8. 3
72	上記に当てはまらない商品・サービス	2, 644	44	1. 7	3, 048	45	1. 5	1, 929	84	4. 4

注）1世帯1か月当たり支出金額

表3　結果表一覧

表番号	表名	月					四半期					年					年度				
		総世帯		二人以上の世帯		単身世帯	総世帯		二人以上の世帯		単身世帯	総世帯		二人以上の世帯		単身世帯	総世帯		二人以上の世帯		単身世帯
		全	勤	全	勤	全	全	勤	全	勤	全	全	勤	全	勤	全	全	勤	全	勤	全
	支出関連項目① インターネットを利用した1世帯当たり1か月間の支出																				
1－1	全国・地方・都市階級別			●	●		●	●	●	●	●	●	●	●	●	●	●	●	●	●	●
1－2	世帯主の年齢階級別			●	●		●	●	●	●	●	●	●	●	●	●					
1－3	世帯主の勤めか自営かの別			●			●		●		●	●		●		●					
1－4	世帯人員・就業者数別			●	●		●	●	●	●		●	●	●	●						
1－5	年間収入階級別			●	●		●	●	●	●	●	●	●	●	●	●					
1－6	住居の種類別			●	●		●	●	●	●	●	●	●	●	●	●					
1－7	世帯主の勤め先企業規模別				●			●		●			●		●						
1－8	世帯構成別													●	●						
	ICT関連項目① 電子マネーの利用状況																				
2－1	全国・地方・都市階級別						●		●		●	●		●		●					
2－2	世帯主の年齢階級別											●		●		●					
2－3	世帯主の勤めか自営かの別											●		●		●					
2－4	世帯人員・就業者数別											●		●							
2－5	年間収入階級別											●		●		●					
2－6	住居の種類別											●		●		●					
2－7	世帯主の勤め先企業規模別												●		●						
2－8	世帯構成別													●							
	支出関連項目② 特定の財（商品）・サービスの1世帯当たり1か月間の支出																				
3－1	全国・地方・都市階級別			●	●		●	●	●	●	●	●	●	●	●	●	●	●	●	●	●
3－2	世帯主の年齢階級別			●	●		●	●	●	●	●	●	●	●	●	●					
3－3	世帯主の勤めか自営かの別			●			●		●		●	●		●		●					
3－4	世帯人員・就業者数別			●	●		●	●	●	●		●	●	●	●						
3－5	年間収入階級別			●	●		●	●	●	●	●	●	●	●	●	●					
3－6	住居の種類別			●	●		●	●	●	●	●	●	●	●	●	●					
3－7	世帯主の勤め先企業規模別				●			●		●			●		●						
3－8	世帯構成別													●	●						
	ICT関連項目② インターネットを利用した購入状況																				
4－1	全国・地方・都市階級別											●		●		●					
4－2	世帯主の年齢階級別											●		●		●					
4－3	世帯主の勤めか自営かの別											●		●		●					
4－4	世帯人員・就業者数別											●		●							
4－5	年間収入階級別											●		●		●					
4－6	住居の種類別											●		●		●					
4－7	世帯主の勤め先企業規模別												●		●						
4－8	世帯構成別													●							
	世帯分布																				
5－1	全国・地方・都市階級別			●	●		●	●	●	●	●	●	●	●	●	●					
5－2	世帯主の年齢階級別			●	●		●	●	●	●	●	●	●	●	●	●					
5－3	世帯主の勤めか自営かの別			●			●		●		●	●		●		●					
5－4	世帯人員・就業者数別			●	●		●	●	●	●		●	●	●	●						
5－5	年間収入階級別			●	●		●	●	●	●	●	●	●	●	●	●					
	支出世帯1世帯当たり1か月間の支出金額及び支出世帯の割合																				
6－1	全国・地方・都市階級別支出世帯1世帯当たり1か月間の支出金額			●	●		●	●	●	●	●	●	●	●	●	●					
6－2	全国・地方・都市階級別支出世帯の割合（10000世帯当たり）			●	●		●	●	●	●	●	●	●	●	●	●					

II　用語の説明

総世帯
二人以上の世帯と単身世帯を合わせたもの

地方
北海道
北海道
東北
青森県、岩手県、宮城県、秋田県、山形県、福島県
関東
茨城県、栃木県、群馬県、埼玉県、千葉県、東京都、神奈川県、山梨県、長野県
北陸
新潟県、富山県、石川県、福井県
東海
岐阜県、静岡県、愛知県、三重県
近畿
滋賀県、京都府、大阪府、兵庫県、奈良県、和歌山県
中国
鳥取県、島根県、岡山県、広島県、山口県
四国
徳島県、香川県、愛媛県、高知県
九州・沖縄
福岡県、佐賀県、長崎県、熊本県、大分県、宮崎県、鹿児島県、沖縄県

都市階級
全国の市町村及び東京都区部を人口規模により、四つの階級に分けて集計（人口は、平成 27 年国勢調査による。）
大都市（政令指定都市及び東京都区部）
中都市（大都市を除く人口 15 万以上の市）
小都市A（人口５万以上 15 万未満の市）
小都市B・町村（人口５万未満の市及び町村）

（支出関連項目①）

インターネットを利用して購入した財（商品）・サービス
インターネット上で財（商品）・サービスの注文や予約をした場合をいう。
店頭で直接注文や予約をした場合は除く。

【贈答用】
［ 贈答品 ］
自分の世帯（住居と生計を共にする人）以外の他の世帯へ贈与する品物。お中元、お歳暮、他の世帯へのお祝い品など。

【自宅用】
［ 食料 ］
食料品
飲料・出前以外の食用のもの。健康食品は除く。

飲料
薬用品以外の飲み物。酒類を含む。粉末など形状は問わない。また、缶・瓶・パック・ペットボトル入りも含む。

出前
飲食店から提供されるもの。弁当、宅配のピザなど。インターネット予約による外食も含む。

［ 家電 ］
家電
掃除機などの家事用耐久財、冷暖房用器具、パソコンなどの教養娯楽用耐久財、ゲーム機本体などの教養娯楽用品、携帯電話などの通信機器、ガス器具、電子楽器、周辺機器や部品、消耗品を含む。

［ 家具 ］
家具
一般家具（食卓セットなど）、室内装備・装飾品（照明器具、カーテンなど）、寝具類（ベッド、布団など）など。

［ 衣類・履物 ］
紳士用衣類
中学生以上の男性用の衣類。和服も含む。

婦人用衣類
中学生以上の女性用の衣類。和服も含む。アクセサリーは除く。

履物・その他の衣類
履物類。紳士用及び婦人用の衣類以外の身に着けるもの（帽子、ネクタイ、靴下など。）。乳児から小学生までを対象とした子供用衣類（和服も含む。）

［ 保健・医療 ］
医薬品
医薬品及び医薬部外品。錠剤、ドリンク剤など形状は問わない。

健康食品
栄養成分の補給など保健・健康増進のために用いる食品であって、錠剤、カプセル、か粒状、粉末状、粒状、液（エキス）状など通常の医薬品に類似する形態をとるもの。サプリメントなど。

［ 化粧品 ］
化粧品
化粧クリーム、化粧水、ファンデーション、口紅、香水、白髪染めなど。洗顔石けん、シャンプーなどは除く。

［ 自動車等関係用品 ］
自動車等関係用品
自動車、オートバイ、自転車などの輸送機器（部品、中古品も含む。）。それらの維持、使用のために

必要な商品及びサービスに関する支出を含む。

［ 書籍 ］
書籍
新聞、雑誌、カレンダーなどの印刷物や書籍。古本も含む。電子書籍は除く。

［ 音楽・映像ソフト、パソコン用ソフト、ゲームソフト ］
音楽・映像ソフト、パソコン用ソフト、ゲームソフト
録音・録画されている各種記録媒体。レンタルしたものも含む。

［ デジタルコンテンツ ］
電子書籍
パソコンや携帯電話、タブレット型端末などで読むタイプの書籍（新聞・雑誌などを含む。）。

ダウンロード版の音楽・映像、アプリなど
ダウンロードした音楽・映像、ソフト・アプリ。レンタルしたものも含む。

［ 保険 ］
保険
生命保険、医療保険、自動車保険、火災保険など。保険掛金は、掛け捨て型のみ。貯蓄型は除く。インターネットで購入又は手続した各種保険（コンビニエンスストアなどでの支払も含む。）

［ 宿泊料、運賃、パック旅行費 ］
インターネット上での決済
宿泊料、運賃、パック旅行費（インターネットで決済まで済ませた場合）

上記以外の決済
宿泊料、運賃、パック旅行費（インターネットでは予約のみで決済を行わなかった場合）

［ チケット ］
チケット
映画、演劇、コンサート、スポーツ観戦などの入場チケット料金や、観覧チケット料金。商品券などは除く。

［ その他 ］
上記に当てはまらない商品・サービス
上記の贈答品からチケットまでに該当しない全てのもの。財産の購入・移動・投資・寄付に当たるものは除く。

（ＩＣＴ関連項目）

電子マネー
この調査での「電子マネーの利用」とは、事前に現金と引換えに金銭的価値が発行されたＩＣカードやプリペイドカード等の利用をいう。
後払い（ポストペイ）方式の IC カードなどの利用は含めない。また、電子マネーをチャージ（入金）しただけ又は定期券としての利用だけで、他の利用がなかった場合も電子マネーの利用に含めない。

＜電子マネーに含める例＞
Suica、ICOCA、PASMO、nanaco、WAON、楽天Edy、WebMoney、BitCash、クオカードなど

［ 電子マネーの利用金額のうち鉄道及びバスでの１世帯当たり平均利用金額 ］
定期券の購入金額を除く。

（支出関連項目②）

特定の財（商品）・サービス

［ 通信 ］
スマートフォン・携帯電話などの通信、通話使用料
スマートフォン・携帯電話などの基本使用料及び通話料、オプションサービスの利用料。データ通信料金を含む。

インターネット接続料
インターネット接続料（ＡＤＳＬ、ＩＳＤＮ、光ファイバーなど）の利用料や、プロバイダー料金（加入料及びプロバイダーの契約が通信料込みも含む。）。モバイル Wi-Fi 通信料、ケーブルテレビなどとセット契約している場合も含む。

スマートフォン・携帯電話の本体価格
プリペイド携帯、機種変更に関する費用を含む。レンタル・リースは除く。

［ 旅行関係 ］
航空運賃
航空機利用に係る各種料金。燃油サーチャージを含む。出張のために支払った費用は除く。

宿泊料

宿泊に係る各種料金。出張のために支払った費用は除く。

パック旅行費（国内・外国）

交通費、宿泊費など一括のもの。出張のために支払った費用は除く。

［ 教育、教養娯楽 ］

国公立授業料等（幼稚園～大学、専修学校）

私立授業料等（幼稚園～大学、専修学校）

幼稚園・保育園・認定こども園（3歳以上）、小学校、中学校、高校、大学（短期大学、高等専門学校、大学院を含む。）、専修学校（高等専修学校、専門学校）が対象

補習教育費

学習塾月謝（英語を含む）、補習のための通信添削の費用（教材を含む）、家庭教師への月謝、模擬テスト代

自動車教習料

自動車学校や自動車教習所の入学金、入所料及び合宿料

スポーツ施設使用料

スポーツクラブの入会金・会員権・会費、フィットネスクラブ使用料など。

［ 衣類等 ］

背広服

中学生以上の男性用のスーツ、礼服。制服や単品（上着のみ、ズボンのみ）は除く。

婦人用スーツ・ワンピース

中学生以上の女性用のスーツ、ワンピース、ドレス。制服や単品（上着のみ、スカートのみ、スラックスのみ）は除く。

和服

男性・女性用の和服。祭り用、和服用下着、帯、子供用着物を含む。

腕時計

懐中時計、ペンダント時計、指輪時計を含む。

装身具（アクセサリー類）

指輪、ネックレス、イヤリング、ブローチ、ピアス、宝石、貴金属類、ネクタイピン、装身具用造花など。

［ 医療 ］

出産入院料

出産に伴う入院に係る一切の費用

出産以外の入院料

出産以外の入院に係る一切の費用。長期入院（3か月以上）している世帯員以外の親族などへの入院費を直接支払っている場合を含む。人間ドックなどの健康診断のための入院は除く。

［ 家具等 ］

たんす

和・洋だんす、整理だんす、ベビーダンス、チェスト、ワードローブなど。

ベッド

ウォーターベッド、パイプベッド、子供用ベッドを含む。

布団

組ふとん、かいまき、肌掛ふとんなど。乳児用寝具は除く。

机・いす（事務用・学習用）

座机、事務用机、学習用机、事務用いす、学習用いすなど。食卓及び座卓などは除く。

食器戸棚

サイドボード、茶だんす、ダイニングボード、リビングボード、カップボードなど。

食卓セット

主に食卓用として利用するもの。単品（食卓のみ、食卓用いすのみ）を含む。

応接セット

主に応接用として利用するもの。単品（ソファーのみ、テーブルのみ）を含む。

楽器（部品を含む）

アップライトピアノ、オルガン、ギター、ギター弦、電子楽器、バイオリン、トランペット、ハーモニカ、ドラム、琴、三味線など。部品を含む。

［ 家電等 ］

冷蔵庫

冷蔵冷凍庫、低温貯蔵庫（米蔵、ワインセラー）など。冷凍庫を含む。

掃除機

ロボット型・スティック型・ハンディ型、充電式を含む。

洗濯機

乾燥機付き洗濯機、ガス乾燥機、脱水機を含む。

エアコン

冷房、暖房機能を備えたもの、冷房専用を含む。取付代は除く。

パソコン（タブレット型を含む。周辺機器・ソフトは除く）

本体を購入した際にセットで購入したディスプレイやキーボード、バッテリーなどを含む。その他の周辺機器・パソコン用ソフト・消耗品を別に購入した場合は除く。

テレビ

携帯型は除く。

ビデオデッキ

テレビに接続して映像の録画・再生に使用するもの。ＤＶＤやブルーレイのレコーダー、再生機など。携帯型は除く。オーディオ系機器との一体型及びスピーカー付きなどのセットは除く。

ゲーム機（ソフトは除く）

携帯型、据置き型のテレビゲーム機本体。また、ソフトや付属品（コントローラーなど）とのセット販売のものも含む。ゲームソフトは除く。

カメラ（交換レンズのみを含む。使い捨てのカメラは除く）

交換レンズのみを含む。周辺機器及び修理代は除く。

ビデオカメラ

周辺機器及び修理代は除く。

［住宅関係］

家屋に関する設備費・工事費・修理費

家屋の内装・外装（門、塀、柵などを含む。）に関する設備、器具類及び設備工事費、修理のための費用。増改築、修繕材料費は除く。

給排水関係工事費

台所、浴室、洗面所、トイレ、水道、排水管などの水回り設備に関する工事費、修繕維持費、保守点検費

庭・植木の手入れ代

植木や庭の維持、管理に必要なサービスに関するもの。庭・植木のせん定代、造園料金など。

［自動車等関係］

自動車（新車・中古車）

購入時の標準装備品を含めた本体価格（自動車取得税を含む。）。買替えによる下取りがある場合は、下取り額を差し引いた金額。新古車は中古車に含む。

自動車保険料（自賠責）

自動車損害賠償責任保険（自賠責）の保険料。購入時及び車検時にかかる自動車保険料

自動車保険料（任意）

自賠責以外の任意加入保険の保険料

自動車以外の原動機付輸送機器

自動車以外の原動機付きの乗り物（オートバイなど）で、購入時の標準装備品を含めた本体価格（取得税を含む。）。中古購入を含む。

自動車整備費

自動車本体の整備、修理に必要なサービスに関するもの。車検などの技術料を含む。自動車関連用品の取付代・修理代や自動車部品代は除く。

［その他］

挙式・披露宴費用

新郎・新婦にかかる婚礼費用。世帯員以外の新郎又は新婦のために、直接式場などに支払った場合を含む。宿泊費、交通費、お祝い金は除く。

葬儀・法事費用

葬儀・法事の施主として行った費用。宿泊費、交通費、香典料は除く。

信仰関係費

信仰関係にかかる一切の費用。寺・神社などへの寄付、仏壇、神棚、祭具、墓石等を含む。

仕送り金

世帯員以外の方に対し、生活費、家賃、授業料などのために継続的に送金したお金。家賃や授業料などを直接支払った場合は除く。

Ⅲ　調査票様式　調査票　A

政府統計

統計法に基づく国の統計調査です。調査票情報の秘密の保護に万全を期します。

秘　一般統計調査

単位区符号	市町村番号	地点番号	世帯番号

調査開始年月　　年　　月	調査員氏名	

総務省統計局

この調査は、総務省統計局が(一社)新情報センターに委託して実施する統計調査です。
秘密の保護には万全を期していますので、ありのままをご記入ください。

調査実施:(一社)新情報センター
住所:東京都渋谷区恵比寿1－19－15
電話: 0120-00-4612(通話料無料)

家計消費状況調査

調査票A

（二人以上の世帯）

- 記入に当たっては『**調査世帯のみなさまへ**』などを参考にし、黒のボールペン又は鉛筆で記入してください。
- 選択肢に番号が付されている項目については、**当てはまるものの番号を○で囲んでください。**

◎「**世帯**」とは、住居と生計を共にする人の集まりをいいます。家族であっても、３か月以上、学業あるいは仕事の関係などで自宅を不在にしている方や、入院をしている方は、この調査でいう「あなたの世帯」の世帯員には**含めない**でください。

1．あなたの世帯について

あなたの世帯の調査開始月の15日の状況についてお答えください。

（1）世帯主の男女の別（「世帯主」とは、**家計の主たる収入を得ている人**をいいます）

1　男	2　女

（2）世帯主の年齢

□ 歳

（3）世帯主の就業・非就業の別
（ふだんパートタイムやアルバイト、内職をしている方は「**就業**」とします）

1　就業	2　非就業

（4）世帯主の勤めか自営かの別

1　雇用されている人
2　会社などの役員
3　自営業主・その他

（「自営業主・その他」とは、個人で事業を経営している人（農家などを含む）や自由業の人などをいいます）

「1 雇用されている人」と答えた方のみ(**5**)へ進んでください

（5）勤め先の企業全体の従業者数

1　1人～4人	2　5人～9人	3　10人～29人
4　30人～99人	5　100人以上	6　官　公

（６）**世帯主の配偶者の有無**

１　有	２　無

「２ 無」と答えた方は（８）へ進んでください

（７）**世帯主の配偶者の就業・非就業の別**

１　就業	２　非就業

（ふだんパートタイムやアルバイト、内職をしている方は「**就業**」とします）

（８）**年齢別世帯員の人数**（記入者を含む**世帯全体の状況**を記入してください）

	19歳以下	20歳～39歳	40歳～64歳	65歳以上
世帯員数	人	人	人	人
世帯員のうち就業者の数	人	人	人	人
世帯員のうち在学者の数	人	人	人	人

※学業や仕事の関係、又は入院などで3か月以上自宅に不在の方は、**含めない**でください
※**就業者**には、ふだんパートタイムやアルバイト、内職をしている方も含みます
※**在学者**には、3歳未満の保育園児、予備校生、遊学中の学生・生徒は**含めない**でください
※ふだん**アルバイトをしている在学者**は、就業者及び在学者の**それぞれに含めます**

（９）**世帯全体の年間収入（過去１年間の税込みの収入総額）**

1	100万円未満	8	700万円　～　800万円未満
2	100万円　～　200万円未満	9	800万円　～　900万円未満
3	200万円　～　300万円未満	10	900万円　～　1000万円未満
4	300万円　～　400万円未満	11	1000万円　～　1250万円未満
5	400万円　～　500万円未満	12	1250万円　～　1500万円未満
6	500万円　～　600万円未満	13	1500万円　～　2000万円未満
7	600万円　～　700万円未満	14	2000万円以上

（10）**住居の種類**

1	持ち家	4	民営の賃貸住宅
2	都道府県・市区町村営の賃貸住宅	5	給与住宅（社宅・公務員住宅など）
3	都市再生機構・公社などの賃貸住宅	6	その他

（11）**住宅ローンの有無**

１　有	２　無

2．電子マネーの利用状況について

あなたの世帯における電子マネーの利用状況についてお答えください。

- ここでの「電子マネーの利用」とは、事前に現金と引き換えに金銭的価値が発行されたＩＣカードやプリペイドカードなど（次の例を参照）の利用をいいます。

  例）Suica、PiTaPa（チャージ利用分のみ）、PASMO、nanaco、WAON、Edy、WebMoney、BitCash、クオカード
- なお、ここでの「電子マネーの利用」には、キャッシュカード、クレジットカード、デビットカードの利用や後払い（ポストペイ）方式のＩＣカードなどの利用は**含めない**でください。

  また、図書カードなどのように特定の商品・サービスしか購入できないプリペイドカードなどの利用も含めないでください。
- 事業を営んでいる世帯で、事業で利用したものは含めないでください。

（1）電子マネーを持っている方がいますか。

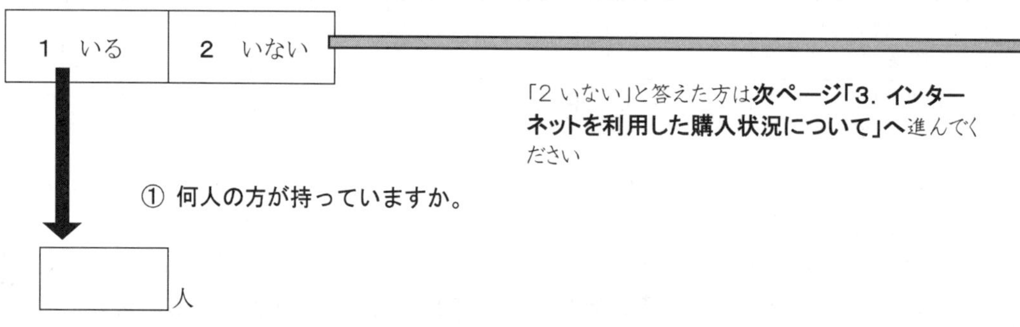

（2）今月１か月間（１日～末日）に電子マネーを利用した方がいますか。

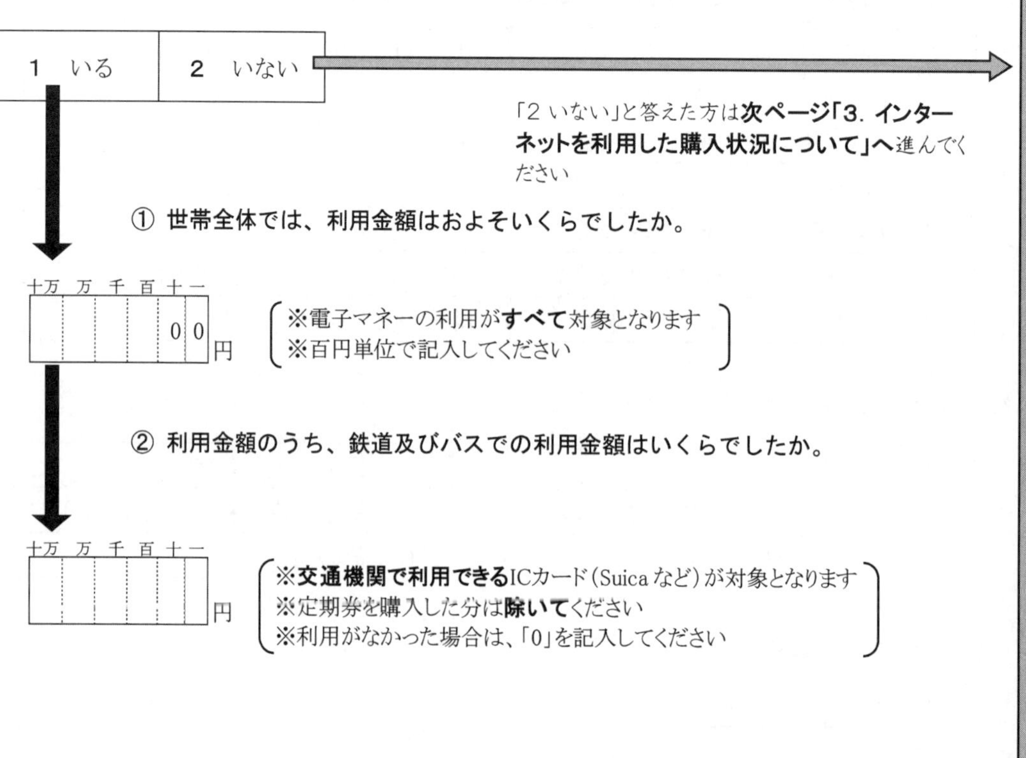

3．インターネットを利用した購入状況について

（1）あなたの世帯では、今月１か月間（１日～末日）に、インターネットを利用して商品・サービスを購入しましたか。（インターネットを情報収集のみに利用した場合は**含めない**でください）

● スマートフォン・携帯電話・タブレット型端末などからの利用も含みます。

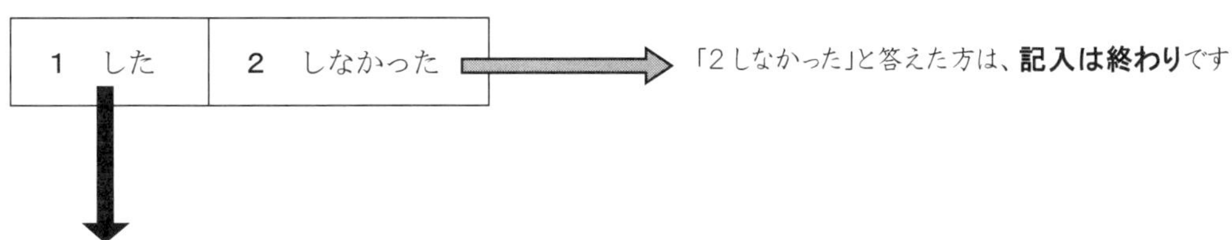

（2）インターネットを利用して購入した方別に、インターネットを利用して商品・サービスを購入した際の、今月１か月間の購入金額（消費税込み）及び最も多く購入に使用した機器を記入してください。

● 購入金額の合計は、調査票Ｂ「３．インターネットを利用した商品・サービスの購入金額」の（２）の購入金額の合計と一致します。
● 購入金額の記入に当たっては、支払明細書やネット上の購入履歴を参照してください。
● 送料は除きます。（ただし、送料を除けない場合は、送料込みの購入金額を記入してください）
● 事業を営んでいる世帯で、事業用に購入したものは購入金額には含めないでください。

	購入金額	最も多く購入に使用した機器
世帯主	円	1 パソコン（家族所有） 2 パソコン（家族所有以外。公共スペースに置いてあるものなど） 3 スマートフォン・携帯電話 4 タブレット型端末 5 その他（インターネットに接続できるテレビ、家庭用ゲーム機など）
世帯主の配偶者	円	1 パソコン（家族所有） 2 パソコン（家族所有以外。公共スペースに置いてあるものなど） 3 スマートフォン・携帯電話 4 タブレット型端末 5 その他（インターネットに接続できるテレビ、家庭用ゲーム機など）
その他の世帯員（合計）	円	1 パソコン（家族所有） 2 パソコン（家族所有以外。公共スペースに置いてあるものなど） 3 スマートフォン・携帯電話 4 タブレット型端末 5 その他（インターネットに接続できるテレビ、家庭用ゲーム機など）
世帯合計	円	

（購入金額の合計は、調査票Ｂ「３．インターネットを利用した商品・サービスの購入金額」の（２）の購入金額の合計と**一致**します。）

ご協力ありがとうございました。記入もれがないかもう一度確認をお願いいたします。

通信欄（お気付きの点がありましたら、ご記入ください）

⑬

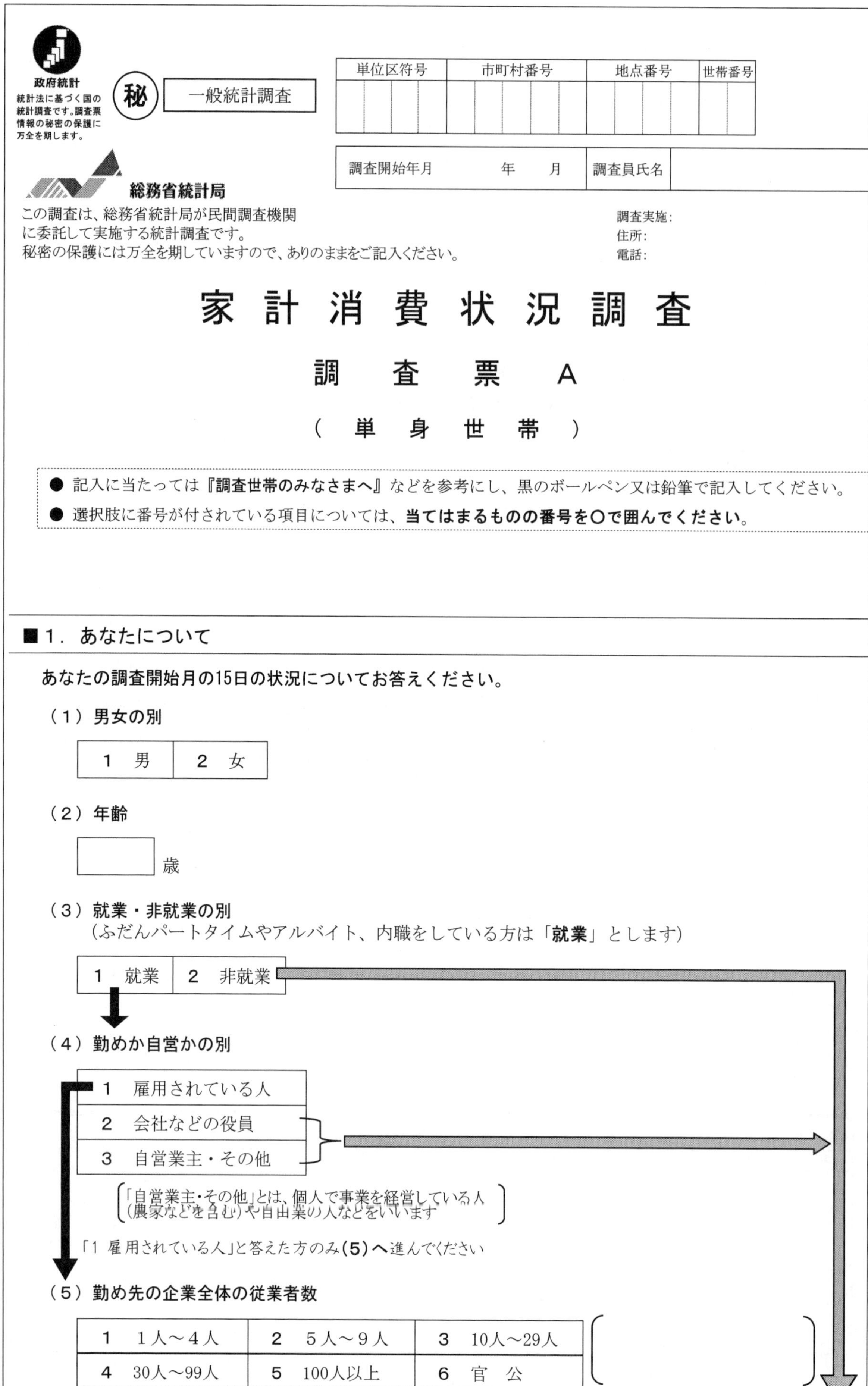

政府統計
統計法に基づく国の統計調査です。調査票情報の秘密の保護に万全を期します。

秘　一般統計調査

単位区符号	市町村番号	地点番号	世帯番号

調査開始年月　年　月	調査員氏名	

総務省統計局

この調査は、総務省統計局が民間調査機関に委託して実施する統計調査です。
秘密の保護には万全を期していますので、ありのままをご記入ください。

調査実施:
住所:
電話:

家計消費状況調査

調査票A

（単身世帯）

- 記入に当たっては『調査世帯のみなさまへ』などを参考にし、黒のボールペン又は鉛筆で記入してください。
- 選択肢に番号が付されている項目については、**当てはまるものの番号を○で囲んでください。**

■1．あなたについて

あなたの調査開始月の15日の状況についてお答えください。

（1）男女の別

1　男	2　女

（2）年齢

□歳

（3）就業・非就業の別
（ふだんパートタイムやアルバイト、内職をしている方は「**就業**」とします）

1　就業	2　非就業

（4）勤めか自営かの別

1　雇用されている人
2　会社などの役員
3　自営業主・その他

（「自営業主・その他」とは、個人で事業を経営している人（農家などを含む）や自由業の人などをいいます）

「1 雇用されている人」と答えた方のみ**(5)へ**進んでください

（5）勤め先の企業全体の従業者数

1　1人～4人	2　5人～9人	3　10人～29人
4　30人～99人	5　100人以上	6　官　公

（６）年間収入（過去１年間の税込みの収入総額）

1	100万円未満
2	100万円　～　200万円未満
3	200万円　～　300万円未満
4	300万円　～　400万円未満
5	400万円　～　500万円未満
6	500万円　～　600万円未満
7	600万円　～　700万円未満
8	700万円　～　800万円未満
9	800万円　～　900万円未満
10	900万円　～　1000万円未満
11	1000万円　～　1250万円未満
12	1250万円　～　1500万円未満
13	1500万円　～　2000万円未満
14	2000万円以上

（７）住居の種類

1	持ち家
2	都道府県・市区町村営の賃貸住宅
3	都市再生機構・公社などの賃貸住宅
4	民営の賃貸住宅
5	給与住宅（社宅・公務員住宅など）
6	その他

（８）住宅ローンの有無

1	有
2	無

■2．電子マネーの利用状況について

あなたの電子マネーの利用状況についてお答えください。

● ここでの「電子マネーの利用」とは、事前に現金と引き換えに金銭的価値が発行されたＩＣカードやプリペイドカードなど（次の例を参照）の利用をいいます。

例）Suica、PiTaPa（チャージ利用分のみ）、PASMO、nanaco、WAON、Edy、WebMoney、BitCash、クオカード

● なお、ここでの「電子マネーの利用」には、キャッシュカード、クレジットカード、デビットカードの利用や後払い（ポストペイ）方式のＩＣカードなどの利用は**含めない**でください。

また、図書カードなどのように特定の商品・サービスしか購入できないプリペイドカードなどの利用も含めないでください。

● 事業を営んでいる世帯で、事業で利用したものは含めないでください。

（1）電子マネーを持っていますか。

1　いる	2　いない

「2 いない」と答えた方は**次ページ「■3. インターネットを利用した購入状況について」へ**進んでください

（2）今月１か月間（１日～末日）に電子マネーを利用しましたか。

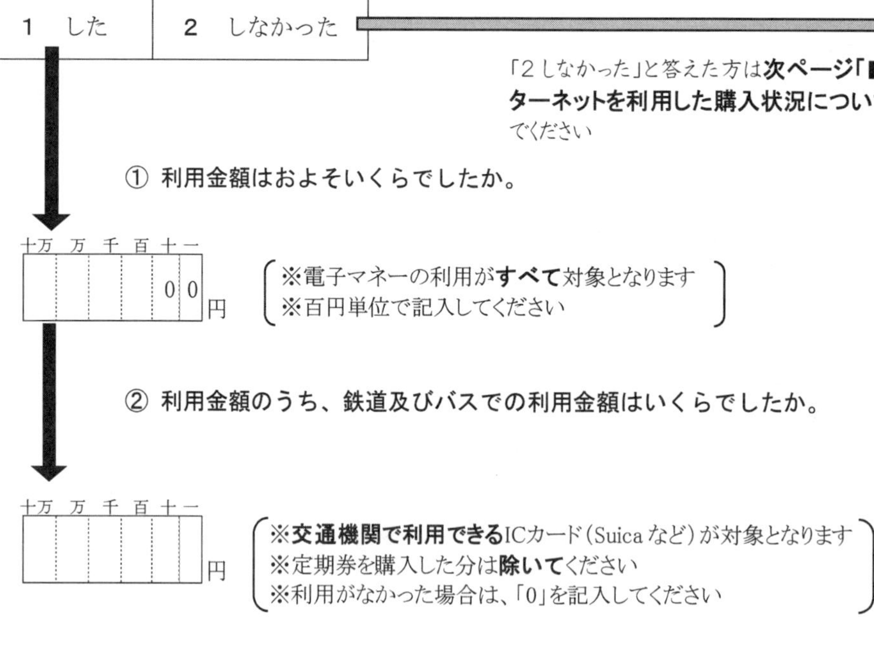

次ページへ進んでください

3．インターネットを利用した購入状況について

（1）あなたは、今月１か月間（１日～末日）に、インターネットを利用して商品・サービスを購入しましたか。（インターネットを情報収集のみに利用した場合は**含めない**でください）

● スマートフォン・携帯電話・タブレット型端末などからの利用も含みます。

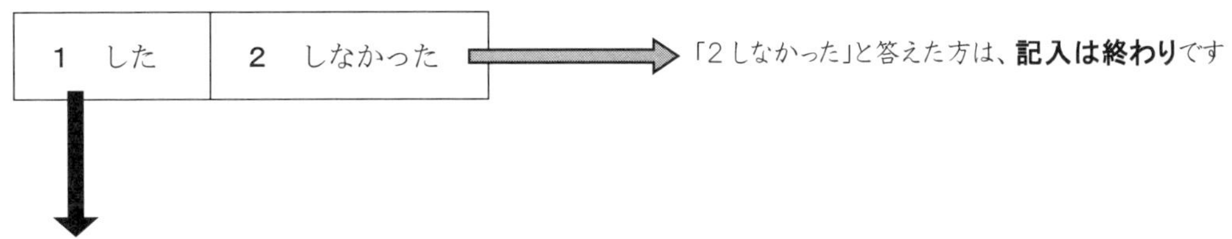

（2）インターネットを利用して商品・サービスを購入した際の、今月１か月間の購入金額（消費税込み）及び最も多く購入に使用した機器を記入してください。

● 購入金額の合計は、調査票Ｂ「３．インターネットを利用した商品・サービスの購入金額」の（２）の購入金額の合計と一致します。
● 購入金額の記入に当たっては、支払明細書やネット上の購入履歴を参照してください。
● 送料は除きます。（ただし、送料を除けない場合は、送料込みの購入金額を記入してください）
● 事業を営んでいる世帯で、事業用に購入したものは購入金額には含めないでください。

購入金額	最も多く購入に使用した機器
円	1　パソコン（あなたの所有） 2　パソコン（上記以外。公共スペースに置いてあるものなど） 3　スマートフォン・携帯電話 4　タブレット型端末 5　その他（インターネットに接続できるテレビ、家庭用ゲーム機など）

（購入金額の合計は、調査票Ｂ「３．インターネットを利用した商品・サービスの購入金額」の（２）の購入金額の合計と**一致**します。）

ご協力ありがとうございました。記入もれがないかもう一度確認をお願いいたします。

通信欄（お気付きの点がありましたら、ご記入ください）

⑬

調査票　B

政府統計　㊙　一般統計調査

単位区符号	市町村番号	地点番号	世帯番号

調査開始年月　　年　月	調査員氏名

総務省統計局

この調査は、総務省統計局が民間調査機関に委託して実施する統計調査です。
秘密の保護には万全を期していますので、ありのままをご記入ください。

調査実施:
住所:
電話:

家計消費状況調査

□□月分

調　査　票　B

（訪問・郵送）

（二人以上の世帯、単身世帯共通）

● 記入に当たっては『調査世帯のみなさまへ』などを参考にし、黒のボールペン又は鉛筆で記入してください。
● 選択肢に番号が付されている項目については、**当てはまるものの番号を○で囲んでください。**

◎「**世帯**」とは、住居と生計を共にする人の集まりをいいます。家族であっても、3か月以上、学業あるいは仕事の関係などで自宅を不在にしている方や、入院をしている方は、この調査でいう「あなたの世帯」の世帯員には**含めない**でください。

■1．「あなたの世帯について」の前月からの変更

調査開始月は、このページには何も記入しないでください

調査開始月に調査票Aでお答えいただいた、次の事項について、前月16日から今月15日の間に変更がありましたか。

＜調査票A　「■1．あなたの世帯について」でお答えいただいた事項＞
世帯主の男女の別、世帯主の年齢、世帯主の就業・非就業の別、世帯主の勤めか自営かの別、世帯主の勤め先の企業全体の従業者数、世帯全体の年間収入、住居の種類、住宅ローンの有無、(以下二人以上の世帯のみ)世帯主の配偶者の有無、世帯主の配偶者の就業・非就業の別、年齢別世帯員の人数

1 変　更　は　な　い（**世帯主や世帯員の加齢による年齢の変更の場合は「1」とします**）
2 単身世帯から二人以上の世帯となった、又は二人以上の世帯から単身世帯となった ＊
3 世帯主や配偶者に関する事項に変更があった ＊
4 次の(1)～(3)の事項についての変更があった
（「2」・「3」の変更もあった場合は、「2」・「3」も○で囲んでください）

「1」「2」「3」と答えた方は、**次ページへ**進んでください

＊「2」「3」と答えた方には、後日、確認のための問い合わせをいたします

（「4」の場合は、変更があった項目にのみ変更後の状況を記入してください）

（1）年齢別世帯員の人数

	19歳以下	20歳～39歳	40歳～64歳	65歳以上
世帯員数	人	人	人	人
世帯員のうち就業者の数	人	人	人	人
世帯員のうち在学者の数	人	人	人	人

※学業や仕事の関係、又は入院などで3か月以上自宅に不在の方は、**含めない**でください
※**就業者**には、ふだんパートタイムやアルバイト、内職をしている方も含みます
※**在学者**には、3歳未満の保育園児、予備校生、遊学中の学生・生徒は**含めない**でください
※ふだん**アルバイトをしている在学者**は、就業者及び在学者の**それぞれに含めます**

（2）住居の種類

1　持ち家	4　民営の賃貸住宅
2　都道府県・市区町村営の賃貸住宅	5　給与住宅（社宅など）
3　都市再生機構・公社などの賃貸住宅	6　その他

（3）住宅ローンの有無

1　有	2　無

次ページへ進んでください

２．特定の商品・サービスの購入金額

（１）あなたの世帯では、今月１か月間（１日～末日）に、０１から５０までの商品・サービスを購入しましたか。

1　した	2　しなかった

「2 しなかった」と答えた方は**4ページ「3. インターネットを利用した商品・サービスの購入金額」へ**進んでください

（２）０１から５０までの商品・サービスを購入した際の、今月１か月間の「購入金額」（世帯全体の合計。消費税込み）と「支払い方法、購入日など」を記入してください。

● クレジットカード、掛買い又は月賦で購入した場合は、月々の支払い金額ではなく、**購入した商品・サービスの総額を、購入した月に**記入してください。

● 事業を営んでいる世帯で、事業用に購入したものは購入金額には含めないでください。

商品・サービス名			（　　月分）購入金額（円）	支払い方法、購入日　など
◇　**通信、旅行関係**　（０１、０２については、支払いの有無のいずれかを○で囲んでください）				
０１	スマートフォン・携帯電話などの通信、通話使用料	有・無		
０２	インターネット接続料（ケーブルテレビなどとセット契約している場合も含む）	有・無		
０３	スマートフォン・携帯電話の本体価格			
０４	航空運賃（燃油サーチャージを含む）			
０５	宿泊料			
０６	パック旅行費	国内		
０７	パック旅行費	外国		
◇　**教育、教養娯楽**				
０８	授業料等（幼稚園～大学、専修学校）	国公立		
０９	授業料等（幼稚園～大学、専修学校）	私立		
１０	補習教育費（学習塾・予備校・通信添削などにかかる費用）			
１１	自動車教習料			
１２	スポーツ施設使用料			
◇　**衣類など**				
１３	背広服（上着のみ、ズボンのみは除く）			
１４	婦人用スーツ・ワンピース（上着のみ、スカートのみは除く）			
１５	和服（着物、帯など）			
１６	腕時計			
１７	装身具（宝石、貴金属類、ネクタイピンなどを含むアクセサリー類）			
◇　**医療**				
１８	入院料	出産入院料		
１９	入院料	出産以外の入院料		

	商品・サービス名		購入金額（円）	支払い方法、購入日　など
◇　家具、家電				
２０	たんす（チェスト、ワードローブ）			
２１	ベッド			
２２	布団			
２３	机・いす（事務用・学習用）			
２４	食器戸棚（サイドボード、茶だんす、カップボード）			
２５	食卓セット（単品のみを含む）			
２６	応接セット（単品のみを含む）			
２７	楽器（部品を含む）			
２８	冷蔵庫（冷凍庫を含む）			
２９	掃除機（ロボット型・スティック型・ハンディ型を含む）			
３０	洗濯機（乾燥機、脱水機を含む）			
３１	エアコン			
３２	パソコン（タブレット型を含む。周辺機器・ソフトは除く）			
３３	テレビ			
３４	ビデオデッキ（ＤＶＤやブルーレイのレコーダー、再生機など）			
３５	ゲーム機（ソフトは除く）			
３６	カメラ（交換レンズのみを含む。使い捨てのカメラは除く）			
３７	ビデオカメラ			
◇　住宅、自動車				
３８	家屋に関する設備費・工事費・修理費 （内装、外装、門・塀・柵など。増改築は除く）			
３９	給排水関係工事費 （台所、浴室、トイレ、配水管の修繕維持・保守点検など）			
４０	庭・植木の手入れ代（庭・植木のせん定代、造園料金など）			
４１	自動車	新車　※購入月に全額を記入		
４２		中古車　※購入月に全額を記入		
４３	自動車保険料	自賠責　※車検・購入時に要記入		
４４		任意		
４５	自動車以外の原動機付輸送機器（オートバイなど）			
４６	自動車整備費（修理代、車検などの技術料）			
◇　冠婚葬祭、仕送り金				
４７	挙式・披露宴などの婚礼費用（宿泊費、交通費、お祝い金は除く）			
４８	葬儀・法事費用（施主にかかる費用。宿泊費、交通費、香典料は除く）			
４９	信仰関係費（仏壇、神棚、墓石の費用、寺・神社などへの寄付など）			
５０	仕送り金 （世帯外の人への生活費、家賃、授業料などの継続的な送金。 家賃や授業料を直接支払った場合は除く）			

次ページへ進んでください

3．インターネットを利用した商品・サービスの購入金額

（1）あなたの世帯では、今月１か月間（１日～末日）に、**インターネットを利用して**何か商品・サービスを購入しましたか。（スマートフォン・携帯電話・タブレット型端末などからの利用も含みます）

１　した	２　しなかった

→「２しなかった」と答えた方は、**記入は終わり**です

（2）**インターネットを利用して**商品・サービスを購入した際の、今月１か月間の購入金額（消費税込み）の総額を記入してください。（ポイント利用での支払い分は含めず、現金やクレジットカードなどでの購入分を記入してください）

● 購入金額の記入に当たっては、支払明細書やネット上の購入履歴を参照してください。
● 送料は除きます。（ただし、送料を除けない場合は、送料込みの購入金額を記入してください）
● 事業を営んでいる世帯で、事業用に購入したものは購入金額には含めないでください。

まず、贈答用として購入したものを記入してください

	（　　　月分）	購入金額（円）
５１	贈答品（お中元・お歳暮、他の世帯へのお祝い品など）	

以下は自宅用として購入したものを記入してください

		商品・サービス名		購入金額（円）
５２	食料	食料品（健康食品は61へ）		
５３		飲料（酒類を含む）		
５４		出前（弁当、宅配のピザなど。外食を含む）		
５５	家電（ガス器具、電子楽器、周辺機器や部品、消耗品を含む）			
５６	家具（一般家具、照明器具、カーテン、寝具類など）			
５７	衣類・履物	紳士用衣類（中学生以上、和服を含む）		
５８		婦人用衣類（中学生以上、和服を含む。アクセサリーは72へ）		
５９		履物・その他の衣類（子供用衣類、帽子、ネクタイ、靴下など）		
６０	保健・医療	医薬品（医薬部外品を含む）		
６１		健康食品（サプリメントなど）		
６２	化粧品（洗顔石けん、シャンプーなどは72へ）			
６３	自動車等関係用品（自動車、オートバイ、自転車などの本体や部品を含む）			
６４	書籍（新聞、雑誌、カレンダーなどの印刷物を含む。電子書籍は66へ）			
６５	音楽・映像ソフト（ＣＤ、ＤＶＤなど）、パソコン用ソフト、ゲームソフト			
６６	デジタルコンテンツ	電子書籍（新聞・雑誌などを含む）		
６７		ダウンロード版の音楽・映像、アプリなど		
６８	保険（生命保険、医療保険、自動車保険、火災保険など）※掛け捨て型のみ			
６９	宿泊料（ホテル、旅館など）、運賃（鉄道、航空運賃など）、パック旅行費		インターネット上での決済	
７０			上記以外の決済（インターネットでは予約のみ）	
７１	チケット（映画、演劇、コンサート、スポーツ観戦など。商品券は72へ）			
７２	上記に当てはまらない商品・サービス（アクセサリー、家事雑貨など）			

自宅用(52～72)支出総額　　　　**円**

ご協力ありがとうございました。記入もれがないかもう一度確認をお願いいたします。

通信欄(お気付きの点がありましたら、ご記入ください)

⑬

Outline of the Survey of Household Economy

I Outline of the Survey

1. Objectives

This survey is intended to grasp conditions surrounding consumption in terms of products related to information and communication technology, and goods and services ordered over the Internet, and expensive products and services with low frequency of consumption.

2. Universe and sampling

The survey unit is a household in Japan except institutional households. The sample households are selected as follows based on the 2015 Population Census:

a. Sampling Unit

The sample households are selected based on the two-stage stratified sampling method. The sampling units at two stages are namely, primarily the survey unit area composed of the Enumeration District (abbreviated as ED hereinafter) of the 2015 Population Census, and secondly the household.

b. Stratification and Allocation of Survey Unit Areas to Strata

i) Households in Japan are stratified by 9 districts and 4 city groups. The number of strata is 35 because there is no city corresponding to Major cities in the Shikoku district. The criteria of the districts and the city groups are as follows:

a) Districts

Hokkaido: Hokkaido;

Tohoku: Aomori-ken, Iwate-ken, Miyagi-ken, Akita-ken, Yamagata-ken and Fukushima-ken;

Kanto: Ibaraki-ken, Tochigi-ken, Gumma-ken, Saitama-ken, Chiba-ken, Tokyo-to, Kanagawa-ken, Yamanashi-ken and Nagano-ken;

Hokuriku: Niigata-ken, Toyama-ken, Ishikawa-ken and Fukui-ken;

Tokai: Gifu-ken, Shizuoka-ken, Aichi-ken and Mie-ken;

Kinki: Shiga-ken, Kyoto-fu, Osaka-fu, Hyogo-ken, Nara-ken and Wakayama-ken;

Chugoku: Tottori-ken, Shimane-ken, Okayama-ken, Hiroshima-ken and Yamaguchi-ken;

Shikoku: Tokushima-ken, Kagawa-ken, Ehime-ken and Kochi-ken;

Kyushu and Okinawa: Fukuoka-ken, Saga-ken, Nagasaki-ken, Kumamoto-ken, Oita-ken, Miyazaki-ken, Kagoshima-ken and Okinawa-ken

b) City groups

Major cities: designated cities under the article 252-19 of the Local Autonomy Law and Ku-areas (ward) of Tokyo;

Middle cities: cities with population of 150,000 or more, excluding Major cities;

Small cities A: cities with population of 50,000 more but less than 150,000;

Small cities B and Towns and villages: cities with population of less than 50,000, towns and villages

ii) The number of the survey unit areas is 3,000. The survey unit areas are allocated to each stratum in proportion to the number of households in the stratum which is based on the 2015 Population Census.

c. Sampling the Survey Unit Areas

i) The same number of EDs are randomly selected from each stratum (abbreviated as standard area hereinafter) as a quarter of the number of survey unit areas allocated in b. The municipalities with selected standard areas are selected municipalities.

ii) When the standard area in a selected municipality is only one, the selected municipality is a survey block, which is the area one enumerator covers. When two or more, the selected municipality is divided into the same number of survey blocks as the number of the standard areas so that each block contains nearly equal number of households. The number of the survey blocks reaches 750 in

Japan.

iii) Since the survey is conducted for five years in a survey block, the EDs contained in the blocks are divided into five areas, for each survey year so that each area contains nearly equal number of households.

iv) A divided survey block in iii) is divided again into four areas. An enumerator covers four survey unit areas in which the beginning month of the survey differs.

d. Sampling the Households

When sample households are selected from a survey unit area, the list of the households in a survey unit area is prepared from the basic resident resister or the electoral roll. Ten households (of the two-or-more-person household is nine, one-person household is one) are randomly sampled from this list. As a result, 30,000 households in total are selected from 3,000 survey unit areas nationwide in Japan.

e. Rotation of sample

The sample households are continuously surveyed for 12 months, and then substituted with other households in another region divided in c. iii) and c. iv).

The sample households are divided into 12 groups. As a rule, one of the groups is replaced every month. Each group is composed of 2,500 households which are one-twelfth of all sample households.

Any household unable to continue with the survey due to moving or some other reasons is replaced by a substitute household for the remaining survey period if it is 3 months or more.

3. Survey items

The following items are surveyed:

a. Items related to the household conditions (Questionnaire A)

- Items related to the household
- Use state related to electronic money
- Purchase situation using the internet

b. Items related to consumption of specific goods and services each month (Questionnaire B)

- Items related to the household (changes from the previous month)
- Expenditure over one month for specific goods and services
- Expenditure over one month for goods and services through the internet

4. Survey method

The survey is entrusted to a private survey institution. Enumerators will leave questionnaires with target households for them to answer, which will be collected later on. (On-line submission is also used.) Questionnaires shall be collected by enumerators, mailed by households, or answered through an on-line survey system by households.

Questionnaires are distributed when cooperation for the survey is requested and questionnaires of the previous month are collected. For paper questionnaires submission, as a rule, enumerators collect questionnaires in the first and sixth months of the survey and households mail private survey institution in the other months. Also, questionnaires are collected in the beginning of the following month of the survey.

5. Survey period

The survey is conducted every month.

6. Tabulation

a. Major tabulation items

- Items related to the household
- Use state related to electronic money
- Purchase situation using the internet
- Amount paid for specific goods and services
- Amount paid purchase of goods and services through the internet (internet shopping)

b. Process for tabulation

The data are tabulated at the National Statistics Center, Japan.

c. Estimate formula

The national and regional averages are estimated as follows: There are differences in the sampling ratios of the covered households by stratum. Therefore, the reciprocals of the sampling ratios are used as the multiplication ratios (linear multiplication ratios) for the tabulation of the items used for the estimation of the household ratios. Using these ratios, the correction coefficients are obtained from the results of the Labour Force Survey. The results are estimated using these two multiplication ratios namely the linear multiplication ratios and the correction coefficients.

In case of one-person households, the linear multiplication ratio is fixed at one.

The quarterly and annual averages are obtained by the simple mean of monthly averages.

Monthly averages are estimated in the following formula:

・The number of households

$$N=\sum_i\sum_j\sum_k \alpha_{ij}C_{ik}$$

N : Number of households

α_{ij} : Linear multiplication ratio of district i and city group j

C_{ik} : Correction coefficient by district i and household members k (one-person households by sex and age)

・The expenditure of monthly average

$$\overline{X}=\frac{\sum_i\sum_j\sum_k\sum_p X_{ijkp}\alpha_{ij}C_{ik}}{N}$$

$\overline{X}$: Total expenditure

X_{ijkp} : Expenditure on given item by districts i, city group j, household members k and household p (one-person households by sex and age)

d. Sampling error of estimate

The result of the sampling error for 2022 annual average by using monthly tabulated data is shown in the table at the end titled "Standard error and standard error ratio".

The estimation method of the standard errors is as follows:

i) Standard error of monthly average

Standard error of monthly average is calculated by the following formula, regarding as the sample was composed of 12 sub-samples by the beginning month of the survey:

$$\hat{\sigma}\left(\overline{X}\right)=\sqrt{\frac{1}{12\times(12-1)}\sum_{w=1}^{12}\left(\hat{X}_w-\overline{X}\right)^2}$$

$\hat{\sigma}\left(\overline{X}\right)$: Standard error of monthly average

$\hat{X}_w$: Estimation value by w sub-sample

$\overline{X}$: Estimation value by all samples

ii) Standard error of annual average

Standard error of annual average is calculated by the following formula using the standard errors of monthly average:

$$\hat{\sigma}_{year}\left(\overline{X}\right)=\sqrt{\frac{\sum_{m=1}^{12}\hat{\sigma}\left(\overline{X}\right)_m^2}{(12)^2}}$$

$\hat{\sigma}_{year}\left(\overline{X}\right)$: Standard error of annual average

$\hat{\sigma}\left(\overline{X}\right)_m$: Standard error of monthly average in month m

Calculation of the ratio of standard error is as follows:

$$r_X=\frac{\hat{\sigma}\left(\overline{X}\right)}{\overline{X}}\times 100$$

r_X : Ratio of standard error

e. Effective response rate

The effective response rate of 2022 is 73.0%.

7. Utilization of the results

The results of this survey are utilized as basic data for the Quarterly Estimates of GDP and the Household Consumption Trend Index for the Family Income and Expenditure Survey.

8. Notes

The survey was conducted as a general statistical survey in compliance with the Statistics Act (Act No. 53, 2007).

Table Standard error and Standard error ratio (Specific goods and services)

(All Japan)

2022 Average	Total Households			Two-or-more-person Households			One-person Households		
	Expenditure (In yen)	Standard error (In yen)	Standard error ratio (%)	Expenditure (In yen)	Standard error (In yen)	Standard error ratio (%)	Expenditure (In yen)	Standard error (In yen)	Standard error ratio (%)
Number of persons per household (persons)	2. 23	0. 00	0. 0	2. 92	0. 00	0. 0	1. 00	0. 00	0. 0
Number of earners per household (persons)	1. 17	0. 00	0. 0	1. 49	0. 00	0. 0	0. 59	0. 00	0. 0
Age of household head (years old)	59. 6	0. 1	0. 2	60. 8	0. 1	0. 2	57. 6	0. 2	0. 3
Total expenditure on specific goods and services (50 items)	71, 020	625	0. 9	90, 558	789	0. 9	36, 464	967	2. 7
01 Mobile telephones charges	9, 543	34	0. 4	11, 971	38	0. 3	5, 250	53	1. 0
02 Internet connection charges	3, 721	15	0. 4	4, 413	13	0. 3	2, 497	28	1. 1
03 Mobile telephones unit prices	1, 243	45	3. 6	1, 480	34	2. 3	823	103	12. 5
04 Airplane fares	686	42	6. 1	754	27	3. 6	564	105	18. 6
05 Accommodation services	2, 049	74	3. 6	2, 484	35	1. 4	1, 279	195	15. 2
06 Package tour costs (domestic)	1, 165	37	3. 2	1, 472	35	2. 4	625	72	11. 5
07 Package tour costs (overseas)	83	14	16. 9	120	20	16. 7	18	17	94. 4
08 Tuition (kindergarten-university) (public)	1, 254	48	3. 8	1, 777	46	2. 6	330	100	30. 3
09 Tuition (kindergarten-university) (private)	5, 012	102	2. 0	7, 746	161	2. 1	171	55	32. 2
10 Tutorial fees	2, 394	36	1. 5	3, 662	52	1. 4	151	28	18. 5
11 Lesson fees, driving school	404	22	5. 4	596	30	5. 0	65	40	61. 5
12 Rental fees for sports facilities	847	15	1. 8	1, 014	16	1. 6	553	25	4. 5
13 Men's suits	381	17	4. 5	484	14	2. 9	199	38	19. 1
14 Women's one-piece dresses and suits	460	16	3. 5	549	14	2. 6	303	32	10. 6
15 Japanese clothing	203	19	9. 4	255	24	9. 4	110	30	27. 3
16 Wrist watches	290	20	6. 9	373	26	7. 0	145	36	24. 8
17 Accessories	409	21	5. 1	475	24	5. 1	293	41	14. 0
18 Delivery fees	146	14	9. 6	226	21	9. 3	6	6	100. 0
19 Hospital charges (excluding delivery)	1, 507	44	2. 9	1, 869	40	2. 1	869	87	10. 0
20 Chests of drawers	85	6	7. 1	108	6	5. 6	44	13	29. 5
21 Beds	221	15	6. 8	261	13	5. 0	149	33	22. 1
22 Quilts	279	11	3. 9	360	13	3. 6	134	18	13. 4
23 Desks and chairs (for work or study)	134	9	6. 7	178	9	5. 1	55	17	30. 9
24 Sideboards	85	7	8. 2	119	11	9. 2	26	10	38. 5
25 Dining tables and chairs	122	7	5. 7	162	10	6. 2	50	12	24. 0
26 Drawing room suites	168	10	6. 0	223	13	5. 8	70	19	27. 1
27 Musical instruments (including parts of instruments)	186	51	27. 4	162	15	9. 3	229	140	61. 1
28 Refrigerators	692	31	4. 5	848	27	3. 2	416	72	17. 3
29 Vacuum cleaners	293	9	3. 1	366	9	2. 5	164	18	11. 0
30 Washing machines	559	19	3. 4	742	23	3. 1	236	29	12. 3
31 Air conditioners	1, 203	31	2. 6	1, 587	38	2. 4	522	54	10. 3
32 Personal computers (including tablet devices, excluding peripherals and software)	997	55	5. 5	1, 136	30	2. 6	750	137	18. 3
33 TV	650	32	4. 9	791	25	3. 2	400	70	17. 5
34 Video recorders (DVD or Blu-ray recorder, player, etc.)	120	7	5. 8	132	6	4. 5	99	17	17. 2
35 Video game hardware (excluding software)	120	11	9. 2	132	5	3. 8	97	30	30. 9
36 Cameras (including lenses only, excluding disposable cameras)	133	27	20. 3	130	10	7. 7	138	69	50. 0
37 Video cameras	29	7	24. 1	25	3	12. 0	36	19	52. 8
38 House-related equipping/ construction/ repair costs	5, 960	230	3. 9	7, 353	254	3. 5	3, 502	389	11. 1
39 Water supply and drainage construction costs	1, 827	71	3. 9	2, 268	87	3. 8	1, 050	136	13. 0
40 Gardens, trees and plants tending costs	500	21	4. 2	520	23	4. 4	464	45	9. 7
41 Automobiles (new)	9, 336	323	3. 5	12, 931	422	3. 3	2, 981	555	18. 6
42 Automobiles (second-hand)	3, 081	177	5. 7	3, 923	181	4. 6	1, 592	389	24. 4
43 Automotive insurance premium (compulsion)	537	11	2. 0	673	10	1. 5	296	20	6. 8
44 Automotive insurance premium (option)	2, 725	35	1. 3	3, 332	31	0. 9	1, 650	75	4. 5
45 Motorized vehicles other than automobiles	241	26	10. 8	301	26	8. 6	135	57	42. 2
46 Automotive maintenance and repairs	2, 989	72	2. 4	3, 684	46	1. 2	1, 759	178	10. 1
47 Wedding ceremony and reception costs	431	49	11. 4	629	73	11. 6	83	41	49. 4
48 Funeral service costs	2, 463	125	5. 1	2, 476	121	4. 9	2, 440	290	11. 9
49 Religion-related costs	1, 183	70	5. 9	1, 136	61	5. 4	1, 265	161	12. 7
50 Remittance	1, 873	46	2. 5	2, 149	42	2. 0	1, 384	100	7. 2

Table Standard error and Standard error ratio (Goods and services ordered over the Internet)

(All Japan)

2022 Average		Total Households			Two-or-more-person Households			One-person Households		
		Expenditure (In yen)	Standard error (In yen)	Standard error ratio (%)	Expenditure (In yen)	Standard error (In yen)	Standard error ratio (%)	Expenditure (In yen)	Standard error (In yen)	Standard error ratio (%)
	Number of persons per household (persons)	2. 23	0. 00	0. 0	2. 92	0. 00	0. 0	1. 00	0. 00	0. 0
	Number of earners per household (persons)	1. 17	0. 00	0. 0	1. 49	0. 00	0. 0	0. 59	0. 00	0. 0
	Age of household head (years old)	59. 6	0. 1	0. 2	60. 8	0. 1	0. 2	57. 6	0. 2	0. 3
	Total expenditure on goods and services ordered over the Internet	17, 717	130	0. 7	20, 810	121	0. 6	12, 251	270	2. 2
51	Gift items	787	16	2. 0	942	13	1. 4	515	36	7. 0
	Total expenditure for home	16, 930	126	0. 7	19, 868	118	0. 6	11, 735	261	2. 2
52	Foods	2, 650	31	1. 2	3, 246	30	0. 9	1, 595	61	3. 8
53	Beverages	680	9	1. 3	812	9	1. 1	447	22	4. 9
54	Deliveries	537	12	2. 2	586	8	1. 4	451	29	6. 4
55	Home electronics	1, 061	29	2. 7	1, 237	24	1. 9	749	70	9. 3
56	Furniture	360	14	3. 9	437	11	2. 5	224	33	14. 7
57	Men's clothing	508	15	3. 0	556	9	1. 6	424	41	9. 7
58	Women's clothing	907	16	1. 8	1, 131	14	1. 2	512	34	6. 6
59	Footwear and other clothing	441	7	1. 6	560	7	1. 3	232	19	8. 2
60	Medicines	213	6	2. 8	252	4	1. 6	145	14	9. 7
61	Health foods	648	11	1. 7	730	9	1. 2	502	27	5. 4
62	Cosmetics	632	9	1. 4	771	7	0. 9	385	22	5. 7
63	Private transportation	396	19	4. 8	456	12	2. 6	290	50	17. 2
64	Books and other reading materials	370	7	1. 9	408	4	1. 0	303	18	5. 9
65	Software (music, video, personal computer, TV game)	463	21	4. 5	420	6	1. 4	538	56	10. 4
66	Digital books	239	11	4. 6	199	3	1. 5	310	31	10. 0
67	Download music, video, applications	293	13	4. 4	239	5	2. 1	388	37	9. 5
68	Insurance	780	17	2. 2	988	17	1. 7	411	35	8. 5
69	Accommodation services, fares, package tours(payment on the Internet)	1, 758	52	3. 0	2, 159	33	1. 5	1, 051	134	12. 7
70	Accommodation services, fares, package tours(payment on-site)	636	18	2. 8	849	22	2. 6	260	30	11. 5
71	Tickets	715	18	2. 5	787	12	1. 5	588	49	8. 3
72	Other goods and services	2, 644	44	1. 7	3, 048	45	1. 5	1, 929	84	4. 4

Ⅱ Explanation of Terms

Total households

The sum of two-or-more-person households plus one-person households.

Districts

Hokkaido

Hokkaido

Tohoku

Aomori-ken, Iwate-ken, Miyagi-ken, Akita-ken, Yamagata-ken, Fukushima-ken

Kanto

Ibaraki-ken, Tochigi-ken, Gumma-ken, Saitama-ken, Chiba-ken, Tokyo-to, Kanagawa-ken, Yamanashi-ken, Nagano-ken

Hokuriku

Niigata-ken, Toyama-ken, Ishikawa-ken, Fukui-ken

Tokai

Gifu-ken, Shizuoka-ken, Aichi-ken, Mie-ken

Kinki

Shiga-ken, Kyoto-fu, Osaka-fu, Hyogo-ken, Nara-ken, Wakayama-ken

Chugoku

Tottori-ken, Shimane-ken, Okayama-ken, Hiroshima-ken, Yamaguchi-ken

Shikoku

Tokushima-ken, Kagawa-ken, Ehime-ken, Kochi-ken

Kyushu & Okinawa

Fukuoka-ken, Saga-ken, Nagasaki-ken, Kumamoto-ken, Oita-ken, Miyazaki-ken, Kagoshima-ken, Okinawa-ken

City Groups

Cities and Ku-area of Tokyo are classified into the following four groups by the size of population based on the result of 2015 Population Census

Major cities

Designated cities under article 252-19 of the Local Autonomy Law and Ku-areas (ward) of Tokyo

Middle cities

Cities with population of 150,000 or more (excluding Major cities)

Small cities A

Cities with population of 50,000 or more, but less than 150,000

Small cities B・Towns and villages

Cities with population of less than 50,000, towns and villages

(Items Related to Expenditure 1)

Goods and services ordered over the internet

Total expenditure for goods and services ordered or reserved through the internet. Goods and services ordered or reserved at a store counter are excluded.

For gift

[Gift items]

Gifts for other households which do not share housing or living with gift givers.

For home

[Food]

Foods

"Beverages", "Deliveries" and health food are excluded.

Beverages

Drinks of all forms including powder, other than medicinal beverages. Alcoholic beverages are included.

Canned, bottled, packed, and plastic-bottled beverages are included as well.

Deliveries

What eating and drinking places provide, including cases of eating out reserved via the internet. Packed lunch, home-delivered pizzas, etc.

[Home electronics]

Home electronics

Durable goods assisting housework including Vacuum cleaners, heating and cooling appliances, recreational durable goods including personal computers, recreational goods including game consoles, and communication equipment including mobile telephones. Gas cooking appliances, electronic musical instruments, peripheral equipment and parts, expendables are included.

[Furniture]

Furniture

General furniture (dining tables etc.), interior furnishings and decorations (lighting appliances, curtains etc.), bedding (beds, futon etc.) etc.

[Clothing, footwear]

Men's clothing

Men's clothes for seventh graders and upward, including Japanese clothing.

Women's clothing

Women's clothes for seventh graders and upward, including Japanese clothing but excluding accessories.

Footwear and other clothing

Footwear such as shoes, and clothing other than men's or women's clothing (hats, neckties, socks, etc.). Children's dresses refers to clothing for babies to elementary school students (including Japanese clothing).

[Medical care]

Medicines

Medicines and quasi-drugs of all forms, including pills and health drinks.

Health foods

Food for maintenance and promotion of health by replenishing nutrition in forms similar to those of medicines, including pills, capsules, granules, powder, grains, liquid (extract), etc.

[Cosmetics]

Cosmetics

Skin cream, skin lotion, makeup foundation, lipsticks, perfume, hair color, etc. (excluding facial soap, shampoo, etc.)

[Private transportation]

Private transportation

Vehicles such as automobiles, motorbikes, bicycles, etc. (including their parts, second hand goods). Expenditure related to goods and services necessary for maintenance and use of such vehicles is also included.

[Books and the other reading materials]

Books and the other reading materials

Reading materials and books, such as newspapers, magazines, calendars, including used books. Digital books are excluded.

[Software (music, video, personal computer, TV game)]

Software
(music, video, personal computer, TV game)

Various forms of storage media with sound and/or images, including rented goods.

[Digital contents]

Digital books

Types of books read on personal computers, mobile telephones, tablet computers, etc. (including newspapers, magazines etc.)

Download music, video, applications

Downloaded music/ video, and software/ applications, including rented contents.

[Insurance]

Insurance

Life insurance, medical insurance, automotive insurance, fire insurance, etc. (only non-saving type insurance). Various types of insurance purchased or applied for through the internet (including types for which payment is made at a convenience store).

[Accommodation services (hotels, inns, etc.), fares (railways, airplanes, etc.), package tours]

Payment on the Internet

Charges for accommodation services, fares, and package tour costs (in case of payment on the internet).

Payment on-site
(the internet used for reservation only)

Charges for accommodation services, fares, and package tour costs (in cases where payment is not made through the internet).

[Tickets]

Tickets

Fees for entrance and viewing (including those for movies, plays, concerts, sports, etc., excluding shopping vouchers, etc.).

[Others]

Other goods and services

Everything that does not fall under any category of the above from "Gift items" to "Tickets." Purchase, move, investment, and donation of assets are excluded.

(Items Related to Information and Communication Technology)

Electronic money

In this survey, the definition of electronic money is currency value stored in media, like the such as IC cards and pre-paid card, etc. Post pay IC cards are excluded. Recharging only and using electronic money only as a season ticket for railways and bus are excluded.

e.g.) Suica, ICOCA, PASMO, nanaco, WAON, Rakuten Edy, WebMoney, BitCash, QuoCard, etc.

[Average amount of money per household using electronic money by railways and bus]

Amount used to purchase a season ticket is excluded.

(Items Related to Expenditure 2)

[Communication]

Mobile telephones charges

Basic fees, call charges, and optional service fees for smartphones, cell phones, etc. Data communication charges are included.

Internet connection charges

Internet connection charges (ADSL, ISDN, optical fiber, etc.), provider fees (including entry fees, and line usage charge if provider contracts include it), mobile Wi-Fi charges, and combined contracts with cable TV services, etc.

Mobile telephones unit prices

Prepaid cell phones, and charges related to switching phones are included as well. Rental or leased phones are excluded.

[Travel-related costs]

Airplane fares

Various fares for use of aircrafts, including fuel surcharge. Charges paid for business trips are excluded.

Accommodation services

Various charges for overnight accommodation. Charges paid for business trips are excluded.

Package tour costs (domestic/ overseas)

Package fees covering transportation and hotel charges. Charges paid for business trips are excluded.

[Education, Culture and recreation]

Tuition (kindergarten-university) (public)

Tuition (kindergarten-university) (private)

Tuition and other fees payable for education at school. Such schools as kindergartens, nursery schools and centers for early childhood education (age 3 or over), elementary schools, junior high schools, high schools and universities (including junior colleges, technical colleges and graduate schools) and special schools (including vocational schools and technical schools).

Tutorial fees

Fees for cram school, correspondence study, home tutor to supplemental study of main scholastic curricula and mock examinations, etc.

Lesson fees, driving school

Fees for entrance and training camp at driving school.

Rental fees for sports facilities

Entry fees, membership fees, and dues for gyms, as well as charges for fitness centers.

[Clothing]

Men's suits

Suits and formal wear for men from seventh grade of school and upward. Uniforms and single items (jacket only or trousers only) are excluded.

Women's one-piece dresses and suits

Suits and one-piece dresses and formal dresses for women from seventh grade of school and upward. Uniforms and single items (jacket only, skirt only, or slacks only) are excluded.

Japanese clothing

Japanese clothes for men, women and children including festival wear, underwear for Japanese clothes, and obis.

Wrist watches

Including pocket watches, pendant watches, ring watches.

Accessories

Rings, necklaces, earrings, brooches, jewels, precious metals, necktie-pins, corsages, etc.

[Medical care]

Delivery fees

All costs of hospitalization in connection with child delivery.

Hospital charges (excluding delivery)

All costs of hospitalization not connected to child delivery. Direct payment of hospital charges for family members those who are non-members of the household hospitalized for a long period (3 months or longer) are included as well. Hospitalization for a routine health checkup, such as a scheduled thorough physical checkup is excluded.

[Furniture, etc.]

Chests of drawers

Japanese- and Western-style chest, chest of drawers, chest of drawers for baby clothes, wardrobes, etc.

Beds

Including water beds, pipe beds, beds for kids.

Quilts

Set of comforters, sleeved quilts, thinner comforters, etc.

Bedding for babies is excluded.

Desks and chairs (for work or study)

Desks and chairs for office or study use, etc.

Exclude tables for dining or use on *tatami* mats.

Sideboards

Sideboard, etc. (including those in dining room, living room, etc.)

Dining tables and chairs

Items mainly used for meal, including single items (such as dining tables only or dining chairs only).

Drawing room suites

Items mainly used for receiving guests, including single items (such as sofa only or table only).

Musical instruments (including parts of instruments)

Upright pianos, organs, electronic instruments, violins, trumpets, harmonicas, drums, koto, shamisen, etc.

[Home electric appliances, etc.]

Refrigerators

Refrigerator/freezers, low-temperature storage containers (rice granaries and wine cellars), etc.

Vacuum cleaners

Robot vacuum cleaners, stick vacuum cleaners, handheld vacuum cleaners, etc., including rechargeable type.

Washing machines

Including washing machines with a dryer, gas dryers and dehydrators.

Air conditioners

Those with both cooling and heating functions as well as those only with a cooling function, excluding installation fees.

Personal computers (including tablet devices, excluding peripherals and software)

Displays, keyboards, and batteries are included as well if they are purchased together with computers as part of a package. Other peripherals, computer software, and non-durable goods purchased separately from computers are excluded.

TV

Portable types are excluded.

Video recorders

Devices hooked up with a TV set for recording and playing back (DVD or Blu-ray recorders / player, etc.), excluding portable types. Types which make up part of an audio device or come with speakers are excluded.

Video games hardwares (excluding softwares)

Video game consoles, including portable types. In addition, those which are sold together with software and accessories (such as controllers) are included. Video game software is excluded.

Cameras (including lenses only, excluding disposable cameras)

Purchase of interchangeable lenses only is included as well. Peripheral items and repair cost are excluded.

Video cameras

Peripheral items and repair cost are excluded.

[Housing]

House-related equipping/ construction/ repair costs

Costs of equipment and appliances for house interiors/exteriors (including gates/ external walls/ fences), and for their installation and repair of same, excluding cost of materials for repair.

Water supply and drainage construction costs

Costs of construction, repair, maintenance and inspection of water supply and drainage facilities for kitchen, bathroom and toilet.

Gardens, trees and plants tending costs

Costs of services necessary for maintenance and management of plants and garden.

[Motor cars - related costs]

Automobiles (new, second-hand)

Base price covering standard equipment at the time of purchase plus automobile acquisition tax (less trade-in price if any).

Automobile (second-hand) include deregistered new cars (shinkosya).

Automotive insurance premium (compulsion)

Premium for compulsory automobile liability insurance charged at the time of purchase or periodic official car inspection.

Automotive insurance premium (option)

Premiums for voluntary insurance, not compulsory automobile insurance.

Motorized vehicles other than automobiles

Base price for motorized vehicles other than automobiles (motorbikes, etc.), covering standard equipment at the time of purchase plus automobile acquisition tax. Secondhand purchase is included.

Automotive maintenance and repairs

Cost of services necessary for maintenance and repair of automobiles, excluding fitting or repair fees for automobile-related articles and cost of automobile parts.

[Others]

Wedding ceremony and reception costs

Wedding costs, including those for ceremony, reception, etc., payable by the bridegroom or bride, including direct payment to party organizers on behalf of the bridegroom or bride who is not a member of the household. Costs of lodging, transportation, and congratulatory monetary gifts are excluded.

Funeral service costs

Cost borne by the host of a funeral service. Costs of lodging, transportation, and monetary gifts of condolence are excluded.

Religion-related costs

All costs pertaining to religious services, including ritual implements, gravestones, etc.

Remittance

Money remitted to non-members of the household to pay for livelihood, house rent, tuition fee, etc. excluding cases where house rent or school fees are paid directly.

調査結果の利用について

家計消費状況調査については、次の方法により利用（閲覧・入手等）することができます。

・インターネット

家計消費状況調査の結果は、インターネットを通じても提供しています。

総務省統計局ホームページのＵＲＬは、https://www.stat.go.jp/data/joukyou/index.htmlです。

「政府統計の総合窓口（e-Stat）」（https://www.e-stat.go.jp/）でも、統計データ等の各種統計情報が御覧いただけます。

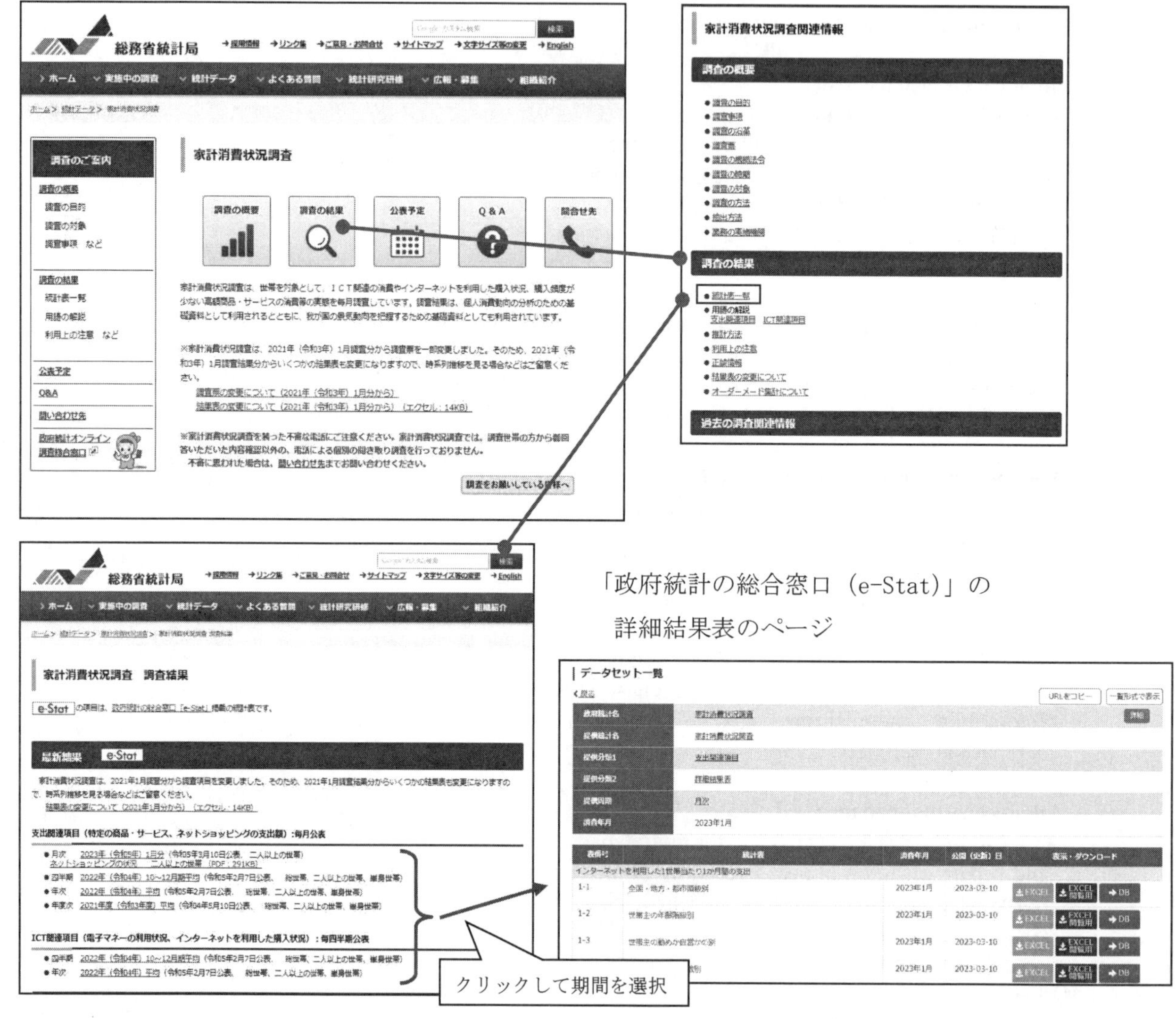

※　結果の概要については、統計メールニュースでも配信しています。
お申込みは、統計局ホームページ（https://www.stat.go.jp/）から。

Survey of Household Economy (in English)
https://www.stat.go.jp/english/data/joukyou/index.html

Portal Site of Official Statistics of Japan (in English)
https://www.e-stat.go.jp/en

家計消費状況調査年報
令和4年

Annual Report on The Survey of Household Economy
2022

令和5年7月発行　　定価：3,410円（本体価格 3,100円 + 税10%）
Issued in July 2023　　Price：3,410yen (3,100yen + tax10%)

編集：総務省統計局

発行　一般財団法人 日本統計協会
Published by Japan Statistical Association
東京都新宿区百人町2丁目4番6号メイト新宿ビル内
Meito Shinjuku Bldg, 2-4-6, Hyakunincho, Shinjuku-ku, Tokyo, 169-0073
TEL　：(03)5332-3151　　FAX：(03)5389-0691
E-mail　：jsa@jstat.or.jp
振　替：00120-4-1944

印　刷：株式会社和幸印刷

ISBN978-4-8223-4188-6　C0033　¥3100E